コンパス 保育内容健康

2017年告示 幼稚園教育要領，保育所保育指針
幼保連携型認定こども園教育・保育要領　準拠

編著：前橋　明

共著：浅川和美・泉　秀生・岡みゆき・金　賢植・小石浩一
　　　佐野裕子・須田あゆみ・住本　純・髙橋功祐・照屋真紀
　　　戸川　俊・永井伸人・原田建次・廣中栄雄・松坂仁美
　　　松原敬子・丸山絢華・宮本雄司・森田清美・森田陽子
　　　矢野　正・山梨みほ・吉村眞由美

建帛社
KENPAKUSHA

まえがき

　近年，子どもたちが外に出て全身をいっぱい使って遊ぶことが少なくなり，テレビやビデオ，ゲーム等，室内での静的なあそびが激増してきました。そのような中，わが子の体力低下や運動不足が気になる親御さんも先生方も多いのではないでしょうか。

　日本では，夜型の社会になって久しいですが，それに伴って子どもも寝るのが遅くなりました。現在，夜10時を過ぎてから寝る幼児が，何と3割を超えています。これは，国家的な危機です。しかも，働いているお母さん方が，朝，仕事に行く際に，子どもたちを保育園に預けるとするならば，子どもたちは遅寝の上に早く起こされて，どうしても睡眠時間は短くなってしまいます。睡眠時間の短い子どもたちの特徴として，「注意・集中ができない」，「イライラする」，「じっとしていられない」といった症状が出てきます。これでは，日中の活動や勉強にも専念できないし，イライラしてキレやすく，じっとしていられなくて話も聞けないから，活動中に歩き回ってしまうというような，集団行動のとれない子どもにもなっていく確率も高まります。

　また，夜遅く寝て，登園時刻ぎりぎりに起きるという遅寝遅起きの子どもの場合は，朝のゆとりの時間がないわけですから，朝ごはんがしっかり食べられないし，朝の排便もないです。その結果，朝から眠気やだるさを訴え，午前中の活動力は低下し，運動不足となります。やがて，自律神経の機能低下を生じ，昼夜の体温リズムが乱れてきます。そして，ホルモンの分泌リズムが乱れ，生活が昼夜逆転となり，体調不良や精神不安定を引き起こし，ひいては，学力低下，体力低下と，どんどん負の連鎖を生じていきます。

　生活習慣とからだのリズムは連鎖しますので，夜早く寝ると朝早く目が覚めます。朝が早いと，おなかが空くので，朝食をおいしく食べられます。朝食を食べると，日中にしっかり動けます。しっかり動くと疲れるから，夜はぐっすり眠れます。ぐっすり眠ると早く起きて，おなかが空いて……という良い循環となります。つまり，生活のリズムは，サイクルでつながっているのです。言い換えれば，生活のリズムが悪ければ，悪いところのどこか一つを直すと，生活習慣の負の連鎖が良い連鎖にだんだんと切り替わっていくのです。

　子どもに「寝なさい，寝なさい」と言っても，子どもは，なかなか寝てくれません。それは，寝られるからだをつくっていないからということなのです。要は，早く寝られるからだをつくってあげることです。つまり，日中，太陽の出ている時間帯にしっかりからだと心を動かして，心地良く疲れさせることが必要です。疲れたというぐらいの運動や運動あそびをすると，筋肉や骨に負荷が加わって，より強い筋力や支持力が発揮できて体力もついてきます。これをトレーニング効果と言います。でも，軽過ぎる運動だけでは疲れません。体力を高めようと思うと，リフレッシュになった，気分転換になったという程度で

はなく，日中に疲労感が得られるぐらいの運動刺激が必要なのです。でも，そのとき得られた疲れは，一晩の睡眠で回復することが条件です。それには，睡眠明けの朝の子どもの様子が元気であることを確認することです。

　もう一つ大事なことは，一日の始まりには，からだをウォーミングアップさせて（体温を上げて）から，子どもを園や学校に送り出すことです。早寝・早起きでリズムをつくって，起床とともに体温をだんだん上げていきます。朝ごはんを食べて体温を上げて，徒歩通園でからだを動かして熱をつくって体温を高めていきます。こうして，ウォーミングアップができた状態（36.5℃）であれば，スムーズに保育や教育活動（集団あそびや勉強）に入っていくことができます。そして，日中には，汗をかくくらいのからだ動かしや運動が必要です。

　そのためには，子どもたちに，乳幼児期からできうる動きや運動に親しんでおいてもらいたいのです。これが子どもの健康づくりの上で，また，いろいろな疾病予防に必要なことなのです。

　最後になりましたが，本書作成の労をとってくださいました，建帛社　黒田聖一氏に，心よりお礼を申し上げ，筆をおきたいと思います。ありがとうございました。

　　2018年3月

編著者　前橋　明
（早稲田大学　教授／医学博士）

目　次

概論　保育内容「健康」の魅力　　1
　1　子どもたちの生活の変化と健康……………………………………1
　2　今日から始めよう，子どもの生活リズム向上作戦……………9
　3　「食べて，動いて，よく寝よう！」運動のススメと発達状況
　　　の診断・評価……………………………………………………20
　【コラム】生活リズムと近年の乱れ……………………………24

〔理論編〕

第1章　幼児期の健康と生活リズム　　25
　1　休養（睡眠）……………………………………………………25
　2　栄養（食生活）…………………………………………………27
　3　運動（日中の活動）……………………………………………29
　【コラム】就学前施設における保護者への健康教育……………31
　【コラム】保育者は子どもの見本…………………………………32

第2章　からだをよく動かす子どもを育てるために必要なもの　　33
　1　幼児期の生活の問題……………………………………………33
　2　就学前施設における指導の問題………………………………36
　3　生活の中での健康づくり「徒歩」……………………………38
　4　保育者の役割……………………………………………………39

第3章　子どものからだの発達と運動能力　　41
　1　身長と体重………………………………………………………41
　2　体の比率…………………………………………………………42
　3　骨の形成…………………………………………………………43

目　次

  4　脊柱の湾曲 ……………………………………………………………… 43
  5　下肢の発達 ……………………………………………………………… 44
  6　生理的機能の発達 ……………………………………………………… 45
  7　足の発達と靴の選択・履き方 ………………………………………… 48

第4章　体力・運動能力と動きの獲得　　51

  1　運動の発達 ……………………………………………………………… 51
  2　発達の方向性・順序性 ………………………………………………… 52
  3　体力・運動能力の現状 ………………………………………………… 52
  4　体力・運動能力低下の背景 …………………………………………… 53
  5　体力・運動能力の構成 ………………………………………………… 53
  6　幼児期の運動発達の特徴 ……………………………………………… 54
  7　幼児期にふさわしい運動 ……………………………………………… 55
  8　生活習慣の確立と関連動作の発達 …………………………………… 56
  9　体格，体力・運動能力の測定・評価 ………………………………… 57

第5章　安全の指導　　59

  1　ケガ・事故の実態 ……………………………………………………… 59
  2　幼児の安全指導 ………………………………………………………… 61
  3　安全への配慮 …………………………………………………………… 65
  4　幼児のルール・きまりの理解 ………………………………………… 66
  【コラム】幼児の安全教育 ………………………………………………… 67
  【コラム】東日本大震災の教訓 …………………………………………… 68

第6章　領域「健康」のねらいと内容の考え方　　69

  1　領域の考え方 …………………………………………………………… 69
  2　領域「健康」のねらい ………………………………………………… 70
  3　領域「健康」の内容 …………………………………………………… 71

第7章　領域「健康」の内容の取り扱い　　75

1　ガイドラインの領域「健康」の内容の取り扱い……………………75
2　自らからだを動かそうとする意欲を育てる………………………79
3　子どもを多様な経験で満たし，あそびの充実感を深める…………80
4　園庭の環境を見直す……………………………………………81
5　園舎の靴履き環境を見直す……………………………………82
6　食べることを喜ぶ子どもを育てるために…………………………83
7　生活の自立を促す………………………………………………84
【コラム】弁当教育に寄せる想い……………………………………86

第8章　からだを動かそうとする意欲づくりと充実感を得るためにできること　　87

1　幼稚園教育要領，保育所保育指針，幼保連携型認定こども園教育・保育要領から………………87
2　からだを動かす意欲づくりの重要性………………………………88
3　意欲づくり……………………………………………………90
4　充実感を得るために……………………………………………92

〔実際編〕

第9章　0〜2歳児の生活と動き　　93

1　は　う………………………………………………………93
2　立　つ………………………………………………………94
3　歩　く………………………………………………………95
4　散　歩………………………………………………………97
5　走　る………………………………………………………98
6　跳　ぶ………………………………………………………98
7　投げる………………………………………………………99
8　目と手の協応…………………………………………………100

目 次

第10章　0〜2歳児の身辺自立・生活習慣の獲得　101

1　0〜2歳児の身辺自立・生活習慣の獲得 ………………………………………… 101
2　排　泄 ……………………………………………………………………………… 104
3　睡　眠 ……………………………………………………………………………… 105
4　食　事 ……………………………………………………………………………… 105
5　清　潔 ……………………………………………………………………………… 107
6　衣服着脱 …………………………………………………………………………… 109
7　靴 …………………………………………………………………………………… 110
【コラム】保育者養成における自然体験活動の推進授業 ……………………… 112

第11章　0〜2歳児のあそび　113

1　生活の中にあるあそび …………………………………………………………… 113
2　1人あそび ………………………………………………………………………… 115
3　からだを使ってのふれあいあそび ……………………………………………… 115
4　思いきり，からだを動かしてのあそび ………………………………………… 117
5　戸外あそび ………………………………………………………………………… 121
【コラム】親子体操が子どもに及ぼす影響 ……………………………………… 124

第12章　3〜5歳児の身辺自立・生活習慣の獲得　125

1　3〜5歳児の身辺自立・生活習慣の獲得 ……………………………………… 125
2　排　泄 ……………………………………………………………………………… 127
3　睡　眠 ……………………………………………………………………………… 128
4　食　事 ……………………………………………………………………………… 129
5　清　潔 ……………………………………………………………………………… 131
6　衣服着脱 …………………………………………………………………………… 132
7　靴 …………………………………………………………………………………… 133

第13章　3〜5歳児の運動あそびの実際　135

1　からだを使った運動あそびの実際 ……………………………………………… 135
2　小型遊具（用具）を使った運動あそびの実際 ………………………………… 138

3　大型遊具（移動遊具）を使った運動あそびの実際 ………………………… 140
　　4　固定遊具を使った運動あそびの実際 ……………………………………… 142
　　【コラム】保育者の運動あそびに関する指導信念 ……………………………… 145
　　【コラム】4つの運動スキルが身につくジャングルジム ……………………… 146

第14章　3〜5歳児の運動あそび指導のポイント　147

　　1　幼児期における運動あそび指導の留意点 ………………………………… 147
　　2　3歳児の運動あそび指導の実際 …………………………………………… 147
　　3　4歳児の運動あそび指導の実際 …………………………………………… 149
　　4　5歳児の運動あそび指導の実際 …………………………………………… 150
　　5　運動あそび指導のポイント ………………………………………………… 152

第15章　安全への配慮　153

　　1　危険について ………………………………………………………………… 153
　　2　リスクとハザードの実態 …………………………………………………… 154
　　3　子どものケガを未然に防ぐ予測の重要性 ………………………………… 156
　　4　「ケガをしやすい子ども」への注意 ……………………………………… 158
　　5　ケガへの対応 ………………………………………………………………… 159
　　【コラム】徒歩通園の魅力 ………………………………………………………… 162

第16章　保育者の役割　163

　　1　子どもの育ちの理解 ………………………………………………………… 163
　　2　心の安定 ……………………………………………………………………… 164
　　3　子どもが自発的にからだを動かす機会を用意することの必要性 ……… 165
　　4　保護者と子どもへの靴指導 ………………………………………………… 166
　　5　戸外に興味や関心が向くような環境構成 ………………………………… 168

第17章　食　育　171

　　1　食育の背景 …………………………………………………………………… 171
　　2　食を営む力の育成に向けて ………………………………………………… 173

3　食育の環境 …………………………………………………………… 176
　4　子育て支援 …………………………………………………………… 178
　【コラム】食べることを喜ぶ子ども ………………………………………… 180

第18章　就学前施設における運動体験的行事　　181

　1　季節感のある運動あそび …………………………………………… 181
　2　自然環境を通した体験あそび ……………………………………… 183
　3　保育の一環としての園行事 ………………………………………… 184

第19章　保育の計画と指導案　　189

　1　幼稚園教育要領，保育所保育指針，幼保連携型認定こども園
　　　教育・保育要領の改訂(定)のポイントと解説 …………………… 189
　2　指導計画 ……………………………………………………………… 191
　3　保育の評価・改善 …………………………………………………… 193
　【コラム】現場の保育者が実習生に期待すること ………………………… 195
　【コラム】保育者を目指す学生の心の健康 ………………………………… 196

　資　料　幼稚園教育要領，保育所保育指針，幼保連携型認定こども
　　　　　園教育・保育要領「健康」の部分の抜粋 ……………………… 197
　索　引 …………………………………………………………………………… 203

概論 保育内容「健康」の魅力

　本書では，乳幼児の健全育成のための「生活習慣（休養・栄養・運動）」に関する内容をはじめ，「幼児の活動・運動あそび」や「生体（生体リズム）」に関する内容，今日の生活の場の変化がもたらした「子どもの心身のおかしさや異変」などについて学び，問題点を分析し，保育者が果たすべき役割について考えていく。

　「乳幼児の生活習慣とそのリズム」，「乳幼児の活動（運動あそび）と環境」，「乳幼児の身体の生理」に関する内容について論述する。そして，今日の乳幼児の生活の場の変化がもたらした「子どもの心身のおかしさや異変，問題点」を分析し，大人が果たすべき役割について考え，発表やディスカッションが積極的に行える力を養う。

　あわせて，乳幼児の発達段階と，「生活習慣」，「活動」，「生体」，それぞれのもつ重要性や相互のかかわりに着目し，適切なる保育や健康的な育児の方法を学んでいく。

1　子どもたちの生活の変化と健康

（1）心地よい空間

　昭和の子どもたちは，道路や路地でよく遊んでいた。遠くへ遊びに行くと，あそびの種類が固定されたが，家の前の道路で遊んでいれば，あそびに足りない道具があっても，すぐに家からもってくることができていた。石けりに飽きたらメンコを取りに帰り，メンコに飽きたら空き缶をもらいに帰って，缶けりを始めた。遊び場が遠くにある場合，道具や必要なものを取りに帰って再び集まろうとすると，どうしても時間がかかってしまう。だから，家から近い遊び場は，それがたとえ道路であっても，居心地の良い空間であった。

また，道路や路地もアスファルトでなく土だったので，絵や図を描いて遊んだ。もちろん，地面を掘り起こして，土あそびもできたし，雨が降ると，水たまりができるので，水あそびをすることもしばしばあった。地面は，あそびの道具でもあった。相撲をしても，アスファルトと違い，転んでもさほど痛くなく，安全だった。

　保護者は，家の台所から子どもたちの遊んでいる様子を見て，安心していた。いざというときにも，すぐに助けに行くことができたのだ。

　子どもは長い間続けて活動できず，また，休息の時間も短く，活動と休息を短い周期で繰り返す。集中力の持続が難しい乳幼児期には，なおさらである。そうした意味からも，家の近くの路地は，子どもにとって短い時間であそびを発展させたり，変化させることのできる都合の良い場所であった。

　今日は，住宅街の一角に，緑を整えた落ちつける公園が必ずある。しかし，単に地区の1か所に安全なスペースを用意して「子どものための遊び場を作りましたよ」と呼びかけても，子どもたちはあまり遊ぼうとしない。自由にはしゃぐことができなければ，子どもは自由な活動を自制してしまうのだ。「静かにしなければ迷惑になる」，「土を掘ってはだめ」，「木登りや球技は禁止」といった制約のついた空間は，子どもの遊び場には適さない。

　確かにこうした禁止事項は，公園の美観を維持し，利用者の安全を大切にするためには必要であるが，成長期の子どもの発育・発達にとって決して好ましいことばかりではない。やはり，子どもには，自然の中で縄を木に掛けて，木と木の間を渡ったり，地面を掘って基地を作ったりするといった，子ども自身の豊かなアイデアを試みることのできるあそびの場が必要なのである。あそびの実体験を通して得た感動は，将来にわたる学習のよりいっそうの強化因子となり，子どもの内面の発達に大きく寄与する。そして，そこから自ら考え，学ぼうとする姿勢が大きく育まれていくのである。

（2）ガキ大将の役割

　今日，都市化や少子化のあおりを受けて地域のたまり場あそびが減少・崩壊し，ガキ大将の不在で，子どもたちが見取り学習をしていたモデルがいなくなった。運動のスキルは，放っておいても身につくものだと考えている人が多いが，これは大変な誤解である。かつては，就学前施設（幼稚園，保育所，認定こども園をいう）や学校で教えなくても，地域のガキ大将があそびをチビッ子たちに自然に教え，見せて学習させていた。子どもたちは，見たことができないと，仲間から馬鹿にされるので，泣きながらも必死に練習した。時には，あそびの仲間に入れてもらいたいがために，母親にたのんで陰の特訓をした子ど

もたちも多くいた。運動スキルの習得には，それなりの努力と練習があったのである。

今は，そんなガキ大将や年長児不在のあそびが多く，教わること・練習することのチャンスに恵まれない子どもたちでいっぱいである。保護者や保育者（幼稚園教諭，保育士，保育教諭をいう）の見ていない世界で，運動スキルや動作パターンを，チビッ子たちに教えてくれていたガキ大将という，あそびの先生の代わりを，いったい誰がするのであろうか？

つまり，異年齢集団でのたまり場あそびの減少・崩壊により，子ども同士のあそびの中から，いろいろなことを教わり合う体験や感動するあそび込み体験のない中で，今の子どもは，必要なことを教えなければ，学んだことの活用もできない状態になってきている。保護者だけでなく，保育者・教師も，子どもたちの見本となって，運動スキルや動作パターンを見せていく機会を真剣に設けていかねばならないと考える。運動スキルの学習は，字を書き始める作業と同じで，手本を見ただけでは，うまくいかない。手やからだを支えたり，持ってあげたりして，いっしょに動いてあげないと，習いはじめの子どもにはわからないし，スキルが正しく身にもつかない。場所と道具を揃えたあそび環境だけを作って，子どもの自発性を高めていると思いこんで満足していたらダメなのだ。あそびの基本型を教えたり，運動を指導したりすることは，大切なことなのである。

したがって，子どもたちが自発的にあそびを展開していくためには，まず，基本となるあそびや運動の仕方を，かつてのガキ大将やあそび仲間にかわって実際に紹介する必要がある。そして，子どもたちが自発的にあそびを展開したり，バリエーションを考え出したりして，あそびを発展させるきっかけをつかんだら，大人は，できるだけ早い時期に，主導権を子ども側に移行していく基本姿勢が大切である。

今，子どもたちは，保護者や保育者，教師に，「動きの見本を見せる努力」と「子どもといっしょにダイナミックに遊ぶ活動力や熱心さ」を求めているのだ。

（3）戸外で汗を流せる「ワクワクあそび」のススメ

近年，あそび場（空間），あそび時間（時間），あそび友だち（仲間）という3つの間（サンマ）が，子どもたちのあそびの世界から激減して，子どもたちの心とからだにネガティブな影響を生じている。これを，間抜け現象と呼ぶ。この間抜け現象が進行する中で，気になることは，子どもたちの大脳（前頭葉）の働きが弱くなっているということである。鬼あそびで，友だちから追いかけ

られて必死で逃げたり，木からすべり落ちそうになって一生懸命に対応策を試みたりすることによって，子どもたちの交感神経は高まっていくが，現在ではそのような架空の緊急事態がなかったり，予防的に危険そうなあそびは制止され過ぎて，発達上，大切な大脳の興奮と抑制体験が，子ども時代にしっかりもてていない。

あそびを通して，友だち（人）と関わり合う中で，成功と失敗を繰り返し，その体験が大脳の中でフィードバックされていくと，大脳の活動水準がより高まって，おもいやりの心や将来展望のもてる人間らしさが育っていく。

また，ワクワクして熱中するあそびの中で，子どもたちは運動エネルギーをしっかり発散させて，情緒も安定し，さらに時間の流れや空間の認識能力をも発達させていくが，この3つの「間」が保障されないと，小学校の高学年になっても，興奮と抑制のコントロールのできない幼稚型のままの状態でいることになる。興奮することもなく，あるいは，興奮だけが強くなって抑えが効かない状態で，人との交流も非常に下手で，将来の計画を培うことも不得手となるのである。つまり，大人に向かう時期になっても，押さえがきかず，計画性のない突発的な幼稚型の行動をとってしまうのだ。

なお，子どもたちの姿勢も，近年，悪くなってきており，その原因としては，テレビを見る姿勢が悪い，注意してくれる大人がいない，体力が弱くなって姿勢を維持できない等の理由があげられる。しかし，悪い姿勢の子どもが増えてきたことは，単に生活環境や姿勢を保つ筋力低下の問題だけではないように思われる。前頭葉の働きが弱くなっているがゆえに，脳の中で，「良い姿勢を保とう」という意志が起こらなかったり，そういう意志が持続しなかったりしていることも，大きな原因の一つであろう。

子どもたちと相撲や取っ組み合いのあそびをしてみると，子どもは汗だくになって，目を輝かせて何度も何度も向かってくる。今も昔も，子どもはいっしょである。そうやって遊び込んだときの子どもは，興奮と抑制をうまい具合に体験して，大脳（前頭葉）を育てている。しかし，今の子どもは，そういう脳やからだに良いあそびへのきっかけがもてていないのである。

（4）子どもの生活と運動

世の中に便利な物が増えて，生活が快適になってくると，その中にどっぷり浸かる人が増えてくる。生活の中で一番育ちの旺盛な幼少年期に，からだを使う機会がなくなると，子どもたちは発達しないうちに衰えていく。

今の子どもは，放っておけば自然と発達するのではなく，悪くなることの方が多くなった気がする。便利で快適な現代生活が，発育期の子どもたちの発達

を奪っていくので，今こそ，みんなが協力し合って，子どもの心とからだのおかしさに歯止めをかけなければならない。

そのためには，まず，子どものあそびを大切にした3つの共通認識をもつことが大切である。

① あそびの中の架空の緊急事態が，子どもたちの交感神経を高め，大脳の働きを良くする。
② あそびの中では，成功体験だけでなく，失敗体験も，前頭葉の発達には重要である。
③ 子どもたちには，日中にワクワクする集団あそびを奨励しよう。1日1回は，汗をかくくらいのダイナミックな外あそびが必要である。

（5）運動量の確保

健康に関する重要な課題の一つとして，生活リズムの確立に加え，「運動量の確保」があげられる。とくに，子どもにとって，午前中，活動意欲がわくホルモンが分泌されて体温が高まっていく時間帯の戸外あそびはきわめて重要で，そのころの身体活動が発達過程における必須の条件といえる。

では，幼児にはどのくらいの運動量が必要なのだろうか？「歩数」を指標にして，前橋の研究[1]から，運動の必要量を明らかにしてみる。

午前9時から11時までの2時間の活動で，子どもたちが自由に戸外あそびを行った場合は，5歳男児で平均3,387歩，5歳女児2,965歩，4歳男児で4,508歩，4歳女児が3,925歩であった。室内での活動は，どの年齢でも1,000〜2,000歩台で，戸外での活動より少なくなった。また，自然の中で楽しく活動できる「土手すべり」では，園庭でのあそびより歩数が多く，5歳男児で5,959歩，5歳女児で4,935歩，4歳男児で4,933歩，4歳女児で4,114歩であった。さらに，同じ戸外あそびでも，保育者がいっしょに遊んだ場合は，5歳男児で平均6,488歩，5歳女児で5,410歩，4歳男児5,323歩，4歳女児4,437歩と，最も多くの歩数が確保された。環境条件（自然）と人的条件（保育者）のかかわりによって，子どもの運動量が大きく増えることを確認した。

戸外あそびを充実することで，子どもたちは運動の快適さを身につける。その中で，人や物，時間への対処をしていくことによって，社会性や人格を育んでいく。子どもたちが，一番，活動的になれるのは，生理的にみると，体温が最も高まっている午後3時から5時頃である。この時間帯にも，4,000〜6,000歩は確保させたいが，近年は仲間や遊び場が少なくなっているので，せめて半分の2,000〜3,000歩程度は動く時間を保障したいものである。

午前11時から午後3時頃までの生活活動としての約1,000歩を加えると，1

1）前橋 明：幼児期の健康管理－保育園内生活時の幼児の活動内容と歩数の実態－聖和大学論集29，pp.77-85，2001．

日に7,000～10,000歩を確保することが可能になる。そのためにも，魅力的なあそびの環境を提供し，保育者や保護者があそびに関わっていくことが，近年，とくに重要になってきた。運動あそびの伝承を受けていない現代っ子であるが，保育者や保護者が積極的にあそびに関わっていけば，子どもと大人が共通の世界を作ることができる。そして，「からだ」と「心」の調和のとれた生活が実現できるのではないだろうか。

(6) 遅寝遅起きの夜型の子どもの生活リズムは，外あそびで治る

　就学前施設に登園しても，無気力で，遊んだり，勉強したりする意欲がない。落ち着きがなく，集中できない。すぐイライラしてカーッとなる。そういった不機嫌な子どもたちが増えているが，その背景には，夜型生活，運動不足，食生活の乱れからの心やからだの異変がある。

　こういう子は，きまって寝起きが悪く，朝から疲れている。そこで，運動の実践で，自律神経を鍛え，生活リズムを築き上げる自然な方法をおすすめする。とくに，本来の体温リズムがピークになる午後3時～5時頃が動きどきである。この時間帯（子どものあそびのゴールデンタイム）に戸外でからだを使って遊んだり，運動したりすると，おなかがすいた状態で夕食を食べ，夜は精神的に落ち着いて心地よい疲れを生じて早く眠くなる。そして，ぐっすりと眠ったことにより，朝は，機嫌よく起きられる。

　今日の子どもを取り巻く環境は，冷暖房にテレビ，ビデオと，室内環境が豊か過ぎる。しかも，テレビやビデオを迎えの時間まで見せている就学前施設も多くみられるようになってきた。就学前施設や小学校から帰っても，あそび仲間が集まらず，個別に家庭での室内あそびを余儀なくされている子どもたちが増えてきた。これら環境の問題が，子どもたちの生活リズムに合った活動を，かえって邪魔をしている。

　要は，体温の高まりがピークになる午後3時頃から，戸外で積極的にからだを動かせば，健康な生体リズムを取りもどせる。低年齢で，体力が弱い場合には，午前中にからだを動かすだけでも，夜早めに眠れるようになるが，体力がついてくる4歳から5歳以降は，朝の運動だけでは足りない。体温の高まるピーク時の運動も，ぜひ大切に考えて取り入れてもらいたい。

　子どものからだを整えるポイントは，次の4点である。
① 体温の高まりがピークになる午後3時から5時頃に，からだを動かす。
② 夕食をしっかり食べて，夜9時前には寝る。
③ 朝7時前には起きて，朝食を摂り，排便をする。

④ 午前中も、できるだけ外あそびをする。

（7）体力を向上させるためにすべきこと

　食事（栄養）と睡眠（休養）のほか、体力を増強させて健康を維持し、元気に活動するのに役立つのは、運動である。運動やスポーツで、からだを適度に使うことが大切である。軽い運動であれば、レクリエーション効果（気分転換・疲労回復・家庭生活への寄与）が得られる。体力を高めようと思うと、疲れる（疲労感を抱く）ほどの運動負荷が必要である。そのようにして得た効果を、トレーニング効果と言う。つまり、体力を高めるには、ある程度、からだを疲れさせることが必要である。

　ただし、一晩の睡眠で、翌朝には回復することが必要である。回復せずに、疲れが残っているようでは、オーバートレーニング（過労）といって、前の日の負荷が強すぎたのか、自己の体力が弱かったのどちらかであろう。そのネガティブな過労状態が続くと、やがて、病気になる。

　成長期に、生活習慣を良好に保って体力を高め、さらに運動スキルを向上させることによって、より良いパフォーマンスが発揮できて、運動能力が高まっていく。そうなると、スポーツをより楽しく行うことを可能にし、自己実現の機会も増えていくであろう。

（8）公園での安全な遊び方

① 靴をしっかり履いて、脱げないようにする。
② マフラーのように、引っかかりやすいものは取って遊ぶ。
③ 上着の前を開けっ放しにしない。
④ ランドセルやカバンは置いて遊ぶ。
⑤ ひも付き手袋はしない。
⑥ 上から物を投げない。
⑦ 飛び降りない。
⑧ 遊具に、ひもを巻きつけない。
⑨ 濡れた遊具では、遊ばない。
⑩ 壊れた遊具では、遊ばない。壊れているところを見かけたら、大人の人に伝えよう。

（9）脳の働きが良くなる食材

　脳の働きを活発にする食材は、豆類（納豆・大豆・ピーナッツ・豆腐・味噌）、ごま類（ごま・ナッツ類）、わかめや昆布などの海草類、野菜類、魚類、しいた

け（きのこ類），いも（穀類）などで，「ま・ご・は・や・さ・し・い」と，覚えておこう。

- ●ま … 豆類：豆腐・味噌など，豆類には，レシチンという物質が含まれており，このレシチンがアセチルコリン（神経伝達物質の一種）になり，記憶力に関わる。したがって，日常的に豆類を食べると記憶力が高まる。また，豆類には，タンパク質とマグネシウムが豊富に包まれている。
- ●ご … ごま：老化の原因となる活性酸素を防ぐ抗酸化栄養素であり，食品添加物に含まれる有害物質と結合しやすく，添加物のからだへの吸収を阻害して排出してくれる亜鉛を含んでいる。
- ●は … わかめ：わかめや昆布などの海草類には，カルシウムをはじめとするミネラルが豊富に含まれている。ミネラルは，老化や生活習慣病の予防に役立ち，中でも，カルシウムは，集中力を高め，落ち着きを与える働きがある。
- ●や … 野菜：ビタミンを多く含み，脳内でブドウ糖代謝に関与し，栄養吸収の手助けをしてくれる。β-カロチンやビタミンCを豊富に含む。
- ●さ … 魚：DHA（ドコサヘキサエン酸）とEPA（エイコサペンタエン酸）が非常に多く含まれていて，神経細胞の働きを良くしてくれる。脳の神経細胞の発達に良く，うつ病になりにくくなる。また，人に対して危害を加える，気分がカーッとする，キレるという攻撃性が下がる。
- ●し … しいたけ（きのこ類）：ビタミンDが豊富に含まれている。また，食物繊維も多く含まれ，動脈硬化や大腸がんの予防に寄与する。
- ●い … いも（いも類）：ビタミンを多く含み，脳内でブドウ糖代謝に寄与し，栄養吸収の手助けをする。また，腸内環境を整える食物繊維も豊富に含まれている。

（10）健康を支える今日の運動の必要性

子どもたちの脳や自律神経がしっかり働くようにするためには，まずは，子どもにとっての基本的な生活習慣を，大人たちが大切にしていくことが基本である。その自律神経の働きを，より高めていくためには，次の3点が大切である。

① 子どもたちを，室内から戸外に出して，いろいろな環境温度に対する適応力や対応力をつけさせること。

② 安全なあそび場で，必死に動いたり，対応したりする「人と関わる運動あそび」をしっかり経験させること。つまり，安全ながらも架空の緊急事態の中で，必死感のある運動の経験をさせること。具体的な運動例をあげ

るならば，鬼あそびや転がしドッジボール等の楽しく必死に行う集団あそびが有効であろう。

③ 運動（筋肉活動）を通して，血液循環が良くなって産熱をしたり（体温を上げる），汗をかいて放熱したり（体温を下げる）して，体温調節機能を活性化させる刺激が有効である。これが，体力を自然と高めていくことにつながっていく。

では，日中に運動をしなかったら，体力や生活リズムはどうなるのだろうか。生活は，1日のサイクルでつながっているので，生活習慣（生活時間）の一つが悪くなると，他の生活時間もどんどん崩れていく。逆に，生活習慣（時間）の一つが改善できると，次第にほかのことも良くなっていく。

つまり，日中，太陽の出ている時間帯に，しっかりからだを動かして遊んだり，運動をしたりすると，おなかがすき，夕飯が早くほしいし，心地よく疲れて早めの就寝へと向かう。早く寝ると，翌朝，早く起きることが可能となり，続いて，朝食の開始や登園時刻も早くなる。朝ごはんをしっかり食べる時間があるため，エネルギーも得て，さらに体温を高めたウォーミングアップした状態で，日中の活動や運動が開始できるようになり，体力も自然と高まる良い循環となっていく。

生活を整え，体力を高めようと思うと，朝の光刺激と，何よりも日中の運動あそびでの切り込みは有効である。あきらめないで，問題改善の目標を一つに絞り，一つずつ改善に向けて取り組んでいこう。必ず良くなっていく。「一点突破，全面改善」を合言葉に，がんばっていこう。

2 今日から始めよう，子どもの生活リズム向上作戦 ―あきらめたら，子どもがダメになる―

わが国では，子どもたちの学力の低下や体力の低下，心の問題の増加が社会問題となっており，就学前施設や学校，家庭，地域の連携した取り組みが求められている。筆者らは，子どもたちの健全な育ちを支援すべく，まずは，子どもたちの生活調査や体力・運動能力テストを実施し，あわせて行政や保育・教育機関や団体と連携して，子どもたちの抱える心とからだの問題点を見いだし，それらの問題点の分析と考察から，今後に向けた改善策を提案している。中でも，地域の特徴に応じた形での運動実技指導も展開している。

ここでは，子どもたちの生活をみて，筆者が気にかかることを，3つ，紹介しながら，話を進めてみたい。

（1）子どもたちが抱える3つの問題

1）睡眠リズムの乱れ

　第一に，今の子どもたちは，夜型の生活に巻き込まれている点が気になる。夜の街に出ると，「食べて，飲んで，楽しんで（くつろいで）！」という，飲み屋の看板が目につく。楽しそうである。子どもたちが保護者に連れられて，ファミリーレストランや居酒屋，コンビニ，カラオケボックス等へ，深夜に出入りしている光景もよく見かけるようになってきた。

　「大丈夫です。子どもは元気ですから」，「子どもは楽しんでいますから」，「夜は，父と子のふれあいの時間ですから」，「まだ眠くないと，子どもが言うから」等と言って，子どもに夜ふかしをさせている家庭が増えてきた。子どもの生活は，「遅寝，遅起き，ぐったり！」になっている。

　また，大人の健康づくりのために開放されている小学校や中学校の体育館へ，幼子を連れた状態で夜9時～10時くらいまで，保護者たちが運動や交流を楽しむようにもなり，子どもの方は，お父さんやお母さんがスポーツを終えるのを待ってから，夕食をとるというケースが非常に多くなってきた。子どもたちが大人の夜型の生活に入り込んで，不健康になっている状況や，親が子どもの健康的な生活のリズムのあり方を知らない，子どものリズムに合わせてやれないという知識のなさや意識の低さが，今，クローズアップされている。

　生活実態調査でも，幼児でありながら，午後10時を過ぎて就寝する子が，2016（平成28）年には，早稲田大学と京都府[2]の調査で約30％もいることがわかった。

　昭和30年代の子どもたちは，午後8時頃には床につくようにしつけられていた。それは，幼児期だけでなく，小学校の中学年ぐらいまでの目安だったように思う。「8時を過ぎたら，大人の時間」という言葉がよく聞こえていた。ここで考えなければならないことは，その当時の子どもたちの就学前施設，小学校の始まる時刻は，基本的には今も変わっていないということである。つまり，朝の開始時刻は変わっていないのに，寝る時刻が以前より2時間ほど深夜に向かってズレている子どもたちが約3割増えている今日である。そうなると，短時間睡眠になるか，睡眠を確保しようとすれば遅起きとなり，朝のゆとり時間がなくなってくるわけである。

　したがって，朝食を充実したものにできなかったり，欠食したりするようになる。これが，気になることの2つ目である。

【ヒトの睡眠と活動のリズム】

　赤ちゃん時代には，起きて寝て，起きて寝て，を繰り返しながら，トータル

2）日本食育学術会議監修・早稲田大学前橋明研究室編：子どもの生活白書2016年版，大学教育出版，p.113, 2018.

でみると，睡眠は少なくとも16時間はとる。そして，だんだん食を進めて体格ができ，太陽が出ている時間帯に動くようになって，体力がついてくる。体力がついてくると，睡眠の部分が減る。4～5歳くらいになると，昼寝を合わせると，図1の右側で示す睡眠時間になっていく。そして，成長していくと，昼寝をしなくてもいい，そういう体ができてくる。つまり，脳が発達し体力がついてくると，寝なくてもよい時間が増えてくるのだ。逆に，体力が未熟な子どもは，幼児期の後半～児童期になっても，まだまだ昼寝が必要な子どももいる。やがて，成人をすぎ，高齢になると，体力が弱まってきて，また，数回眠るという状況になる。そういう生理的なリズムを，ヒトは原始時代から，太陽とつき合って生活する中で築き上げてきたのである。

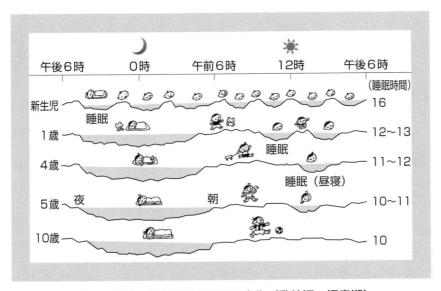

図1　加齢に伴う睡眠と覚醒の変化（乳幼児・児童期）
出典）前橋 明，他：育児支援・生活指導マニュアル，p.3，2005.

　5歳くらいでは，午後8時くらいには眠れる生理的リズムをもっている。夜間は少なくとも10時間，昼寝を入れると11時間くらいは寝るというからだになるのだ。つまり，幼児期から，夜間はだいたい10時間は連続した睡眠がとれるようになってくる。「8時くらいには寝て，10時間の睡眠がとれるようになること」を頭に入れておいてもらいたい。
　では，「10時間寝ることができない子はどうなのか」について，研究を進め，1996（平成8）年にわかったことは，9時間ちょっとの短時間睡眠の子どもは，注意集中ができないということであった。そして，イライラする，じっとしていられなくて歩き回るという行動特徴に，どんどんチェックが入った。こんな状況であったら，落ち着いて生活ができないし，保育もきちんと経験で

きない，小学校に上がっても勉強できないのではないか？と筆者は感じ，「短時間睡眠を，幼児期から解消して，改善していかねばならない」と警鐘を鳴らしてきた。幼児期には，夜間に少なくとも10時間以上の睡眠時間を確保させることが欠かせないのだ。

実際，短時間睡眠で幼児期を過ごして小学校に上がっていくと，1時間の授業に集中できない。10分〜20分たってくると，集中力を失ってキョロキョロし，イライラしてくる。じっとしていられない，歩き回るという行動が起きてしまうのである。いくら優秀な先生がいても，子どもの方の生活基盤がしっかりしていないと，とくに短時間睡眠の睡眠習慣が身について就学していくと，教員も太刀打ちができないのである。

短時間睡眠が長く続くと，もっと激しい症状，いわゆるキレても仕方がない状況，子どもたちが問題行動を起こしても仕方のない状況が，自然と出てくるだろう。よって，乳幼児期から睡眠を大事にすることを，学校（就学前施設）や家庭だけの問題ではなく，地域社会をあげて，もっと大切に考えていく必要があると考える。

2）摂食リズムの乱れ

朝食を抜くと，イライラする。幼児であれば積み木を放り投げたり，おもちゃを雑に扱ったり，友だちを後ろからボーンとどついたりする行動が目立ってくる。今日，朝食を毎日食べている保育園児はほぼ8割で，約2割の子が，毎日，朝ごはんを食べていないか，不定期摂取ということである。

私たち大人は，朝・昼・晩と3食を食べて生活を支えているわけであるが，幼児はグーンと発達していくので，子どもが発達するためには3食では足りない。しかも，胃は小さいし，腸の働きは未だ弱いから，一度に多くの食を取り込めないので，おやつでその不足分を補う必要がある。よって，おやつも食事の一部と考えてほしいのである。つまり，幼子にとっての食事は，1日4食〜5食が必要なのだ。それなのに，メインの1食を抜いている幼児が増えてきたのは心配である。近年では，毎朝，食べて登園している幼児は，5歳児で約88％，小学6年生で87％前後[3]である。

さらに，もっと問題なことがある。それは，例えば，5歳の男の子で88.8％の子が朝食を食べているが，朝に排便があるのはたった27.8％なのである。人間は食物を食べると，消化の良い物で，7時間ほどでうんちになる。じっくり消化していくと，24時間前後はかかる。夜10時間ほど寝るとするならば，夕食で食べたものの中で消化の良い食物の残りかすは，翌朝にはもう大腸に着いている。そして，朝の胃は空っぽで，その空っぽの胃に，朝の食べ物が入ると，

3）日本食育学術会議監修・早稲田大学前橋明研究室編：子どもの生活白書2015年版，大学教育出版，p.8, p.157, 2017.

胃は食べ物が入ったことを脳に伝える。すると、今までに消化吸収された残りかすを出すために、腸が蠕動運動を始め、食物残渣を押し出そうとする。そのときに、腸内に満ちるだけの残りかすがある方が良くて、大腸に刺激が伝わると、じわじわと押し出すわけである。満ちるだけの残りかすをためようと思うと、お菓子だけでは、腸内に満ちるだけの残りかすによる重さと体積がつくれない。内容の良い物を食べないと、うんちに結びつかないのである。

　アンケート調査をすると、朝ごはんを子どもに食べさせてなくても、「食べた」と答えるような親の嘘が、ときにみられる。ところが、うんちについては、比較的、親は正直に答えてくれる。朝、うんちが出ないことが、そんなに悪いとは思っていないからであろう。したがって、アンケートで筆者が注目しているのは、朝の排便があったかどうかということである。

　今は、排便を家で済ませから、朝をスタートさせることもできなくなって、体調もスカーッとしないままの登園・登校になっている子どもが多い。これでは、午前中の活動力が低下しても不思議ではない。動きが減ると、1日の運動量が少なくなり、体力も高まらない。

3）運動不足

　さて、気になることの3つ目は、子どもたちの生活の中で、運動量が激減してきていることである。例えば、前橋の調査研究[4]をとり上げてみると、保育園の5歳児であるが、1985（昭和60）～1987（昭和62）年は午前9時から午後4時までの間に、だいたい1万2千歩ぐらいは動いていたが、1991（平成3）年～1993（平成5）年になると、7千～8千歩に減ってきた。そして、1998（平成10）年以降になると、だいたい5千歩台に突入し、昭和時代の半分ほどの運動量に激減してきた。それに、登降園も車利用が多くなってきたので、子どもの生活全体の歩数が減り、必要な運動量が不足している。子どもたちの活動の様子をみると、丸太渡りや平均台歩行時に足の指が浮いて自分のからだのバランスを保てず、落ちてしまう子どもが観察される。生活の中でしっかり歩いていれば、考えられないことである。走っても、膝をしっかり上げることができないので、つま先を地面にこすって引っかけてしまう。また、日ごろから、外あそびよりも、テレビ・ビデオ利用が多くなっていると、活動場所の奥行きや人との距離感を認知する力も未熟となり、空間認知能力が育っていかない。だから、人とぶつかることが多くなる。ぶつかって転びそうになっても、日ごろから運動不足で、多様な動きの経験が少ないため、保護動作ができずに顔面から転んでしまうのである。

[4] 前橋 明：子どもの生活リズム向上戦略－「食べて、動いて、よく寝よう！」運動の奨励、レジャー・レクリエーション研究79, p.42, 2016.

（２）休養・栄養・運動の問題発生と自律神経

　夜型生活の中で，子どもたちが睡眠リズムを乱していくと，食が進まなくなり，欠食や排便のなさを生じていく。その結果，午前中の活動力が低下し，動けなくなる。そして，睡眠の乱れや欠食，運動不足になると，オートマチックに身体を守ってくれる脳や自律神経の働きがうまく機能しなくなり，自律神経によってコントロールされている体温調節がうまくできなくなっていく。

　結局，子どもたちの睡眠リズムが乱れると，摂食のリズムが崩れて朝食の欠食・排便のなさへとつながっていく。その結果，朝からねむけやだるさを訴えて午前中の活動力が低下し，自律神経の働きが弱まって，昼夜の体温リズムが乱れてくる。すると，体温が36℃台に収まらない，いわゆる体温調節のできない「高体温」や「低体温」の子どもや，体温リズムがズレて，朝に体温が低くて動けず，夜に体温が高まって動きだすといった子どもがみられるようになってくるのである。

　そこで，体温リズムについて学ぶと，育児や保育，教育に役立つ，いろいろなことがわかってくる。

（３）体温リズム

１）加齢の伴う体温リズムの変化

　乳幼児期には，体温調節機能が未発達のために，外部環境の影響を受けて，体温は変動する。一般に，生後3日間ぐらいは，比較的高温の時期がみられ，漸次下降して，100日を過ぎると，およそ37℃から，それ以下となり，120日ぐらいで安定する。そして，2歳〜3歳頃より，生理的な日内変動がみられ，1日のうちに，0.6〜1.0℃の変動を示すようになる。日常生活では，体温は一般に午前3時頃の夜中に最も低くなり，昼の午後4時頃に最高となる一定のサイクルが築かれる。このような日内変動は，ヒトが長い年月をかけて獲得した生体リズムの一つである。例えば，午後4時前後の放課後の時間帯は，最も動きやすい時間帯なのである。筆者は，この時間帯を，子どものゴールデンタイムと呼ぶ。

　ところで，生活が遅寝・遅起きで夜型化している子どもの体温リズムは，普通の体温リズムから数時間後ろへずれ込んでいる。朝は，本来なら眠っているときの体温で起こされて活動を開始しなければならないため，からだが目覚めず，体温は低く，動きは鈍くなっているのである。逆に，夜になっても，体温が高いため，なかなか寝つけないという悪循環になっている。

　このズレた体温リズムを，もとにもどす有効な方法は，①朝，太陽の陽光を

浴びること，②日中にしっかり運動をすることである。

2）低体温のからだへの影響
　朝，起きて体温が低いということは，からだが起きている状態ではないということ，脳も覚醒していない状態で活動をしなければならないということである。したがって，いろいろな活動をしても，無気力でやる気が出ず，実際に覚えきれなかったり，やりきれなかったりする。ウォーミングアップができていないということである。あわせて，朝食の欠食をし，日中に運動が足りないと，産熱や放熱の経験が少なくなり，自律神経が鍛えられず，体温は適切にコントロールされなくなって，夜の眠りも浅くなる。

3）体温リズム改善の方法
　体温リズムの改善には，「早寝・早起き（生活リズムの向上）」が基本となる。今日，午後10時を過ぎて就寝している幼児の割合が約3割を超えるわが国の現状は，国家的な危機である。ぜひ，子どもの「睡眠」をはじめとした「健康的な生活習慣とそのリズム」というものを，幼少児期から大切に考える大人たちが必要である。

　夜型化した子どもの起床や朝食開始の遅れを防止する具体策は，就寝時刻を現状よりも1時間早めることだろう。これによって，充実した毎日の生活を体験させるために必須の条件である朝食の摂取と朝の排便が可能となり，登園後の生活の中で，子どもたちは情緒の安定と対人関係の充実をより一層図っていくことができるようになるだろう。つまり，子どもたちの生活リズム上の問題点を改善するには，「就寝時刻を早めること」であるが，そのためには，まずは，朝食を食べさせて，日中のあそびや運動体験の機会をしっかりもたせることである。これが，体温を上げ，自律神経の働きを良くすることにつながっていく。

　中でも，日中，太陽の下で戸外運動を積極的に取り入れることは，子どもたちの体温を上げたり，汗をかいて放熱したりする経験を十分にもたせてくれ，自律神経の働きをいっそう高めていく。とくに，「午後の戸外あそび時間を増やして運動量を増加させ，心地よい疲れを誘発させること」，そして，「だらだらと遅くまでテレビやビデオを見せず，健康的な視聴をさせるように心がけること」が，生活リズム向上のためには，きわめて有効と考えられる。

4）生体リズムに関与する脳内ホルモン
　ヒトが夜に眠り，朝に起きて活動を行うためには，ホルモンの働きもしっか

りしていなければならない。夜中には，眠るための松果体ホルモン（メラトニン）が出され，朝には活動に備え，元気や意欲を引き出すホルモン（コルチゾールやβ-エンドルフィン等）が分泌されなければ，眠ることや元気に活動することはできないのである。

　これらのホルモンの分泌時間のリズムや量が乱れると，脳の温度の調節もできず，時差ぼけと同じような症状を訴え，何をするにしても全く意欲がわかなくなる。健康な状態では，睡眠を促すメラトニンの分泌が，午前0時頃にピークとなり，脳内温度（深部体温）が低下する。よって，神経細胞の休養が得られ，子どもたちは，良好な睡眠がとれる。

5）午睡の役割

　午前中に遊びこんだ子どもの脳温（脳の温度）は高まり，その勢いでオーバーヒート気味になる。これを防ぐために，脳を休める昼寝（午睡）がある。体力がついてくると，寝なくても大丈夫になってくるが，まだまだ大脳の働きが弱く，体力レベルの弱い子どもには，脳温を一時下げて通常の体温リズムにもどす，言い換えれば，脳を休める昼寝（午睡）が必要である。もし，一律に午睡を排除すると，体力レベルの低い子どもは脳温のコントロールができなくなっていく。夜に早く眠らせようと，午睡をさせないようにすると，計算的には昼間の睡眠がなくなるわけだから，夜に早目の就寝が期待される。しかし，子どもは大脳機能が未熟な上に，必要な時間帯にクールダウン（体温調節）をさせてもらえないことにより，のちのち自律神経の機能低下やホルモンの分泌リズムを乱す誘因にもなっていくことが懸念される。

　したがって，幼児期においては，午前中のあそびで生じた脳温の高まりを，まずはオーバーヒートしないように下げる午睡を大切にしていくことが必要である。幼児期であっても体力レベルの高まった子どもに対しては，無理に寝させなくてもよいが，脳を休憩させる静かな時間「クワイエットタイム」の確保をお勧めする。

（4）睡眠と覚醒のリズムがさらに乱れると，どうなるのか

　睡眠と覚醒のリズムが乱れ，生体のリズムが崩れると，これらホルモンの働きが悪くなり，眠るためのメラトニンや，元気や意欲を引き出すコルチゾールやβ-エンドルフィンの分泌の時間帯が乱れて，体温調節がさらにできなくなる。

　結果的に，夜間は脳の温度が下がらず，神経細胞の休養が不十分となり，睡

眠時間は長くなっていく。したがって，朝，起きられなかったり，いくら長く寝てもすっきりしなかったりする。当然，朝，起きることができないから，午後になって，やっとコルチゾールやβ-エンドルフィンが分泌されると，少し元気が出てくるというわけである。もちろん，能力としては極端に低下しているので，結果的には，疲れやすさや持久力低下，疲労感の訴えの高まり，集中力低下，ぼんやり，イライラ，無気力，不安，うつ状態を引き起こしていく。

　また，近年は，幼児期からいろいろな種類のお稽古ごとが増え，脳が処理すべき情報量の増加とそれに反比例した睡眠時間の減少（睡眠不足）が，子どもたちの持続的な緊張状態をつくり上げている。この状態がさらに慢性化し，重症化すれば，睡眠は浅くなり，疲労回復もできず，能力は極端に低下する。そして，将来，中学校・高校へと進む過程の中で，勉強に全く集中できず，何も頭に入らなくなり，日常生活も困難となって，家に閉じこもるようになっていく。

（5）健康生活への提言

　今日，幼児の就寝が午後10時を過ぎている地域の多いわが国の現状をみると，国家的な危機状態にあると考える。夜型化した子どもの起床や朝食開始の時刻の遅れを防止する具体策は，就寝時刻を現状よりも1時間ほど早めることである。この就寝時刻を早めるためには，「子どもたちの生活の中に，太陽の下での戸外運動を積極的に取り入れること」，とくに「午後の戸外あそび時間を増やして運動量を増加させ，心地よい疲れを誘発させること」，「調理時間の短縮や買い物の効率化などを工夫し，夕食の遅れを少しでも早めること」，そして，「テレビ・ビデオ視聴時間を努めて短くして，だらだらと遅くまでテレビやビデオを見せないこと，光刺激を与え続けないこと」が有効と考える。ただし，メディアの健康的な利用方法の工夫に力を入れるだけでは，根本的な解決にはならない。つまり，幼少年期より，「テレビやビデオ，ゲーム等のおもしろさ」に負けない「人と関わる運動あそびやスポーツの楽しさ」を子どもたちにしっかり味わわせていかねばならない。子どもの場合，学力や体力に関する問題解決のカギは，① 毎日の食事と，② 運動量，③ 交流体験にあると考えられるので，まずは，朝食を食べさせて，人と関わる日中のあそびや運動体験をしっかりもたせたい。それが，子どもたちの心の中に残る感動体験となるように，指導上の工夫と努力が求められる。

　心とからだの健康のためには，幼児期から小学校低学年頃までは午後9時までに，高学年でも午後9時半までには寝かせてあげたい。とにかく，就寝時刻が遅いと，いろいろな悪影響が出て，心配である。集中力のなさ，イライラ感の増大とキレやすさの誘発，深夜徘徊，生きる力の基盤である自律神経系の機

能低下，意欲のなさ，生活習慣病の早期誘発などを生じる。睡眠をおろそかにすると，日々，学んだ情報の記憶を睡眠時に脳内で整理し，定着させてくれなくなる。つまり，学力にも支障をきたすようになることを忘れないでもらいたい。

（6）近年の子どもたちが抱える問題の流れ

　睡眠リズムが乱れたり，運動不足になったり，食事が不規則になったりすると，メラトニンというホルモンの分泌の時間帯もずれてくる。また，朝，起こしてくれるホルモンが出なくなり，起きられない。つまり，寝ているわけだから，日中，家に引きこもって，学校に行けない状態になる。

　また，脳温を高め，意欲や元気を出させてくれるホルモンが，ずれて夕方くらいから分泌されるようになると，夜に活動のピークがくるというような変なリズムになってしまう。言い換えれば，朝，起床できず，日中に活動できない，夜はぐっすり眠れない，という生活になっていくのである。

　要は，睡眠のリズムが乱れてくると，朝ごはんが食べられない，摂食のリズムが崩れていく。エネルギーをとらないと，午前中の活動力が低下し，運動不足になってくる。そして，自律神経の働きも弱まってきて，体温リズムの乱れを生じ，やがて，ホルモンの分泌のリズムも崩れてくる。

　こういう状態になってくると，子どもたちは，体調の不調を起こして，精神不安定にも陥りやすくなって，勉強どころではない。学力低下や体力低下，心の問題を引き起こすようになっていく。

　つまり，睡眠，食事，運動の機会が子どもたちの生活に保障されないと，自律神経の働きが悪くなって，オートマチックにからだを守ることができなくなる。意欲もわかず，自発的に，自主的に行動できなくなっていくのだ。教育の世界で言う「生きる力」は，医学・生理学で言うと「自律神経の機能」なのである。子どもたちの「睡眠」，「食事」，「運動」というものを，大切に考える大人たちが必要である。もし，自律神経の機能低下を生じたならば，運動療法をお勧めする。何も，スポーツをしろというのではない。スポーツができるくらいだったら，問題はない。自律神経の機能低下を生じると，動こうという意欲すらもてなくなる。散歩やからだ動かしに誘いながら，おなかがすき，そして，眠れるように，ゆっくり導くのがよい。

　子どもたちの活動力や体力の低下を防ぐために，睡眠と食事に家庭の協力がいるし，活動力が低下している子どもたちをどういうふうに受け入れて，どういうふうに保育や教育実践の中で，より良い状況にしていくか，より良い学習効果が得られるようにするにはどうしたらよいか等，就業前施設や学校現場での模索や研究が大いに必要になっている。

その結果，生み出した国民運動は，「早寝・早起き・朝ごはん」運動なのだ。図2は，わが国の子どもたちの問題が，どうやって進んできたかを示した流れである。つまり，学力低下を食い止めるためには，まずは「睡眠」であり，ゆえに「早寝・早起き」なのである。

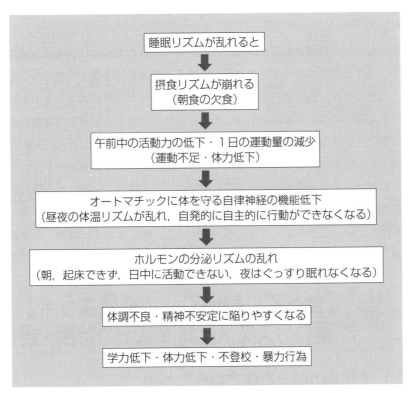

図2　日本の子どもたちの抱える問題発現とその流れ

そして，続いて，睡眠が崩れると「食」の崩れを生じるから，「朝ごはん」である。この国民運動は，2つ目までしか，ケアできていない。意欲をもって，自発的に，自主的に動ける子ども・考える子どもを期待するならば，3つ目の「運動」刺激が生活の中になくてはならない。運動や運動あそびは，自律神経機能の発達に不可欠なのである。つまり，自律神経機能を高めないと，意欲をもって自発的に勉強に取り組むことはできない。そのためには，「早寝・早起き・朝ごはん」という国民運動に，「運動」を入れなければ，片手落ちなのである。

つまり，「食べて」，「動いて」，「よく寝よう」なのだ。是非とも，動きの大切さを導入したキャンペーンを打ち出して，実行に移してもらいたいものである。こうして，将来を担う子どもたちが，健康的な生活を築き，いきいきと活躍してもらいたいと願っている。

（7）「食べて，動いて，よく寝よう」の重要性

　不規則な生活になると，カーッとなったり，イライラして集中力が欠如し，対人関係に問題を生じて，気力が感じられなくなったりする。生活リズムの崩れは，子どもたちのからだを壊し，そして，心の問題にまで影響を与えているのである。

　よって，生活習慣を整えていくことが大切で，そのためには，1日の生活の中で，一度は運動エネルギーを発散し，情緒の解放を図る機会や場を与えること，脳温を下げ，脳のオーバーヒートを避ける午睡やクワイエットタイムの重要性を見逃してはならないのある。そのためにも，まずは，日中の運動あそびが非常に大切となる。運動や運動あそびは，体力づくりはもちろん，基礎代謝の向上や体温調節，あるいは，脳・神経系の働きに重要な役割を担っている。就学前施設や学校，地域において，ときが経つのを忘れて，運動あそびに熱中できる環境を保障していくことで，子どもたちは安心して成長していける。

　要は，①朝，食べること，②日中，動くこと，③心地よく疲れて，夜は早く寝ること，が大切である。つまり，「食べて，動いて，よく寝よう！」なのだ。

3　「食べて，動いて，よく寝よう！」運動のススメと発達状況の診断・評価

（1）子どもの健全育成でねらうもの

　子どもを対象に，各種のあそびや活動，指導を通して，人間形成を図る。
　・身体的（physical）
　・社会的（social）
　・知　的（intellectual）
　・精神的（spiritual）
　・情緒的（emotional）

　子どもの全面的発達（身体的・社会的・知的・精神的・情緒的発達）をめざす教育全体の中で位置づける。

（2）子どもの発達状況の診断・評価

　子どもの生活状況は，健康的であるか？　あそびは足りているか？　子どもの生活の実際と運動環境について，チェックしてみよう。生活に関わる3つの視点と運動に関わる3つの視点について答えて，図3（p.23）のチャートに書

き込んでみると，子どもの生活の良いところ，これからチャレンジすると良いところが一目でわかる。

1）診断方法

（1）資料の①～⑥の項目について，「はい」，「いいえ」で答える。就学前施設に行っている時間帯のことは，子どもと話し合いながら記録してもよいだろう。

（2）「はい」1個につき1点と数え（5点満点），合計の点数を対応する項目のグラフに記入する。

（3）記入した①～⑥の点を結ぶ。

（4）結んでできた六角形の面積が大きいほど，子どもの身体状況や生活環境，運動環境，発達状況が良いことを表している。また，正六角形に近いほど，各項目のバランスが良く，いびつな六角形になるほど，項目により，得手・不得手，良い・悪いが著しいことを表している。

2）子どもの発達状況診断チャート

〈生活面〉

① 睡眠・休養

生活の基本となる睡眠は，睡眠時間の長さだけでなく，寝る時刻や起きる時刻も重要である。朝起きたときに，前日の疲れを残さずに，すっきり起きられているかがポイントである。

●夜9時までには，寝るようにしているか？
●毎日，夜は10時間以上，寝ているか？
●朝は，7時までには起きているか？
●朝，起きたときに，太陽の光をあびているか？
●朝起きたときの様子は，元気か？

「はい」を1点とし，5点満点　計□点

② 栄養・食事

食事は，健康で丈夫なからだづくりに欠かせないものであり，家族や友だちとの団らんは，心の栄養補給にもなる。毎日，おいしく食べられるように，心がけているか？

●朝ごはんは，毎日，食べているか？
●朝，うんちをしているか？
●ごはんを，楽しく食べているか？
●おやつを食べてから夕ごはんまでの間は，2時間ほど，あいているか？

●夜食は，食べないようにしているか？

「はい」を1点とし，5点満点　計□点

③　活　動

睡眠，食事以外の生活の中での主な活動をピックアップした。お手伝いやテレビの時間といった小さなことでも，習慣として積み重ねていくことで，その影響は無視できないものになる。

●歩いて通園ができているか？
●外に出て，汗をかいて遊んでいるか？
●からだを動かすお手伝いができているか？
●テレビを見たり，ゲームをしたりする時間は，長くても1時間までにしているか？
●夜は，お風呂に入って，ゆったりできているか？

「はい」を1点とし，5点満点　計□点

〈運動面〉

④　運動の基本

現状の子どもの外あそびの量や運動能力について把握できているだろうか。わからない場合は，公園に行って，どのくらいのことができるのか，いっしょに遊んでみよう。

●午前中に，外あそびをしているか？
●15〜17時くらいの時間帯に，外でしっかり遊んでいるか？
●走ったり，跳んだり，ボールを投げたりを，バランスよくしているか？
●鉄棒やうんていにぶら下がったり，台の上でバランスをとったりできるか？
●園庭や公園の固定遊具で楽しく遊んでいるか？

「はい」を1点とし，5点満点　計□点

⑤　発達バランス

［身体的・社会的・知的・精神的・情緒的発達］

自分の身を守れる体力があるか，人と仲良くできるか，あそびを工夫できるか，最後までがんばる強さがあるか，がまんすることができるか等，あそびで育まれる様々な力についてチェックしよう。

幼児期の生活は，保護者の心がけや関わり方次第で大きく変化する。「はい」が多いほど，親子のふれあいの時間も多いので，親子それぞれにとって心身ともに良い効果があるだろう。

●子どもは，転んだときに，あごを引き，手をついて，身をかばうことができるか？（身体的・安全能力）
●友だちといっしょに関わって，仲良く遊ぶことができているか？（社会的）

●あそび方を工夫して，楽しく遊んでいるか？（知的）
●遊んだ後の片づけは，最後までできるか？（精神的）
●人とぶつかっても，情緒のコントロールができるか？（情緒的）
「はい」を1点とし，5点満点　計□点

⑥　保護者からの働きかけ・応援
●親子で運動して，汗をかく機会をつくっているか？
●外（家のまわりや公園など）で遊ぶ機会を大切にしているか？
●車で移動するよりは，子どもと歩いて移動することを心がけているか？
●音楽に合わせての踊りや体操，手あそびにつき合っているか？
●1日に30分以上は，運動させるようにしているか？
「はい」を1点とし，5点満点　計□点

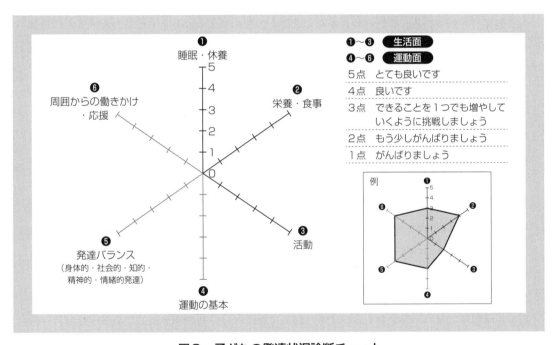

図3　子どもの発達状況診断チャート

コラム　生活リズムと近年の乱れ

　起床，食事に始まり，活動（あそび・勉強など），休憩，就床に至る生活行動を，私たちは毎日，周期的に行っており，そのリズムを「生活リズム」と呼んでいる。私たちのまわりには，いろいろなリズムが存在する。例えば，朝，目覚めて夜眠くなるという生体のリズム，郵便局の多くが午前9時に営業を始めて午後5時に終えるという「社会のリズム」，日の出と日の入という「太陽と地球のリズム」等があり，私たちは，それらのリズムとともに生きている。

　原始の時代においては，「太陽と地球のリズム」が，すなわち，「社会のリズム」であった。その後，文明の発達に伴い，人類の活動時間が延びると，「社会のリズム」が「太陽と地球のリズム」と合わない部分が増えてきた。現代では，24時間の勤務体制の仕事が増え，私たちの「生活のリズム」も，「社会のリズム」の変化に応じ，さらに変わってきた。夜間，テレビやビデオに見入ったり，保護者の乱れた生活習慣の影響を受けたりした子どもたちは，睡眠のリズムが遅く，ずれている。原始の時代から「太陽と地球のリズム」とともに培われてきた「生体のリズム」と彼らの生活リズムは合わなくなり，心身の健康を損なう原因となっている。深夜に，レストランや居酒屋などで幼児を見かけるたびに，「午後8時以降は，おやすみの時間」と訴えたくなる。

　子どもは，夜眠っている間に，脳内の温度を下げて身体を休めるホルモン「メラトニン」や，成長や細胞の新生を助ける成長ホルモンが分泌されるのだが，今日では，夜型化した大人社会の影響を受け，子どもの生体リズムは狂いを生じている。その結果，ホルモンの分泌状態が悪くなり，様々な生活上の問題が現れている。

　例えば，「日中の活動時に元気がない」，「昼寝のときに眠れない」，「みんなが起きる頃に寝始める」，「夜は眠れず，元気である」といった現象である。これは，生活が遅寝遅起きで，夜型化しており，体温のリズムが普通のリズムより数時間後ろへずれ込んだリズムとなっているのである。そのため，朝は，眠っているときの低い体温で起こされて活動を開始しなければならないため，クールダウンした状態で，体は目覚めず，動きは鈍いのである。逆に，夜になっても体温が高いため，なかなか寝つけず，元気であるという悪循環を生じてくる。さらに，低体温や高体温という体温異常の問題も現れてきている。これは，自律神経の調節が適切に行われていないことを物語っており，もはや「国家的な危機」といえる。

　幼児の生活リズムの基本であるが，就寝は遅くとも午後9時（できれば，午後8時）頃までに，朝は午前7時頃までには自然に目覚めてもらいたい。午後9時に眠るためには，夕食は遅くとも午後7時頃にとる必要がある。時には夜遅く寝ることもあろうが，朝は常に一定の時刻に起きる習慣をつくることが大切である。朝の規則正しいスタートづくりが，何より肝心なのである。みんなで，将来の日本を担っていく子どもたちの健康を真剣に考えていかねばならない。今こそ，子どもたちの生活リズムの悪化に歯止めをかけるときである。

第1章 幼児期の健康と生活リズム

健康づくりには，栄養（食事）と運動（運動あそび），休養（睡眠）の3つの習慣をつくり，そのリズムを太陽のリズムに合わせて，毎日，規則正しく繰り返していくことが大切である。朝は7時までには起きて，光を浴び，朝食をとり排便をすませること，日中は，汗をかくくらいの運動をし，心地よい疲れを得て，午後9時までには寝る生活が，幼児期には求められる。歩くことは「運動の基本」，走ることは「運動の主役」である。

1 休養（睡眠）

人間は，「朝，太陽が昇ると活動を始め，夜，日が沈むと睡眠をとる」という1日のリズムをつくってきた。これは，自然の中で生き抜いていくために，長年の進化の過程の中で身につけてきた人間の特性である。しかし，今日では，照明技術の発達とその利用によって，日が沈んだ後でも様々な活動ができ，昼間だけでなく，夜間に活動する人が激増してきた。こうして，私たちの生活は，自然との共存の中で，長年に渡って定着させてきたからだのリズムから外れ，様々な弊害をもたらしている。

例えば，夜，遅くまで仕事ができるようになったため，親の帰宅時刻が遅くなり，ひいては，子どもの生活時間をも夜型化させてしまっている。また，24時間営業のレストランやスーパーが増え，子ども連れであっても，夜遅くに気軽に出歩けるようになっている。居酒屋やレストラン等で，午後10時以降に乳幼児の姿を見ることも珍しくなくなってきており，子どもたちは保護者の食事や社交が終わるのを待っている状態である。眠らせているからよいだろうという考えがあるのかもしれないが，子どもにとって，「静けさ」と「安らぎ」，「きれいな空気」[1]という，正常な睡眠をとるための条件は，満たされていない。

睡眠と一言で言っても，からだの点検を行うレム睡眠と，脳もからだも休ん

1）前橋 明ほか：子どもの未来づくり 健康〈保育〉，明研図書，p.92，2007．

でいるノンレム睡眠とがあり，それらを眠っている間，繰り返すことが基本である。生まれたばかりの赤ちゃんは，この周期が40分〜50分程度であり，大人になると，90分〜100分になる[2]と言われている。つまり，赤ちゃんは短い間隔で，睡眠―覚醒を繰り返し，成長とともに，この間隔が長くなり，長時間眠れるようになっていく。睡眠中は，成長ホルモンやメラトニン等のホルモンが分泌される[3]ことが知られている。成長ホルモンは，骨を伸ばし，筋肉を増やすホルモンであり，メラトニンは，抗酸化作用があり，かつ，生活リズムを整えてくれるホルモン[3]である。睡眠をおろそかにすることで，ホルモンの分泌が阻害されるため，からだや脳にとって不健康な状態をもたらす。

一般に，大脳は，目が覚めてから2時間くらいは正常に機能しないので，朝は早めに起きて，始業の時刻より2時間前から活動すること[4]が望まれる。つまり，午前9時頃から保育や教育が展開されるならば，遅くとも午前7時には起床しておくのがよいであろう。また，子どもたちの心身の疲労を回復させ，過労を防止するためには，幼児であれば，一晩に連続10時間以上の睡眠[5]が必要である。したがって，現代の夜型化社会の幼児においては，できれば午前7時前には起床し，10時間以上の睡眠をとることが求められることから，遅くても午後9時までには就寝させることが望まれる。

松尾ら[6]の2012（平成24）年の広域調査の結果によると，保育所に通う5歳児の平均就寝時刻は21時34分であり，午後10時以降に就寝する幼児が約4割と多く，夜間に10時間以上の睡眠時間を確保できていない幼児が約7割いることが，報告されている。とくに，夜間の睡眠時間が9時間30分より短いと，翌日に精神的な疲労症状を訴える[7]ことが言われているが，そのような子どもが約4割確認された。さらに，朝から眠たそうな様子のみられる子どもが1割いることがわかっている（表1-1）。

つまり，日本では，子ども全般（幼児・児童・生徒）の生活リズムの乱れが顕在化している。昔も今も，就学前施設（幼稚園，保育所，認定こども園をいう）や学校，社会の開始時刻は一定であるが，近年は就寝時刻が遅くなっており，そのために睡眠時間が短くなっている。そのシワ寄せとして，朝食の欠食[8]や日中の活動力の低下[9]，気力や体力，元気さの減衰[9]などが言われ，疲労や眠気を訴える子どもが増えていくことが予想される。この状況を考慮した上で，子どもや保護者へ対応していくことが，保育者（幼稚園教諭，保育士，保育教諭をいう）や教育者には求められる。保護者は，毎日，一生懸命に仕事や家事，育児に臨んでいるものの，気づかぬうちに，わが子の心やからだにネガティブな負担のかかる生活を送らせてしまっていることを懸念する。子どもの心身の健やかな成長・発達を促す，規則正しい生活に対する知識や理論を，大

2）神山潤：子どもの睡眠 眠りは脳と心の栄養，芽ばえ社，p.19，2003．

3）鈴木みゆき：早起き早寝朝ごはん 生活リズム見直しのススメ，芽ばえ社，pp.17-18，2005．

4）前掲書1），p.93，2007．

5）前橋 明：輝く子どもの未来づくり－健康と生活を考える－，明研図書，p.31，2008．

6）松尾瑞穂・泉秀生・前橋 明：保育園幼児の生活実態（2010年調査報告）とその課題，保育と保健18(2)，pp.61-67，2012．

7）渋谷由美子・石井浩子・前橋 明・中永征太郎：幼児期の健康管理に関する研究-(2) 朝の登園前の生活実態について-，運動・健康教育研究 8(1)，pp.79-82，1999．

8）前橋 明編著：乳幼児の健康 第2版，大学教育出版，p.96，2013．

9）前掲書1），pp.8-9，2007．

人や社会が理解し，実践していくことが，今後，大いに求められるであろう。

表1-1 保育園幼児の朝の疲労状況

		1位	2位
1歳	男児	ねむい (10.1%)	あくびがでる (3.1%)
	女児	ねむい (10.0%)	あくびがでる (4.8%)
2歳	男児	ねむい (6.4%)	あくびがでる (3.8%)
	女児	ねむい (9.4%)	物事が気にかかる (4.1%)
3歳	男児	ねむい (11.0%)	物事が気にかかる (3.9%)
	女児	ねむい (11.9%)	あくびがでる (2.8%)
4歳	男児	ねむい (10.9%)	物事が気にかかる (4.2%)
	女児	ねむい (11.7%)	あくびがでる (3.1%)
5歳	男児	ねむい (10.6%)	物事が気にかかる (3.4%)
	女児	ねむい (10.4%)	物事が気にかかる (2.9%)
6歳	男児	ねむい (12.0%)	あくびがでる (3.9%)
	女児	ねむい (11.3%)	あくびがでる・からだがだるい (2.7%)

出典）松尾瑞穂・泉 秀生・前橋 明：保育園幼児の生活実態（2010年調査報告）とその課題，保育と保健18(2)，pp.61-67，2012.

2 栄養（食生活）

　子どもが成長・発達する上で，食事を摂ることは重要である。とくに，食事を通して，日中の活動のエネルギー源となる糖や脂肪を摂取できる。また，朝食を口に入れることにより，睡眠中に休んでいた胃や腸の働きも盛んになり，それまでに食べた食物の残りかすを，便として体外へ出そうとする。そのため，朝食を食べている子どもの方が，朝，排便をしている割合が多い[10]（図1-1）。朝，排便をしないで，登園した子どもは，排便リズムがずれて，午前中はモゾモゾし，落ち着かず，不快感をもって，保育を受けるため，満足に活動できない。さらに，小学校に上がると，学校のトイレで排便をすることが恥ずかしい年頃にもなり，排便を我慢することで体調不良になる子どもや，トイレで大便をすることでいじめにあう子どもが出てくる。

　大人の責任として，朝の心のゆとりや時間的なゆとりを確保し，朝食をゆっくりと食べたり，排便をするためにトイレに座ったりする時間を保障してあげることが大切である。朝と晩に，一家団欒（だんらん）で，食事を食べることで，家族が顔を合わせ，子どもの変化に気づくことができる。栄養摂取はもちろんのこと，子どもの体調不良や悩み，学校での様子などが，食事の時間を通して，把握できるのである。最近では，朝食時にテレビを見ている家庭が多い。テレビに集中することで，食事の内容や家族の様子に興味・関心がわきにくくなること

10）泉 秀生・前橋 明：幼児の生活実態に関する考察−保育園児の朝食欠食と生活要因との関連−，運動・健康教育研究18(1)，pp.17-27，2010.

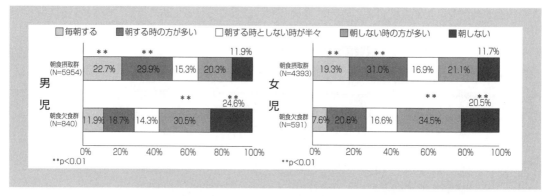

図1-1　朝食摂取状況別にみた朝の排便実施状況（保育園5・6歳児）
出典）泉　秀生・前橋　明：幼児の生活実態に関する考察―保育園児の朝食欠食と生活要因との関連―，運動・健康教育研究18(1)，pp.17-27，2010．

や，大人がわが子の食事の好みや問題にも気づきにくくなることが考えられる。食事は，箸や皿などの持ち方や食べる順序，料理を分け合う等，マナーや社会性を身につける場にもなるため，多くのことを学ぶことのできる食卓を，もっと大切に考えてほしいものである。

　バランスのとれた食事をするためには，食卓に主食，主菜，副菜を毎食ごとにそろえること[11]が大切である。主食の米やパン，麺類などの穀類は，主として糖質性エネルギーの供給源になり，主菜は魚や肉，卵，大豆製品などを増やし，主としてタンパク質脂肪の供給源になる。また，副菜は，主菜に付け合わせる野菜などを使った料理で，主食と主菜に不足するビタミンやミネラル等の栄養素を補う[12]重要な役割を果たす。近年では，朝食を欠食したり，軽食で済ませたりする家庭が多いが，不健康な食生活を習慣化させないように気をつける必要がある。なお，幼児期の子どもの胃腸は小さく，その働きは大人に比べて弱いため，1回の食事の摂取量が少量となる。しかし，発育のための新陳代謝は盛んなため，より多くのエネルギーが求められ，不足分はおやつで補う必要がでてくる。そのため，おやつも1食として考える必要がある。おやつを食べる際の注意点[13]としては，①　決められた時間におやつをとり，だらだらと食べない（時間を決めて食べること），②　食べる量だけ袋から出して，小袋に入れたり，皿に盛ったり等して食べるようにさせる等があげられる。

　近年では，「孤食の増加」も問題である。子どもが1人で食事をとることで，大人は子どもの心身の変化に気づくことができなかったり，マナーを身につける機会を失ったりする。さらに，幼児期のうちから，食器を出したり，片づけたり，調理中の様子を見たりして，食事に興味をもちだすため，お手伝いやいっしょに食事をしながら交流をすることで，子どもたちの社会性や協調性を養いつつ，食事や調理方法などへの興味・関心へとつなげていきたいもので

11）緒方正名監修：最新健康科学概論，朝倉書店，pp.80-81，2005．

12）前掲書１），p.98，2007．

13）前掲書１），p.99，2007．

ある。イベントや就学前施設での取り組みとして行われる食育の活動もよいが，毎日の暮らしの中でできる食育にも，目を向けていただきたい。

3　運動[14]（日中の活動）

幼児期は，からだの発達と知的・精神的発達に伴って，あそびのルールや創造する力を生み，集団活動に適応できるようになっていく。そして，他者との関わりの中で，新しい自己の目標を設定して，挑戦していく。あそびは強制されてするものではないため，よく遊ぶ子は，あそびの中で，課題をみつけて自ら進んで解決していこうとする。つまり，幼児は，あそびの中で自発性を積み重ねており，この繰り返しで成長していくのである。

また，今日の子どもたちの生活状態をみると，もっと「からだづくり」のことを考えていかねばならないと感じる。とくに，健康的な生活を送るために必要な体力や基本運動スキルを身につける中で，五感のトレーニングを重視し，危険を予知する能力を養うことが求められる。そのためには，子どもたちにもっと戸外での運動を奨励し，室内だけではなく，自然の中や太陽光の下で，多くの仲間と関わり合いながら，しっかり運動することと，集団で動く楽しさを経験させたい。もちろん，子どもの体調を見きわめて，展開することを基本にするが，実際には，子どもが運動することを好きになり，いろいろな種類の運動に抵抗なく取り組もうとする意欲づくりと，思いきりからだを動かす喜びや，力いっぱいからだを動かした後の爽快感のわかる子，感動できる子に育てていただきたい[15]。とくに，幼少児の運動実践では，運動技能の向上を主目的とするのではなく，運動場面を通して，どのような気持ちを体験したのかを優先してほしい。楽しい，うれしい，すごい，悔しい等といった，感動する心がもてる豊かな人間性を育てたいものである。そのためには，何か１つでも，子どもが１人でできたときの喜びを大切にしていく配慮が必要である。そういう保育者や指導者の配慮と，子どもたち自らの経験があると，子どもたちはそれらの体験を機会に，積極的に遊びこんだり，課題に取り組んでいこうとするようになるはずである。つまり，運動あそびをすることで運動スキルの向上だけを望むのではなく，「がんばってできるようになった」という達成感や満足感を自信につなげていくような「感動体験の場」をもたせることを大切にしたい。

大人（保育者や指導者）が，あそびや運動の方法を提示する場合は，子どもたちが自主的に活動しようとしだしたら，できるだけ早い段階でその主導権を子どもたちに移行していくことが大切である。もちろん，あそび環境の隠れた危険性や安全への配慮が必要である。つまり，ただ，子どもたちをあそび環

14) 前橋 明：健康〈保育〉，明研図書，pp.107-112，2007.

15) 前橋 明：幼児の体育－今日の課題と期待－，幼少児健康教育研究 6 (1)，pp.66-71，1997.

境へ放つだけでは問題があり，保育者が子どもたちに教えなければならないことも多いという認識をもたねばならないだろう。

　したがって，子どもたちが自発的にあそびを展開していくためには，まず，基本となるあそびや運動の実践方法をその場に応じて，実際に紹介する必要がある。そして，子どもたちが自発的にあそびを展開したり，バリエーションを考え出して，あそびを発展させるきっかけをつかんだら，保育者は，できるだけ早い段階で，子どもたちの中心から離れ，子どもたちを中心にしていく基本姿勢が求められる。

　近年では，運動をするにもお金や時間をかけている家庭も多いが，幼児期の子どもの運動として，まず考えていただきたいのが，歩くことが運動の基本であり，走ることが運動の主役ということである。この点をおさえ，もっと歩いたり走ったりする経験を，日々の暮らしの中で，しっかりもたせたいものである。例えば，買い物に行くときに，車や自転車ではなく，歩いて行くことも選択肢の一つである。適度な運動は，体内の血液循環を良くし，大脳の働きを活性化させて，不定愁訴を緩和し，疲れを軽減する。日中の積極的なあそびや活動の結果，夜には，疲れを生じ，心地よい眠りを誘う。これが，質の良い睡眠を確保する条件の一つと言えるため，生活の中でも運動の有効利用を心がけてもらいたい。

　現代では，子どもたちを遊ばせるとなると，とかく，おもちゃやゲーム等の機器を購入することを考える人も多いかもしれない。かつてみられた，ちゃんばらごっこやままごと，鬼ごっこ（鬼あそび）等の「ごっこあそび」には，架空の役割やモノを想像し，型にはまった規則はなかった。子どもたちは，あそびの中で，モノやルールにとらわれず，自由に，いろいろと工夫して成長していったのである。最近では，スポーツが普及し，ルールや規則の名のもとに，秩序性（ゲーム性）が強いられている場面をよく見かける。スポーツ少年団や運動教室などの発展とともに，「勝たせたい」というコーチや指導者，保護者の過度の支援や期待により，小さい時から早く鍛えようと，ルール化されたスポーツ体験の低年齢化が激しくなり，そのことが，ルールで縛りすぎて，工夫して遊べない子をつくっている大きな要因になっていることが懸念される。スポーツの場面だけにかかわらず，あそびの場面でも，幼少児でありながら，大人に言われるとおりに動くことが定着してくると，その子の，自由な発想や考えが抑制され，欲求や願望がなくなってしまう可能性も考えられる。さらには，保護者や指導者の指示を聞いていれば，注意されたり，怒られたりすることが少ないと判断し，指示を待つ姿勢が，知らず知らずのうちについてしまうことも懸念される。子どもには，その子の年齢や発達に応じたあそびや環境，

言葉がけ等があるため，大人は気をつけなければならない。

● 演習課題
課題1：現在の，休養（睡眠）・栄養（食事）・運動（あそび）の実態について，考えてみよう。

課題2：幼少期の，休養（睡眠）・栄養（食事）・運動（あそび）の実態について，考えてみよう。

課題3：自身が親になったときに，わが子に対して気をつけるべきことについて，休養（睡眠）・栄養（食事）・運動（あそび）を中心にまとめよう。

コラム　就学前施設における保護者への健康教育

　核家族化の影響で，子育てのしかたが継承されておらず，子育ての方法がわからないという親も少なくない。朝食の欠食，遅寝，短時間睡眠，運動不足の子も多く，空調のきいた場所で快適な生活で過ごしているので，自分で体温調節のできない，体力の弱い子が増えている。

　子どもたちの脳や自律神経がしっかり働くようにするためには，「食べて，動いて，よく寝よう！」といった，子どもにとっての基本的な生活習慣を，乳児の頃からしっかりと身につけるように，保護者に伝え，就学前施設と協力して子どもの健全な生活リズムを形成していく*必要がある。また，保護者には，乳幼児の頃から外気にふれて，薄着で外あそびをする意義と大切さを根気強く伝えていきたい。さらには，家庭でも，就学前施設からの帰宅後や休みの時は，公園でからだをたくさん動かして遊ぶことを実践してもらうことが必要である。また，最近は，簡単・便利な子育てがもてはやされ，子どもが寝返りやはいはいで動く時期に柵の中に入れて育てたり，ミルクの温度や離乳食のグラム数などに気をとられ，乳児に話しかけない母親をみかけることがしばしばある。

　また，乳児は，寝返りやはいはい等の動きはじめの時期に，思わぬケガをするので，具体的にどのような場面がケガにつながるかを，園だよりや保護者会などでもしっかり知らせることが必要である。乳幼児がかかりやすい疾患についても，感染症の症状や予防や罹患したときは，安静にすることの大切さを知らせる。例えば，乳児は下痢を繰り返すと，脱水症になり，重症化して命の危険さえあることや，虫刺されをかきこわして，とびひ（伝染性膿痂疹）になり，からだ中に湿疹が拡がり，重篤な症状に至る可能性のあること等を伝えたい。

　保育者は，毎日，子どもの様子に変化がないか，また，子どもの全身の状態を視診をして，状態に変化があれば，保護者に知らせて，専門医の受診をすすめることも大切な役割である。

＊　前橋　明：今日から始めよう子どもの生活リズム向上大作戦，明研図書，p.7，2012.

コラム　　保育者は子どもの見本

　幼稚園教育要領解説では，幼稚園教育が環境を通して行う教育であるという点において，教師の担う役割は大きいとし，保育現場における人的環境としての教師の重要性が語られている*1。

　近年の子どものあそび環境においても，あそび場（空間）・あそび友だち（仲間）・あそび時間（時間）の3つの間，いわゆるサンマが減少し，間抜け現象が顕在化しているが，そういった観点からも保育者の役割が担う部分は大きい。

　具体的に，昭和期のあそび環境は，空間，仲間，時間が保障されており，地域のガキ大将がチビッ子たちにあそびやあそび方を自然に見せたり，教えたりして学習させていた。子どもたちは，見たことができないと仲間から馬鹿にされるので，泣きながら必死に練習した*2と言われている。昔の子ども社会には，あそびを就学前施設や学校で教えなくても，自然に学べる環境が備わっていたのである。子どもたちが，再び自発的に遊びながら，様々な学びを得るようになるためには，この空間，仲間，時間のサンマを整えていくことが必要とされてきた。

　ところが，この3つだけでは，今，子どもが育っていかない。良い見本になりうるガキ大将やリーダー不在の中で，環境だけ備えても子どもは良い方向へ向かっていかないのである。例えば，園庭の自由あそびでは，サンマがそろっているにもかかわらず，何をして遊べばよいかわからず時間を過ごしている子どもの姿を確認することができる。また，身体的側面以外においても，精神的，知的側面でも悪い集団，悪い見本の中で育つと，おかしいことをするようになるように，やはり，ガキ大将やそれに代わる心ある大人の手で，良い方向へ子どもを導いていくことが重要になってくる。

　つまり，保育者や教師が，楽しく遊ぶ方法から片づけや物事の善悪，道徳などに至るまで，子ども社会の中で教わるべき内容を，ガキ大将というあそびの先生の代わりを担っていかねばならないのである。

　保育者や教師は，かつてのあそびを創り出してくれていた子どものように見本となり，時には子どもと同じ目線で一生懸命に遊びながらも，子どもたちを客観的に捉え，最終的には，子どもたちが自主的にあそびを広げていける力を育んでいけるように，関わっていくことが求められている。

*1　文部科学省：幼稚園教育要領解説，p.40, 2018.
*2　前橋 明：子どもの生活と運動，幼児体育（日本幼児体育学会編），大学教育出版，pp.12-14, 2014.

第2章 からだをよく動かす子どもを育てるために必要なもの

　近年，外あそびに興じる子どもの姿は激減し，体力・運動能力の低下が問題となっている。外あそびには，あそび空間，あそび時間，あそび仲間という3つの間（サンマ）が必要であり，それらが整っている就学前施設の園庭は，子どもたちが外で遊ぶための貴重な場である。保育者は，あそび環境づくりをはじめ，外あそびの内容やレパートリー，あそび方などを研鑽し，外あそびの魅力を子どもたちに感動体験としてもたせてもらいたい。

1　幼児期の生活の問題

　幼児が健康的な生活を送る上で身につけたい生活習慣として，21時前就寝や夜間10時間以上の睡眠時間，自律起床[1]，朝食の摂取，朝の排便[2]，外あそび[3]等が示されている。生活習慣は，日々の生活の中で繰り返して，身につけていくものであり，獲得までの過程で自律心が醸成され，生涯にわたって主体的に生きていくための力が養われる。また，この時期には，脳が言語や社会・情緒的スキルの発達に不可欠な基本的パターンも獲得することから，子どもが健康的な生活を送れるように配慮しなければならない。

　しかし，近年は，社会や保護者の夜型化した生活のネガティブな影響[2]を受け，子どもが健康的な生活を送る上で様々な問題が生じている。

（1）生活の夜型化

　日本の経済成長は，昼と同じように夜に働く人たちを増加させ，コンビニやファミリーレストラン等，24時間営業をしている店は少なくない。

　保育所においては，保護者の就労状況に応じて，8～11時間の保育時間[4]が保障されるようになった。開所時間は，約6割の園が11～12時間であるが，

1）佐野祥平・松尾瑞穂・前橋 明：幼児の良好な睡眠についての検討，保育と保健18(1)，pp.27-30，2012.

2）泉 秀生・前橋 明・町田和彦：幼児の生活実態に関する考察-保育園児の朝食欠食と生活要因との関連-，運動・健康教育研究18(1)，pp.17-27，2010.

3）前橋 明：子どもが生き生きと活動でき，もっている力を発揮できる条件，幼児体育学研究5(1)，pp.15-20，2013.

第2章 からだをよく動かす子どもを育てるために必要なもの

4）児童福祉施設の設備及び運営に関する基準 第34条

5）稲川登史子：保育所と幼稚園の保育時間・開所時間，開所日数，全国保育団体連絡会・保育研究所編，ひとなる書房，p.114, 2016.

*1 園での生活時間の平均は，保育園児9時間34分，幼稚園児6時間11分で，20年前〔1995（平成7）年→2015（平成27）年〕と比較すると，それぞれ58分，32分長時間化している。
ベネッセ教育センター：第5回幼児の生活アンケート速報版，2015より
https://berd.benesse.jp/jisedai/research/detail1.php?id=4770

6）前橋 明：子どもの生活実態（2010年度調査結果），食育学研究 6（2），p.73, 75, 2011.

7）泉 秀生・前橋 明・町田和彦：朝の排便時間帯別にみた保育園5・6歳児の生活実態，厚生の指標，58（13），pp.7-11, 2011.

8）前橋 明編著：子どもの未来づくり3，明研図書，pp.82-89, 2011.

延長する園は年々増加し，12時間以上も増加する傾向[5]にある。近年，幼稚園でも預かり保育が実施されており，園で過ごす生活時間が長時間化*1している。

全国で子どもの生活実態を詳細に調査している前橋らの研究[6]では，平均就寝時刻は21時（幼稚園3歳男・女児）～21時37分（保育所6歳男児），また，平均睡眠時間は9時間22分（保育所2歳男児）～10時間6分（幼稚園3歳女児）であり，健康的な生活を送る目安とされている21時までの就寝，夜間10時間以上の睡眠[1]を確保できない子どもの実態が示されている。

遅寝や短時間睡眠の影響として，注意・集中の困難さや精神的な疲労の訴え[1]，朝食欠食，朝の排便率の低下[7]，テレビ・ビデオ等の長時間視聴[8]，体力・運動能力への負の影響など[8]が示されている。また，保護者の生活スタイルが子どもの生活に影響している[9]ことも報告されている。子どもが健康的な生活が送れるように，大人は子どもの生活時間を大切にしなければならない。

近年，就学前施設（幼稚園，保育所，認定こども園をいう），家庭，地域などで，生活習慣の意識改善や様々な取り組み*2により，就寝時刻や起床時刻の早まり[10]が報告されている。しかし，夜遅くの外出やテレビ・ビデオ，テレビゲームの長時間使用，夜食の摂取などにより，夜10時以降に就寝する子どもの実態も報告[11]されている。これは，地域によって差がみられる[12]ことから，地域ごとに詳細な情報を把握し，地域の実情に即した支援を行っていくことが課題である。

（2）外あそびの減少

外あそびは，子どもの身体活動量を増加させ，他人と関わることでコミュニケーション能力を高め，人間関係を豊かに育む等，社会性や知的面，精神面などの発達にも良い影響を与える。そのためにも，とくに幼児期には，戸外で思いきりからだを使って遊ぶ外あそびを十分に経験させたい。

しかし，近年の社会環境，生活環境の変化により，子どものあそびは変化している。昭和50年代頃までの子どもたちのあそびは，鬼あそびやかくれんぼ，缶けり，警察と泥棒（ケイドロ）等がよく行われていた。これらは，1人ではできないあそびであり，人数も多い方が楽しめるものである。雨の日以外は，外あそびが主流であり，子どもは，外で遊ぶものという意識が主であった。

近年，かつて，あそび場としていた家の近所の道路や空き地は安全なあそび環境ではなくなり，外あそびに興じる子どもは減少した。

2010（平成22）年の調査[13]では，就学前施設から帰宅した後の子どもたちの

あそび場は約9割が家の中であり，あそびの内容はテレビ・ビデオ，テレビゲーム等の電子メディアを利用したものであった。男女児の半数以上がテレビ・ビデオ視聴をあげており，その割合は加齢とともに増加[13]していた。その他のあそびについては，お絵描きやままごと等，静的なあそび[13]で占められていた。

また，就学前施設以外でのあそび相手について，首都圏の幼児を対象とした調査[10]において，1995（平成7）年と2015（平成27）年を比較すると，「友だち」は56.1％から27.3％に減少し，「母親」が55.1％から86.1％に増加していた。とくに，幼稚園児は，「母親」が33.6％から82.1％と大幅に増加していた。

文部科学省の調査では，外あそびの時間が多い幼児ほど体力が高い傾向にあるが，4割を超える幼児は外あそびをする時間（日中の保育時間も含む）が1日1時間未満[14]であることが示されている。これまでの幼児の体力や運動能力は，主に日々の外あそびを通して獲得されてきた。運動能力の低下が問題[14]としてあげられている現代，子どもの外あそび経験の保障が重要である。

外あそびが成立するためには，あそび空間，あそび時間，あそび仲間という3つの間（サンマ）[15]が必要であるため，それらが整っている就学前施設の園庭は，子どもが外で安全に遊ぶための貴重な場となっている。

保育者（幼稚園教諭，保育士，保育教諭をいう）は，子どもの興味・関心を高め，子どもたちが主体的に遊ぶことができるように，外あそび環境づくりの工夫が求められる。また，外あそびの楽しさやおもしろさを保育者自身が経験し，あそびのレパートリーを増やしていくことにも必要である。そして，就学前施設での外あそびが家庭にも連続するように，保護者への働きかけが重要である。家庭では，休日に公園や戸外で子どもとダイナミックにからだを動かし，ふれあう機会を設け，外あそびを生活の中に進んで取り入れてほしい。

（3）食生活の問題

保育所における食育に関する指針[16]では，「お腹がすくリズムのもてる子どもに」と示されており，24時間の生活リズムの中で，からだを使ったあそびをタイミングよく，効果的に行うことが重要である。運動あそびの時間を午前と午後に設けることによって，食事の時間に空腹を感じ，昼食や夕食がおいしく食べられ，快い疲れを感じるとともに就寝時刻も早まる。しかし，近年は保育の長時間化が進んでおり，帰宅時刻が遅くなると，夕食開始時刻も遅くなることから，夕食までの空腹を満たすため，おやつを多量に摂取してしまい，夕食に影響することが懸念される。元来，おやつは三回食に加えて，栄養補給として必要であるが，あくまでも食事の補食であることを踏まえ，おやつの内容や量，時間帯などを検討しなければならない。

9）泉 秀生・前橋 明・町田和彦：幼児の生活実態に関する研究－保育園5・6歳児とその保護者の1週間の生活記録分析－，保育と保健17(2)，2011，pp.75-79.

＊2　2006（平成18）年から，文部科学省が国民運動として推進している「早寝・早起き・朝ごはん」，前橋明が国内外で展開している，生活リズム向上作戦「食べて，動いて，よく寝よう！」等がある。

10）ベネッセ教育センター：第5回幼児の生活アンケート速報版，2015.
https://berd.benesse.jp/jisedai/research/detail1.php?id=4770

11）泉 秀生・前橋 明：高知県の子どもたちの生活実態（2010年調査）とその課題，幼少児健康教育研究17(1)，pp.30-42，2011.

12）泉 秀生・前橋 明：神奈川県の子どもたちの生活実態とその課題，食育学研究3，pp.1-33，2008.

13）前掲書6），pp.71-112，2011.

14) 文部科学省：幼児期運動指針，2012.
http://www.mext.go.jp/a_menu/sports/undousisin/1319771.htm

15) 前橋 明：乳幼児の健康 第2版，大学教育出版，pp.137-139，2010.

16) 厚生労働省：楽しく食べる子どもに−保育所における食育に関する指針−，2004.
http://www.mhlw.go.jp/shingi/2007/06/dl/s0604-2k.pdf

17) 前橋 明編著：子どもの生活リズム向上作戦，明研図書，pp.34-39，2012.

18) 日本小児保健協会：幼児健康度に関する継続的比較研究 平成22年度 総括・分担研究報告，pp.16-17，2011.
http://www.jschild.or.jp/book/pdf/2010_kenkochousa.pdf

19) 佐々木 洋・村上直樹：食への支援，小児科臨床163増刊号，pp.119-126，2010.

21時前就寝の「早寝」，7時前起床の「早起き」，毎朝の朝食摂取「朝ごはん」の3条件を実行している子どもは，幼稚園幼児で11.3％，保育所幼児で5.3％と極めて少数[17]であったことから，「早寝・早起き・朝ごはん」の達成は，難しいことが窺われる。しかし，これら3条件を満たす子どもは，起床時の機嫌について，「いつも良い」「良い時の方が多い」割合が8割[17]を超えていた。起床時の機嫌は，良好な睡眠を得ている指標[1]でもあり，「早寝・早起き・朝ごはん」の達成が課題といえよう。

また，朝食は，日中活動するための脳へのエネルギー補給や生活習慣病の予防，排便の促進などの効果があり，健康の維持・増進に欠かせないものである。2012（平成24）年の調査[17]では，幼稚園幼児や保育所幼児の朝食摂取状況は，95％以上であることが確認されたが，朝の排便率は幼稚園幼児で29.6％，保育所幼児で24.9％と低率であった。朝の排便を促すためには，食事内容と量の他，前日の夕食や朝のゆとり時間などがあげられる。定期的な3食の充実を図り，朝の排便に費やすゆとり時間を確保する等，子どもの食生活に関する配慮が求められる。

幼児期は，大人と同じものを食べられるようになるための食習慣や味覚が形成される重要な時期でもある。2011（平成23）年の調査[18]では，「好き嫌いがある」4歳児が71％確認された。また，「肉や繊維のある野菜が食べられない」という2歳児が26％，「よく噛んで食べられない」3歳児が28％等，偏食や摂食機能に関する問題も示されている。

3歳までの味覚の経験は一生継続する[19]とも言われている。食経験の乏しい低年齢の時期から，子どもの食べる意欲や興味を高めるための働きかけの工夫が求められる。

食育に関する指針にある，「食べたいもの，好きなのもが増える子どもに」の実現は，低年齢時期から，子どもの生活における「食事」，「運動」，「睡眠」，そして，「朝の排便」を大切にしていくことでもある。

2 就学前施設における指導の問題

（1）園内における子どもの活動量の減少

規則正しい生活リズムを確立していくための，就学前施設から子どもたちに対する効果的な支援内容と言えば，やはり，運動あそびの実践ということになる。

しかし，幼児期の子どもたちからは，あそび空間，あそび時間，あそび仲間という3つの間（サンマ）が揃わないためにあそび環境の激減や日中の活動量の低下が問題になっている。先行研究によると，保育所の5歳児で午前9時から午後4時までの活動量を歩数計で計測してみると，1985（昭和60）～1987（昭和62）年は大体12,000歩ぐらい動いていたのに対し，1998（平成10）年以降は，だいたい5,000歩台[20]になってしまっている。

20）前橋　明：幼児体育[上級]理論と実践，大学教育出版，p.4, 2013.

規則正しい生活リズムを確立し，意欲的に日中の活動に取り組めるような子にしていくために，低年齢児であれば，1日に1回は汗をかくぐらいの戸外あそびを行うことが望ましい。さらに，体力がついてくる4歳・5歳以降は，朝の運動に加えて，午後の3時から5時ぐらいの体温が最も高まる時間帯に遊び込むことが必要である。

（2）保育者のあそび経験の少なさ

近年，幼児が園内で遊び込めていない原因の一つに，保育者自身のあそびの経験不足が取り上げられることがしばしばある。

そのため，自分が指導者になった時に，子どもに対して，楽しいあそびの内容やあそびを知っていたとしても，伝え方がわからず，十分な指導ができていないという問題が起こっている。

実際，鬼あそびを行ってみると，クラスによって，あそびの盛り上がりに違いがよくみられる。あそびを観察すると，保育者自身が運動あそびを楽しめているか，という部分が大きく影響しているようである。

保育者から「うわー！きゃー！」と声を出し，楽しく子どもと関わる中で鬼あそびを行っているクラスは，子ども自身もよく動き，楽しくはしゃいでいる。楽しそうに遊ぶ保育者の動きは，子どもたちを動機づけるのに非常に重要である。子どもは，そこから基本となるあそび方や様々な動作を見取り学習しているからである。一方，保育者があまり運動を好まず，消極的にあそびを行っていると，子どもの心も動かず，無感情に，なんとなく園庭を走る子どもも多い。書面上は，同じ活動を行ったということになるが，後者の活動では，子どもが情緒を解放し，心の底からあそびを楽しんだ，ということにはならない。

保育者自身が幼少期の頃，鬼から逃げ回る楽しさやスリルを味わった思い出があり，この気持ちを子どもたちに経験させてあげたい，というところから，是非，子どもに関わってほしいものである。

そのためにも，学生時代には，あそびのレパートリーを増やすだけでなく，その楽しさや魅力を存分に感じておくことも，保育現場に出るための準備として必要である。そして，乳幼児期の発育・発達に適した運動を知り，これを実

践で生かしていくことで、保育者の専門性が生まれていく。

（3）その他の問題点

　子どもが主体的に活動していけるきっかけとなる導入や展開を考えるために、保育者は子どもの普段の生活に目を向けることが必要である。例え、同じ保育活動であったとしても、子どもが行っているあそびから、子どもの興味や関心を理解して、投げかけたものであれば、子どもの意欲や学びの中で得られる内容は違ってくる。

　しかし、中には、行事の準備に追われ、普段の生活が雑になっていく、ということが聞かれる就学前施設もある。行事に追われ、業務的にただこなすだけの園生活を過ごしていれば、子どもの興味や関心をしっかり把握する時間はない。結果的に子どもに指示ばかりする一方的な指導になっていくので、これでは本末転倒である。こういった状況に陥らないためにも、業務に問題がないか、保育のねらいは適当であるか、保育者個人においても1つの仕事に対して時間をかけ過ぎず、すばやくていねいに仕事を行うことができているかを意識したり話し合ったりすることで、業務をシンプルに整理し、余裕をもって子どもと向き合える環境を創り出していきたいものである。

3　生活の中での健康づくり「徒歩」

　運動量の減少している昨今の幼児が、無理なく自然に運動量を確保できる方法の一つとして、毎日の通園時間を利用した徒歩通園がある。「運動の基本」と呼ばれる「徒歩」を行うことで、日常生活や生活リズムにどのような利点があるかを紹介する。

（1）朝夕の徒歩通園がからだに与える利点

　朝の徒歩は、まだ眠気の残っている子どもの血液循環をよくして、脳を目覚めさせ、体温を上昇させることができる。冬でも、少し大またで早く歩くと汗が出てくるぐらいからだが温まるので、からだも頭も目覚めた状態で意欲的に就学前施設での活動に取り組むことができる。

　徒歩通園の子どもたちは、通園時間を使って保育が始まるまでに、ウォーミングアップを済ませているので、眠気が残っている子やからだがだるい他の幼児に比べ、同じ保育活動の中でも、より質の高い時間を過ごすことができている。先行研究によると、徒歩通園の距離が長い子ほど、土踏まずの形成率がよく、園内の歩数も多い[21]という報告もされている。

21）原田碩三：足からの健康づくり、中央法規出版、p.98、1997.

また，降園時の徒歩は，日中で体温が一番上昇する午後3時〜5時頃[22]に必ず一定の運動量を確保できる。1日の中で，子どもに一番からだを動かしてほしい時間帯に運動の習慣をつけることができるのである。その後，家に帰った子どもたちが，公園や広場でダイナミックに外あそびをするための準備運動にもなっている。

　徒歩通園には，子どもが正しい生活リズムを身につけるために必要な要素がたくさん含まれているのである。

[22] 前橋 明：乳幼児の健康 第2版，大学教育出版，p.126，2010.

（2）通園距離からの考察

　「幼児期は，どのくらい歩けるか」という質問がよくあるが，現在の徒歩通園を行っている公立・私立を問わず，幼稚園の子どもは，通園距離が2km程度であれば歩いている。歩数にしてみると，個人差はあれど，おおむね3,000〜3,600歩程度である。これを毎日往復していると考えると，約6,000〜7,200歩ということになるが，昭和期の子どもの日中の活動量が約1万2,000歩であり，これを目標とする現代の子どもにとって，上記の徒歩数はとても魅力的である。

　たとえ，短い通園距離であっても，毎日のくり返しの中で運動習慣をつけて友だちや保護者とふれあいの時間をもつことは，からだをよく動かすために有効な手法である。また，短い通園時間でも発想を変えれば，少し早めに出かけて散歩ができるし，就学前施設や公園に行けば多めに朝あそびができるという魅力もある。

　徒歩は，手間がかかるようであるが，幼児期の発育・発達からは欠かせない活動であるため，これを効果的に行える徒歩通園の重要性を，是非，再考してほしいところである。

写真2-1　保育者引率による集団通園

4　保育者の役割

（1）乳幼児期の運動あそびに大切なこと

　0歳児から肥満にさせず，よく動く子どもに育てることが大切であり，とくに，寝返りやうつ伏せで遊ぶ時期，はう時期が大切である。

　うつ伏せは，そのまま，はいはいへと移行する大切な時期なので，うつ伏せを嫌がらず，遊べるように保育を工夫することが大切である。例えば，近くに

第2章　からだをよく動かす子どもを育てるために必要なもの

写真2-2　歩くの大好き

お気に入りの玩具を置いたり，保育者がそばにつき，声かけを進め，うつ伏せが徐々に長時間できるようにしていく。うつ伏せは，あお向けよりも，子どもの目線で身近な環境で広範囲にものが見えるので，知的好奇心を養える。

昨今の住宅環境で，はいはいの時期が短いと言われて久しい。四肢はもちろん，腹筋や背筋などを鍛えるために，はいはいをたくさん経験させることが必要である。

歩き始めのよちよちと歩く時期に，探索活動を楽しませることが大切である。歩き始めの頃は，転んでも何度も立ち上がり，また歩くことが楽しくて仕方ないといった時期である。この歩くことが大好きな時期にたくさん歩くことで，平衡感覚や空間認知能力を養う[23]ことができると言われている。

また，2歳児頃から調整力が身につく[24]と言われているので，動くことの楽しさや魅力を伝えることが求められる。

（2）幼児期の運動あそびに大切なこと

大脳は，目が覚めてから2時間ぐらいは正常に機能しないため，朝に軽い体操や散歩を行うことによって大脳の機能をより高める[25]と言われている。また，朝早くからの午前中に運動することが，その他の教育活動に集中できる[26]と言われている。したがって，登園時から外あそびをして，すっきりとして園生活を送らせたいものである。また，保育者が子どもたちといっしょに走ったり，鬼あそびをしたりして，子どもたちと思いっきり遊ぶことで，子どもたちがからだを動かすことを好きになっていく。

保育者が，いっしょに子どもたちと関わり，子どもたちが「明日もまたいっしょに遊ぼう」と夢中になれるようなあそびを展開していくことが大切である。

🌑 演習課題

課題1：子どものあそびは，時代に合わせてどのように変化しているか，調べてみよう。

課題2：「早寝・早起き・朝ごはん」に「運動」が必要な理由について，考えてみよう。

課題3：長時間保育を踏まえて，からだをよく動かす子どもを育てるために，保育者に求められる役割について，話し合ってみよう。

23）日本幼児体育学会編：幼児体育理論と実践　第5版，大学教育出版，pp.21-60，2016．

24）前橋 明編：コンパス幼児の体育，建帛社，pp.49-5，2017．

25）前橋 明：保育における運動と健康-保育研究の立場から-，日本体育学会第47回大会号，日本体育学会，p.110，1996．

26）松尾瑞穂・前橋 明：沖縄県における幼児の健康福祉に関する研究，運動・健康教育研究16(1)，pp.21-49，2008．

第3章 子どものからだの発達と運動能力

幼児期では，神経系だけが，すでに成人の80％近くに達しているので，運動あそびの中で，調整力や敏捷性に関することには長足の進歩を示すが，筋力を強くすることや持久力を伸ばすことは弱い。つまり，下地のできている感覚・神経の機能を中心とした調整力を育てるような運動あそびをしっかりさせたい。また，幼児期は運動能力の伸びがはやく，中でも走運動は全身運動であるため，筋力や心肺機能の発達と関係が深く，跳躍運動は，瞬発的に大きな脚の筋力によって行われるので，その跳躍距離の長短は，腕の振りと足の進展の協応力とも関係が深い。

1 身長と体重

乳幼児の身体発育・発達調査[1]は，1950（昭和25）年から10年ごとに厚生労働省において実施されている。この調査は，乳幼児の身体発育値の基準値（体重・身長・胸囲・頭囲）を定め，個々の子どもの発育経過が順調であるかどうかの判断基準として，日々の健康指導の改善に大いに役立つものである。

[1] 三村寛一・安部惠子：保育と健康 改訂版，嵯峨野書院，p.18, 2013.

（1）現在の子どもの身長や体重を確認してみよう

標準的な成長曲線に合わせて，子どもの発達を判定したい。ただし，身長や体重の伸びには個人差があるので，注意が必要である。現在の身長・体重は，あくまでも参考として，長期的な視点から子どもの身長が伸びやすい，子どもの体重が適切に増加する，そのような環境を整えてあげるようにしたい。

（2）カウプ指数

カウプ指数は，乳幼児（3か月～5歳）の発育状態の程度を表す指数である。カウプ指数＝体重（kg）÷身長（cm）^{2}×10^4で，算出する。

（3）ローレル指数

ローレル指数は，児童の肥満の程度を表す指数である。

成人（高校生以上）は，「ボディマス体格指数（BMI）」を使うことが一般的である。

ローレル指数＝体重（kg）÷身長（cm）^{3} ×10^7　で計算できる。

表3-1　判定基準

カウプ指数		ローレル指数	
指標	判定	指標	判定
13未満	やせ	100未満	やせ
13～15未満	やせぎみ	100～115未満	やせぎみ
15～18未満	正常	115～145未満	正常
18～20未満	肥満ぎみ	145～160未満	肥満ぎみ
20以上	肥満	160以上	肥満

2　体の比率

人体比率とは，人体の身体の各部分の相互関係や身体全体との長さの関係のことである。歴史的にみると，様々な部位について，標準的な比率が割り出されてきた（図3-1）。

（1）頭　部

顔の縦の長さを考えたとき，中央の高さに両目がある。顔を横に3分割したとき，頭頂から眉毛の上まで，眉毛から鼻の下まで，鼻の下からあごの先までがほぼ同じ長さである。顔の横幅は，目の横幅の4倍から5倍である。両目の間隔は，目の横幅に等しい。耳の高さは，ほぼ鼻の下から目尻までである。鼻の横幅は目の横幅にほぼ等しい。口の横幅は，2つの瞳の距離に等しい。

（2）全　身

年齢によって，人の頭身は変化するとされており，1歳が4頭身，4歳が5頭身，8歳が6頭身半，12歳が7頭身，16歳が7頭身半，成人で8頭身，また老人で7頭身であると言われている。幼児においては，その人が成人したときよりも身長に比べて，頭部の占める比率が大きいのが特徴である。

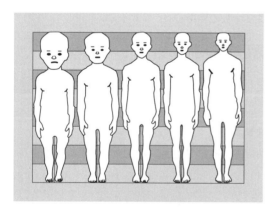

図3-1　体の比率

出典）J. シェパード，IBR：やさしい美術解剖図：人物デッサンの基礎，マール社，p.16, 1980.

3 骨の形成

(1) 骨の構造と働き

骨は，外側の皮質骨と呼ばれる硬い部分と，内側の海綿骨と呼ばれる網目状の部分から成り立っている。骨には，大きく2つの働きがある[*1]。1つは骨格として体を支える働き，もう1つはカルシウム等のミネラルの貯蔵庫としての働きである。骨の丈夫な子どもを育てたい。

(2) 骨の代謝

骨は，成長期に活発に作られて，20歳代で骨量はピークを迎える。40歳代くらいまではおよそ一定しているが，その後は，年齢とともに減少していく。骨は成長期が終わっても，「リモデリング」という代謝を繰り返している[2]。

リモデリングとは，骨を壊す働きをする「破骨細胞」が骨を吸収（骨吸収）する一方で，骨を作る働きをする「骨芽細胞」が，破骨細胞によって吸収された部分に新しい骨を作る（骨形成）ことである。このリモデリングが絶えず続けられることで，1年間に20～30％の骨が新しい骨に入れ替わっている。

*1　骨の働き
①体を支える，②外部の衝撃から心臓や肺などの柔らかい臓器を守る，③骨の内部にある骨髄で赤血球や白血球などの血液の基を作る，④筋肉と協力して体を動かす，⑤カルシウムを蓄える等がある。

2）前掲書1），p.12, 2013.

4 脊柱の湾曲

(1) 小児の脊柱側弯症

背骨（脊椎）が柱状につながった状態を，脊柱という。ヒトの脊柱は7個の頸椎，12個の胸椎，5個の腰椎，仙骨，尾骨で成り立っている。正常の脊柱は前あるいは後ろから見ると，ほぼまっすぐである。側弯症では脊柱が横（側方）に曲がり，多くの場合脊柱自体のねじれを伴う。側弯症が進行すると側弯変形による心理的ストレスの原因や腰痛や背部痛，肺活量の低下などの呼吸機能障害，まれに神経障害を伴うことがあるので，注意が必要である。

(2) 診　断

脊柱の側弯症を正確に診断するためには，最終的には医師によるX線（レントゲン）検査が必要である。しかし，医師でなくても，注意すれば簡単な方法で脊柱の側弯症を疑うことができる。日常生活の中で，保護者などがいっしょに入浴しながら背中を流して気づくとか，洋服を新調するときに両肩や背中が

きちんと合わないとか，スカートの丈が左右で違っていることからも気づくこともある。したがって，保育者（幼稚園教諭，保育士，保育教諭などをいう）が気づくことも多い。また，立位検査や前屈検査で，体型が左右非対称であることから，見つけることができる。

5 下肢の発達

（1）子どもの身体と足

　ヒトは，生まれたばかりの状態から少しずつ手足を動かし，はいはいを始め，やがて立ち上がって歩き始める。子どもたちは，成長に伴って運動行動は大きく変化する。子どもの成長には個人差があり，成長によって足の状態や運動行動に大きな違いがある。

（2）年齢区分による発達

1）0～1歳ぐらい

　元気に歩き始めるための準備期間である。赤ちゃんは，生後1年間に驚くほどの勢いで運動機能が発達する。ひとり座り，はいはい，つかまり立ち，物につたわって歩く等，徐々に運動機能を習得していく。とくに，はいはいは，直立姿勢とバランス保持という要素を除き，歩行に必要なすべての要素を使っていると言われている。手足だけでなく，腰，腹，背中の筋肉も使い，歩き始める重要な準備の役割を担っている。

2）1～3歳ぐらい

　よちよちと1人で歩き始め，外を歩くようになると，靴が必要になってくる。2歳くらいまでは大人とはまったく異なり，着地時に足全体が地面につく歩き方である。大人のように，かかとから前足部への重心移動はみられない。2歳から3歳にかけてかかとから着地するようになるが，かかとでの着地はまだ弱いものである。さらに，この頃には，ゆっくりながらも走り始める。はだし感覚で足への負担にならずに歩ける靴を選びたい。また，未熟なかかとを安定させながら，地面からの衝撃を和らげるクッション性も重要である。

3）3～7歳

　からだを動かすことが楽しく，走る，跳ぶ，投げる等の基本的運動や動作を覚えていく時期である。たくさん歩くことにより，大人に近い効率の良い歩き

方を習得していく。この年代は，合理的にからだを支えるために大きな役目を果たす「アーチ」*2が発達していく大切な時期でもある。アーチを発達させるためには，足指をしっかり使った歩き方をすることが大切であり，屈曲性のよい，歩きやすい靴を選び，たくさん運動させてあげることが重要である。

*2 足裏（土踏まず）のアーチが形成されるのは人間だけと言われている。生まれたばかりの赤ちゃんには備わっていない。

6 生理的機能の発達

　幼児期前期の1歳児・2歳児は，よちよち歩きの時代とも言われる。赤ちゃん時代の親への依存から次第に脱して，子どもは自立性を求めてもがく時期である。エリクソン*3は，この時期の子どもの発達的課題が自律の感覚（sense of autonomy）を獲得することであることを述べている[3]。内的なコントロールを求めて努力をしているこの時期の子どもの状態を，親や保育者はしっかりと理解して対応し，見守り，そして育てることが大切である。

(1) 身体的発達

　生後1年以後，子どもの発育の速度は乳児期と比べると緩慢になり，体型にも変化がみられるようになる。すなわち，乳児の体型は丸みをおびていたのであるが，幼児期に入ると細身型に変ってくる。体重の伸びよりも身長の伸びの方が目立ち，皮下脂肪が減少してくること等と関係している。

1）身長と体重

　月齢の増加とともに，身長および体重の増加率は減少していくことが知られる。身長に占める下肢の長さに注目すると，その割合は幼児期において年月齢が増加するにつれて次第に大きくなっている。すなわち，下肢の長さの割合は，1歳で38.7％，2歳で42.3％である。

2）頭囲と頭蓋

　頭囲は頭蓋の発育状態を示す指標として重要があるが，1歳から2歳までの間の増加量は約2cm程度であり，その後，次第に増加量は減少していく。小泉門は生後まもなく閉鎖するが，大泉門は次第に縮小してきて18か月頃までに閉鎖する。

3）身体の各臓器

　スキャモン*4の発育曲線は，からだの発育が臓器によって異なることを示したものである（図3-2）。神経型，リンパ型，一般型，生殖型に分けて，年

*3　エリクソン
(Erikson, E.H., 1902-1994)
　米国の精神分析学者。ドイツ生まれのデンマーク人。学校教育を嫌い，アイデンティティについて考えながら各地を放浪した。フロイトの精神分析の流れをくむ。主著に「アイデンティティ」「幼児期と社会」などがある。

3）守屋國光：生涯発達論‐人間発達の理論と概念‐，風間書房，p.102，2005.

*4　スキャモン
(Richard Scammon. 1883-1952)
　米国の医学者，人類学者。

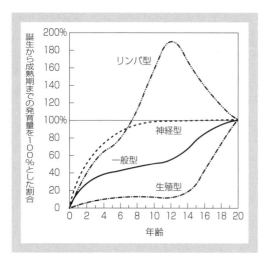

図3-2 スキャモンの発育曲線
出典）Scammon, R. E.：The measurement of the body in childhood, In Harris, J. A., Jackson, C. M., Paterson, D. G. and Scammon, R. E.(Eds). The Measurement of Man, Univ. of Minnesota Press, Minneapolis, 1930.

齢にともない発達の状況が模式的に表わされている。神経型に属する臓器は，2歳頃までに成人の80％に達するという，著しい発達の様相を示す。

4）歯の発育

乳歯の発生および化骨は胎生初期に開始しており，生後6～7か月頃から萌出し，2年半～3年で20本全部生えそろう。乳歯萌出の順序や，その時期にはかなり個人差がある。萌出時期に関してみると，すでに出生時に生えていることもあるが，生後1年頃に生えてくることもある。しかしながら，生後1年を経ても萌出が遅れている場合には病的原因を考えてみる。栄養失調，内分泌疾患，発育障害などが主な原因となっていることがあるので，注意が必要である。

5）生理的機能（排尿）

この時期の生理的機能の発達として注目されるのは，腎機能および排尿の調節機能の発達である。腎機能は，尿の生成と体液のバランスを保つことにある。一般に尿意は，膀胱内に尿がたまると，膀胱壁の知覚神経が刺激され，大脳皮質に伝えられるために起こるが，軽度の尿意は交感神経によって抑制される。そして，膀胱内圧がある程度以上に高まると副交感神経を介して反射的に排尿される。膀胱括約筋は大脳皮質の働きによって随意的に調節されるが，1歳6か月～2歳頃には大脳皮質が発達して，このような調節が身体面で可能となり，排泄のしつけ開始の準備ができてくる。また，乳児期には膀胱の容量が小さく，1回の尿量も少なく，排尿回数は多いが，腎機能の発達につれて膀胱の容量も大きくなり，排尿間隔がのびて1回の尿量は多くなる。幼児の1日の尿量はおよそ600～800mLであるが，尿量や排尿回数は摂取する水分量や発汗などによっても影響され，暑いときには汗が多いので，尿量は少なくなる。

6）その他の機能

生理的機能として幼児の1分間の呼吸数，呼吸量などは，乳児と比べると少ないが，成人と比較する多い。しかしながら，子どもの血圧は最高血圧80～90mmHg，最低血圧60～65mmHgであり，成人の最高血圧110～130mmHg，最低血圧70～90mmHgに比べるとやや低い傾向が認められる。

（2）運動機能

満1歳の誕生日を過ぎた子どもたちは，乳児期に引き続いて，新しい運動機能を獲得していく。その様相を，粗大運動（gross motor）と微細運動（fine motor）の領域に分けてみると，次のとおりである。

1）粗大運動

① **歩　行**：乳児期から幼児期にかけての大きなでき事の一つは，1人で立ち上がって，ひとりで歩き出すことである。満1歳の誕生日頃からひとり歩きのできる子どもは次第に増加し，大部分の子どもは15か月頃までに歩けるようになる。2本の足で身体の平衡をとって立つことは，乳児期において重力，運動，筋肉と関節の感覚，目や首の筋肉など，身体部分の感覚統合が必要とされる。歩行開始から安定した歩き方にいたる，初期には身体のバランスをとるために歩幅を広くとり，両腕を挙上しているが，次第に無駄のない歩き方ができるようになってくる。歩行の獲得により子どもの行動範囲は拡大し，感覚運動機能を介して空間的・物理的な世界がいかに存在し，どのように作用しているかを学んでいく。すなわち，子どもはしゃがんで立ち，歩行を開始し，平面を上手に歩けるようになると，少し高い段差のあるところを歩いたり，後方に後ずさり歩きをしたりして様々な歩行を試みるようになる。

② **登ること**：階段を登り降りしたりすることに興味を示すが，保護者の手助けなしに自分の力で階段を登るようになるのは，24か月頃である。登るためには重力の感覚と運動の感覚を結びつけなければならないが，また，身体知覚や視覚的情報が統合する。すなわち，登ることには感覚運動的知能[*5]が必要であり，視空間知覚の発達にとっても重要な意味をもっている[3]。

③ **ボール投げ**：小さなボール（テニスボール程度）を片足で前方に蹴ったり，上手投げでボールを投げたりできるようになるのは，2歳頃である。全身の平衡感覚が発達しつつあり，片足で1秒間立てる，両脚をそろえてうさぎとびのごとく，その場でジャンプする等の運動もできるようになる。また，多くの子どもは，3歳近くになると，三輪車をこげるようになる。しかし，これらの運動に関する行動が可能になるには，子どもがそのような物理的，空間的環境に生活し，機会に出会うことが必要であり，保護者・保育者などの大人が介在して機会を意識的につくったり，見つけたりしてやらなければならない。

[*5] **感覚運動的知能**
ピアジェ（Piaget,J）のいう「感覚運動的知能（sensor imotor intelligence）」とは，乳幼児に備わる主に「空間認知能力」であり，0～2歳までの最も初期の「発達段階」に当たるものである。生まれたばかりの赤ちゃんでも感覚神経や運動神経は使えるが，知覚処理や運動命令といった中枢の認知機能は全く働いていない。よって，まず赤ちゃんは自分に使える感覚機能や運動機能を用い，「空間認知」の学習から始めていくことになる。したがって，「感覚運動的知能」とは，赤ちゃんが初めて習得する「自分と外界との関わり」ということになる。この0～2歳までの感覚運動的知能に対しては，それ以降を「概念的知能」あるいは「操作的知能」などと呼び，区分する。

[3] 石上浩美・矢野　正編著：教育心理学-保育・学校現場をよりよくするために-，嵯峨野書院，p.12，2016.

2）微細運動

鉛筆やコップ等の物を操作することができるようになる。1歳6か月頃までには，大人の手をかりずにコップを自分で持って，ほとんどこぼさないで飲めるようになり，2歳の誕生日頃までにはスプーンを使用して，あまりこぼさずに1人で食事を食べるようになる。このように幼児期になると，簡単な道具の使用が可能になる。また，身のまわりの日常生活動作も次第にできるようになってくる。1歳代では上着や靴下を脱ぐことから始め，靴を履くこと等は2歳6か月頃から可能になる子どもが多く，3歳近くなると教えられれば大きなボタンならかけることのできる子どももでてくる。大きな積み木を積むことから始めるが，小さな積み木（2.5cmの立方体）を1歳6か月児は2～3個積み，2歳児（24か月児）では4個積み，2歳6か月から3歳児（36か月児）は8個積めるという具合に，手先の器用さは徐々に発達していく。これは，1～2歳児のなぐり書きの上達の程度にもみることができる。しかし，このような手先の器用さの発達や日常生活動作の獲得には，大人が子どもを上手に誘導することが重要であり，このような条件がない場合には，時期がきても子どもが自然にできるようになるわけではない。個人差の幅はかなりであり，3歳になっても人物の顔が描ける子どもと描けない子どもがいるのも，周知の事実である。

写真3-1
なぐり書き

7　足の発達と靴の選択・履き方

（1）足の発達

生まれて間もない子どもの足は半分近くが軟骨であり，5，6歳頃にかけて骨化が進む。形状も，かかとが小さく足先が広い扇形から，細長い大人の形状に変化する[4]。足部の骨は6歳前後に大人と同じ数と形となり，個々の足型の特徴が現れる。幼児期は，足の形成にとって最も変化が著しく大切な時期であるため，保育者は，① 運動機能性を優先した靴の条件の知識，② 足測定の知識と成長量を見越した適正サイズの選定力，③ 靴を履いたときの基本感覚を正しく身につけられる履き方技術を習得し，健全な成長を支える必要がある。

（2）靴の選択

靴には多様な条件があるが，幼児の好みや有名ブランドで選ぶのでなく，靴の基本性能を知り，足の発達や歩行機能性を最優先にすべきである。幼児靴選びで優先すべき，4つの条件を優先順にあげる。

4）佐藤雅人ほか：幼児の足の成長と靴，靴の医学5，pp.28-32, 1991.

1）留め具で靴幅のフィット調節と足との固定ができる

留め具は4種ある（図3-3）。足の機能発達を考えると，① 留め具なしは避け，必ずマジックベルトの付いたものを選ぶ。履き始めは簡便な② 片側ベルトで操作に慣れさせ，動作に習熟してきたら幅調節がしやすく固定力が高い③ 折り返しベルトに移行するとよい。ベルトは握りやすく引っぱりやすい幅（1.5cm程度）で，図3-4の向き[5]につけられており，裏側のマジックの範囲が広いものが甲の高さや足幅に合わせた調節がしやすい。

5）小林一敏：スポーツシューズ，バイオメカニクス研究4（10），pp.4-10, 1985.

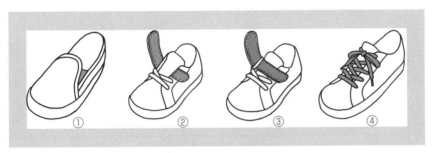

図3-3　留め具の種類

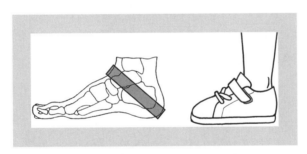

図3-4　マジックベルトの方向

2）靴のかかと部分が硬く，足のかかと部分にフィットする

靴のかかと部分は，柔軟な幼児の足を補強し，立位や歩行の重心を安定させる上で重要である。かかと部分に芯（月形）が入っていることが必要で，親指と人差し指でつまんでみて，硬いものが足を支えてくれ，立ちやすく歩きやすい。

3）靴底の性質と履き口の高さが歩行状態に合っている

靴底は歩くたび，常に足に沿って曲がったり戻ったりする。よちよち歩きの時期の靴は安定性を重視し，ゆらゆら揺れるもの，ぐらぐら不安定なものは避ける。安定して歩けるようになったら，踏み返し動作がしやすいものを選ぶ。靴の先端とかかとを両手で持ち，曲げたときに，先端からほぼ3分の1付近が

屈曲し，他は曲がらないものがよい。全体が曲がってしまう柔らかすぎるもの，硬くて曲がらないものは歩行に適さないため避ける。

4）中敷きが取り出せ，足の位置・足と靴の適合状態が確認できる

中敷きの足跡から靴内の足の位置の適否のチェックや，足と靴のサイズ適合状態の確認ができる。例えば，まだサイズにゆとりがあるのに，指跡が先端寄りに強く写っていれば，靴幅の引き寄せが不十分で足が前滑りしていることがわかる。靴が脱げやすく，指や爪にも負担がかかった不安定な状態にあることのサインとして，履き方指導に活用するとよい。

（3）靴の履き方

1）正しい履き方と脱ぎ方の流れ（片側ベルトの場合）

① ベルトをゆるめて足を入れる。② かかとをトントンする。③ 両側を引き寄せ足幅に合わせ，ベルトで留めて固定する。④ 脱いだ後は，「ちょうちょ脱ぎ」をさせる。靴箱への出し入れの際には，⑤ ベルトの根元を握る「ちょうちょ持ち」の習慣をつけると，素早く履けて靴の左右を間違えることもなくなる。この履き方は，長時間・長距離の歩行・運動時にとくに有効であり，繰り返し指導することで習慣化させる。

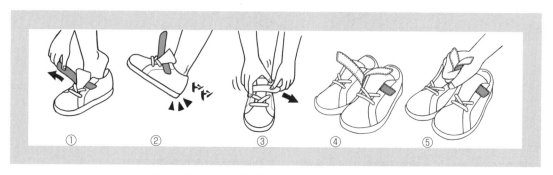

図3-5　正しい靴の履き方・しまい方の流れ

●演習課題

課題1：子ども一人ひとりの発育・発達の成長曲線を，標準曲線と比べながら，身長と体重別にグラフにプロットしてみよう。

課題2：人体比率を考えて，幼児の絵を具体的にデッサンし，描いてみよう。

課題3：スキャモンの発育曲線について，身体の発育をそれぞれ詳細に説明しよう。

第4章　体力・運動能力と動きの獲得

　体力とは，生命維持力を捉えた概念で，大きくは，「行動体力」と「防衛体力」の2つに分けられる。運動能力とは，走・跳・投といった体力に，運動やスポーツに必要な基本的な運動スキルが加味された身体能力を意味する。運動スキルには，① 移動系運動スキル，② 平衡系運動スキル，③ 操作系運動スキル，④ 非移動系運動スキルがあり，それら4つのスキルをバランスよく身につけてもらいたい。

1　運動の発達

　乳幼児期の運動発達は著しく，精神の発達とも連動している[1]。

　新生児期は，大脳の機能が未発達であるため，反射的な行動がほとんどである。反射は，新生児期に特徴的にみられ，発育・発達とともに消失してしまうが，この反射を「原始反射」と呼ぶ。これは，生命保持と環境適応のために生まれつき備わっている反射である。原始反射の主なものに，吸啜反射[*1]，把握反射[*2]，モロー反射[*3]，口唇探索反射[*4]，歩行反射[*5]があり，原始反射は脳の発達とともに生後3～4か月頃までに消失していくものがほとんどである。反射が出現するべき月齢に観察されなかったり，消失すべき月齢でも残存していたりする場合には，何らかの障害が疑われる場合がある。

　運動の発達は，直立歩行ができるようになるまで，様々な形態で移行し，次第に，腕や手が把握器官として発達する。生まれてから首がすわり（3～4か月），寝返り（5～6か月），ひとり座り（7～8か月），はいはい（9～10か月），つかまり立ち，伝い歩きを経て，直立歩行が可能となる（図4-1）。2歳頃から走運動ができるようになり，3歳で跳躍運動が始まり，4～5歳では大筋群の運動から，小筋群の運動であるボール投げを行えるようになり，巧緻性や平衡性をつけていく。6歳頃には，前まわりをする，投げる，蹴る，つく等の

1) 岸井勇雄・無藤隆・柴崎正行編著：保育内容・健康，同文書院，p.60, 2006.

*1　吸啜反射
　口に入ってきたもの（乳首など）を強く吸う反射。

*2　把握反射
　手のひらに物が触れると強く握りしめる。それを取ろうとすると，ますます強く握る。

第4章 体力・運動能力と動きの獲得

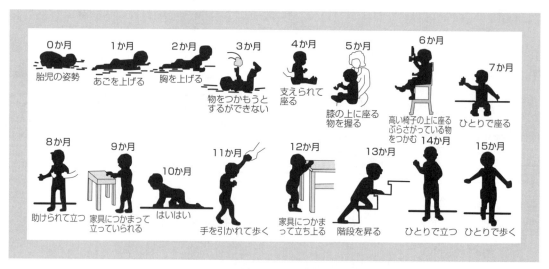

図4-1 乳幼児の移動運動の発達
出典）岸井勇雄・無藤 隆・柴崎正行編著：保育内容・健康，同文書院，pp.57-62，2006.

＊3 モロー反射
あお向けに寝かせて，後頭部を手のひらで支えて床面から2～3cm上げて，その手を急にはなす。上肢を伸展させ外転し，身体の前にあるものを抱きしめるように内転する。

＊4 口唇探索反射
唇のまわりを指で触れると，反射的に顔を向けて口を開く動作をする。

＊5 歩行反射
脇の下を支えて身体を前傾させると，足を交互に発進させ，歩行するような動きをする。

運動動作を組み合わせた運動あそびができるようになる。幼児期を過ぎ，小学校に入学する頃には，人間が一生のうちで行う日常的な運動のほとんどを身につけている。強い運動欲求はあるが，飽きっぽいのが特徴である。

2 発達の方向性・順序性

発達は，一定の順序で進み，後退や飛躍はない。また，個人により若干の差があり，身体各部の発育や内臓諸器官における機能の発達は，一定の速度で進行・増大するものではない。「頭部から身体の下の方へ」，「中心部から末梢部分へ」，「粗大運動から微細運動へ」という方向性で進行する。

これらの全身運動の発達により，視野が広がり，行動範囲を広げる。身体活動の増加により，脳神経系や筋肉・骨格系の高次な発達へとつながり，興味や好奇心が生まれ，知的面の能力が向上する。また，発育・発達には，ある一定の連続性があり，急速に進行する時期と緩やかな時期，停滞する時期がある。

3 体力・運動能力の現状

近年，子どもの体力・運動能力の低下傾向が問題視されてきた。体力・運動能力の低下は，子どもの心の発達や健康状態にも影響を及ぼすとされ，運動ができるような環境を整えたり，運動するように働きかけたり等，いろいろな手立てが行われてきたが，はっきりとした効果がみえたとは言えない現状である。

文部科学省[2]の報告では，子どもの体力・運動能力は一部の種目や年齢で向上がみられたとされているが，20年前と比べるとまだまだ低い水準であり，とくに「走る」，「跳ぶ」，「投げる」等の基本的な運動能力の低さが顕著であると報告されている。「運動する子」と「しない子」の2極化が指摘されている。

現在の子どもを取り巻く環境は，身体活動の必要性の減少，車社会の加速，知育偏重に伴う運動時間の減少，少子化によるあそび仲間の減少，あそびの多様化によるからだを動かすあそびの減少など，負の要素があげられる。これらのことから，かつては，あそびの中で身につけてきた動きも十分獲得されず，動きが未熟であると言えよう。

2）文部科学省：子どもの体力の現状と将来への影響，2002. http://www.mext.go.jp/b_menu/shingi/chukyo/chukyo0/gijiroku/attach/1344530.htm

4　体力・運動能力低下の背景

「体力」低下の原因は，間違いなく運動する時間が不足している[3]ことによると，宮下は述べている。

近年，子どもを取り巻く環境は大きく変化している。科学技術の進歩により身体活動を必要としない便利な社会となり，知育偏重による運動時間の減少，少子化でたくさんの仲間と遊ぶ経験が少なく，降園後は1人で遊ぶ幼児も多くなっている。また，生活の多様化で家族の形態も様々になってきている。

安全に遊ぶことができる空間，遊ぶ時間，遊ぶ仲間という3つの間（サンマ）の減少に加え，保護者が子どもに手間をかけたくないという4つ目の間（ヨンマ）の減少といわれる問題があげられてきた。夜型社会，テレビ・ゲーム利用による睡眠不足からの疲労で，朝から積極的に動けない現状などが，子どものからだを動かす機会を減少させている。

3）宮下充正：子どものときの運動が一生の身体をつくる，明和出版，pp.65-68，2010.

5　体力・運動能力の構成

体力とは，人間の生命維持力を全体的に捉えた概念で，大きくは「行動体力」と「防衛体力」の2つに分けられる（図4-2）。「行動体力」とは，走ったり跳んだりという運動の基礎になる力，「防衛体力」とは体温調節，病気に対する免疫力，ストレスに適応する抵抗力などのからだを守る力のことをいう。

運動能力とは，走，跳，投といった，体力に運動やスポーツに必要な基本的な運動スキルを加味した身体能力を意味する[4]。子どもの場合，体力と運動能力は相互に関係し合いながら発育・発達しているとされ，「体力・運動能力」と，捉えられている。

4）前橋　明：コンパス幼児の体育，建帛社，p.79，2017.

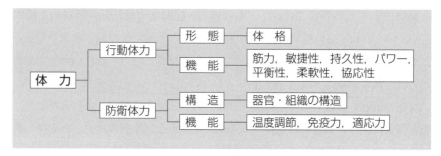

図4-2 体力の構成要素

6 幼児期の運動発達の特徴

　幼児期には，基本的な動きが発達していく，多様な動きができるようになってくる。これを「動きの獲得」という。「動きの獲得」には，様々な動きの多様化と，その動きをうまく行っていく動きの洗練化がある。

（1）動きの多様化

① 「からだを移動する動き」である移動系運動スキルには，はう，歩く，走る，跳ぶ，下りる，すべる等の動きがある。
② 「からだのバランスをとる動き」である平衡系運動スキルには，片足で立つ，渡る等の重心をコントロールして姿勢を維持する動きがある。
③ 「用具や道具などを操作する動き」である操作系運動スキルには，投げる，捕る，蹴る等の動きがある。
④ 「からだを移動させないで，その場でがんばる動き」である非移動系運動スキル（その場での運動スキル）には，鉄棒にぶら下がる，動かない人や物を押したり，引いたりする動きがある。

（2）動きの洗練化

　年齢とともに，基本的な動きや運動のしかた（動作様式）がうまくなっていく。幼児期の3～4歳頃には，日常生活やからだを使ったあそびから，自分の動きをコントロールしながら身体感覚を高め，より巧みな動きを獲得していく。4～5歳になると，友だちといっしょに運動する楽しさや環境とのかかわり方，あそび方を工夫し，多くの動きを経験する。
　とくに全身のバランス感覚をとる能力が発達する5～6歳頃は，無駄な動きや力みが少なくなり，動き方がうまくなっていく。この時期は，全身がなめらかで巧みになり，全力で走ったり跳んだりを心地よく感じるようになる。これ

までより複雑な動きのあそびや，様々なルールでの鬼あそび等も経験させたい。

7 幼児期にふさわしい運動

　幼児期の子どもたちに適した健康的な生活リズムを保障するためには，遅くても午後9時までには就寝，朝は7時までには起床，夜間には連続した10時間以上の睡眠の確保が，健康生活のために必要である[5]とされている。

　生活リズムの調整には，日中の運動あそびの実践がきわめて有効である。運動あそびを生活の中に積極的に取り入れることで，運動量が増し，夜間に心地よい疲労感を得て，就寝時刻が早まり，子どもたちの睡眠のリズムは整っていく。その結果，朝から元気に活動することができ，食欲は旺盛になるのである。

　健康的な生活リズムの習慣化によって，子どもたちの心身のコンディションも良好に維持されて，心も落ち着き，カーッとキレることなく，情緒も安定していく。生活は，1日の生活時間のサイクルでつながっているので，1つの生活時間が悪くなると，どんどん崩れていく。しかし，生活の節目の1つ（とくに運動面）がよい方向に改善できると，次第に，他の生活もよくなっていく。そのため，幼児期には，園内や帰宅後に積極的に運動あそびを行うことで空腹や疲れを感じさせ，夕食開始時刻や就寝時刻を早めていきたいものである[6]。

　保育者（幼稚園教諭，保育士，保育教諭をいう）には，朝，晩と低く，夕方に高くなり，元気さを発揮できるようになるといった「体温リズム」を理解した上で，子どもたちに日中の運動あそびを奨励し，午前と午後に外あそびを充実させてもらいたい。また，子どもたちが遊びたくなる園庭づくりを工夫することも，必要であろう。

　保護者に対しては，お迎え時や帰宅後に親子でできる手軽な運動あそびを奨励し，午後あそびの重要性と日中にからだを動かす必要性を伝え，子どもたちといっしょに汗をかく習慣と環境づくりを重視してもらいたい。そして，テレビ・ビデオ視聴やインターネット等の娯楽に打ち勝つ運動あそびの魅力や楽しさを感動体験として味わわせることが必要であると言えよう。

　幼児期にふさわしい運動としては，基本動作スキルをバランスよく取り入れること，つまり，① 移動系，② 平衡系，③ 操作系，④ 非移動系の運動スキルが経験できる運動環境を作ることが重要であろう。また，運動能力面では，調整力を高める運動が効果的であり，敏捷性や巧緻性，協応性，平衡性の運動を取り入れてもらいたい。

　幼児期の運動内容としては，架空の緊急事態の中で一生懸命に行い，空間認知能力を養う鬼あそびやかけっこ，ボール運動がお勧めである。

5）前橋 明・泉 秀生・松尾瑞穂：保育園幼児の生活と夜10時以降の活動-2011年調査より-，レジャー・レクリエーション研究70，pp.22-25，2012．

6）前橋 明：幼児体育用語辞典，大学教育出版，pp.84-85，2015．

8 生活習慣の確立と関連動作の発達

わが国では，子どもたちの学力低下や体力低下，心の問題の顕在化が顕著となり，各方面でその対策が論じられ，教育現場で悪戦苦闘している。また，子どもたちの脳・自律神経機能の低下，不登校や引きこもりに加えて，非行・少年犯罪などの問題も顕在化している。それらの問題の背景には，幼少時期からの「生活リズムの乱れ」や「朝食の欠食」，「運動不足」，「親子のきずなの乏しさ」等が見受けられる[7]。

子どもたちの睡眠リズムが乱れると，摂食のリズムが崩れて朝食の欠食や排便の無さへとつながっていく。その結果，朝からねむけやだるさを訴えて午前中の活動力が低下し，1日の運動量が減り，やがて自律神経の働きが弱まって昼夜の体温リズムが乱れてくる[8]。短時間睡眠の幼児は，翌日に注意・集中ができないという精神的な疲労状態を訴える[9]ことが明らかにされている。

子どもは，夜の眠っている間に，脳内の温度を下げてからだを休めるホルモンであるメラトニンや，成長や細胞の新生を助ける成長ホルモンが分泌されるが，今日では，夜型化した大人社会の影響を受け，子どもたちの生体のリズムは狂いを生じている。不規則な生活になると，カーッとなったり，イライラして集中力が欠如し，対人関係に問題を生じて，気力が感じられなくなったりする。生活リズムの乱れは，子どもたちのからだを壊し，それが心の問題にまで影響を与えていくおそれがある。

生活習慣を整えていく上でも，1日の生活の中で，一度はエネルギーを発散し，情緒の解放を図る機会や場を与えることの重要性を見逃してはならない[7]。今日の幼児は，帰宅後に動的なあそびをすることが時間的に難しいため，園内生活時間内での運動を増やすことや，室内であっても，からだを動かす環境づくりを徹底すること，そして，降園時の親子で運動あそびや散歩を行ったり，徒歩で帰宅したりする等の工夫が必要である。

からだを動かすことは，身体活動量を増加させ，体力を高めるだけでなく，夜には心地よい疲れをもたらすことから，日中の就学前施設（幼稚園，保育所，認定こども園をいう）における生活時間内での運動や運動量を増やすあそびを積極的に取り入れていき，夜には自然と眠たくなる環境を作っていくことが必要だと言えよう。とくに，幼児期に外で元気に活動し，体力を高めることは，走力を中心とした運動能力を向上させる[10]ことにつながるため，「かけっこ」や「リレーあそび」はお勧めである。

7）前橋 明：幼児体育理論編，大学教育出版，pp.3-4，2017.

8）前橋 明・石井浩子・渋谷由美子・中永征太郎：幼稚園児ならびに保育園児の園内生活時における疲労スコアの変動，小児保健研究56(4)，pp.569-574，1997.

9）本保恭子・中居麻有・前橋 明：子どもの健康な発達と子育て環境，子どもの健康福祉研究2，pp.3-26，2004.

10）小石浩一・前橋 明：保育園幼児の生活習慣と体力の課題，および，その対策，幼児体育学研究9(1)，pp.59-71，2017.

子どもたちの体温が最も高まり，心身のウォーミングアップのできる午後3時頃から，戸外での集団あそびや運動を充実させ，室内でのテレビ・ビデオ視聴やインターネット，携帯ゲームに替わって，太陽の下で十分な運動あそびをさせて，夜には心地よい疲れを得るようにさせることが求められよう。

9 体格，体力・運動能力の測定・評価

(1) 測定と評価

　幼児期の測定・評価の主なねらいは，幼児一人ひとりの成長を客観的な視点で捉え，今後の指導に役立てていくことである。つまり，測定データや観察結果を数値に表し，本人の過去の結果と比較することで，その子の特性を把握し，指導に役立てることが測定・評価のねらいなのである[11]。

　測定とは，対象（個体）の特性に着目し，一定の規則に従って，数値や符号を割り当てることをいう。言い換えると，測りたい能力を，距離や時間，回数などの数値に置き換えることをいう[12]。

　幼児を対象とした体力・運動能力テストの多くは，幼児の最大努力により，発揮された成果を数値で表す。一般的に，測定単位には，距離（cmやm等）や時間（秒や分など）が利用される。一方，合否などにより運動能力を測定する場合もあり，ある運動課題に対して，達成できたときは「○」，できなかったときは「×」で判定をする。これらの測定結果の種類は，目的に応じて決定する必要がある。測定の実施により測定値が得られるが，個人差があり，年齢や性別によっても差が生じるため，評価という手続きが必要になる。

　評価とは，測定値を何らかの基準値に照らし合わせて，程度（例：優れる，普通，劣る）を判定することである。つまり，標準値や他の測定結果などと比較して測定値の位置を明らかにすることや，一定の水準に達しているかどうかを判定することである[9]。

　幼児の体力や運動能力の評価では，発達状況を知るために，標準値と比べて大小関係を調べることや，目標値と比べて一定のレベルに達したか否かを判定する。個人別ではなく，グループ全体での評価結果は，グループ全体に関係する運動環境，運動習慣，年間計画，運動プログラム等の改善に利用される。

(2) 測定する上での留意点

　測定を行う上で，以下の4つのことについて留意する必要がある。

11) 日本幼児体育学会：日本幼児体育学会認定　幼児体育指導員養成テキスト幼児体育−理論と実際−[初級] 第5版，大学教育出版，pp.62-70，2016.

12) 出村慎一：幼児のからだを測る・知る−測定の留意点と正しい評価法，杏林書院，pp.13-77，2011.

① 幼児に測定方法が伝わるように，わかりやすい言葉や説明方法などを工夫する。
② 測定器具の工夫や疾走距離などを，幼児の発育発達状況に合わせて工夫したり，設定したりする。
③ 子どもたちに最大努力を求めて，その結果を測定する。
④ 幼児の特徴を考慮し，動機づけや意志・意欲が高く保たれるような測定環境を築く。

　幼児の体力・運動能力測定を行う上で最も大切なことは，子ども一人ひとりが測定方法を正しく理解し，最大努力で測定にのぞむ環境を構成することである。そのためには，測定方法をいかに幼児にわかりやすく説明できるか，そして，測定にのぞむ子どもたちの意欲を，どのように引き出していくかが重要になる。

（3）測定項目の選択

　幼児を対象にした体格，体力運動能力のテスト項目は，様々な種類があり，測定できる体力・運動能力も多様化している。多くの測定項目の中で，適切なテスト項目を選択することも重要になってくる。テストを選択する上で，以下の5つの点を考慮する必要がある[13]。

13) 出村愼一：幼児の体力・運動能力の科学 -その測定評価の理論と実際-, ナップ, pp.82-90, 2005.

① 測りたい能力を正しく測ることができるテストを選択する（妥当性）。
② 何回測っても同じような測定結果になるテストを選択する（信頼性）。
③ 誰が測っても同じような測定結果になるテストを選択する（客観性）。
④ 身近な用具・器具で手軽に測ることができるテストを選択する（実用性）。
⑤ 評価基準が公表されているテストを選択する（基準値の有無）。

　正しい測定値を得るためには，テストの選択だけでなく，測定者一人ひとりが正しい測定方法を理解し，実施できることが重要である。子どもへの有効的な説明方法や意欲を引き出す言葉がけ等，就学前施設全体で共通理解を深めていくことが，正確な測定へとつながっていくと考える。

●演習課題

課題1：子どもの体力・運動能力を向上させるためには，どのような援助が必要かを考えてみよう。
課題2：発達の順序性を，図に示してまとめてみよう。
課題3：幼児の体力測定で得られた結果をどのように活用すればよいか考えてみよう。

第 5 章 安全の指導

　子どもの事故や災害は，一瞬にして起こる。原因には，① 危険な環境（場所），② 危険な心身の状態や服装，③ ルールを守らない危険なあそび方や，自己の能力以上のあそび方などがある。これらの事故の原因を解明し，早期に，その危険を除去する必要がある。また，事故が発生してから対応するよりも，事前に危険回避のための事故予測能力を高めること，そのためには，日頃から子どもたちの体力や運動能力を高めておくことが求められる。

1　ケガ・事故の実態

（1）負傷の発生場所・季節・曜日・時刻

　事故による負傷・疾病は，どのような場所で起きているのだろうか。日本中の保育所・認定こども園・幼稚園・小学校・中学校・高等学校，高等専門学校で起きた事故や負傷・疾病の報告は，「独立行政法人日本スポーツ振興センター」に集められる。以前は情報の公開がされていなかったが，近年では公開されるようになり，詳しく知ることができるようになった。ここでは，同センターの学校安全部が発行している「学校管理下の災害（平成28年度版）平成27年度データ」[1]から，具体的な例をみていく。

　負傷は，幼稚園・幼保連携型認定こども園・保育所等ともに，「保育中」に起きており，発生場所は，いずれも「保育室」や「園庭」が圧倒的多数であった。また，それ以外の場所として，「遊戯室」，「廊下」，「プール」でも多くの負傷が報告されていた。また，発生した月は，ともに「10月」，「6月」の順に多く，曜日は「金曜日」，「木曜日」，の順に多く発生していた。また，時間帯は，幼稚園では「13-14時」，「10-11時」の順に多く，幼保連携型認定こども

1）独立行政法人日本スポーツ振興センター学校安全部：学校管理下の災害（平成28年度版）平成27年度データ，独立行政法人日本スポーツ振興センター学校安全部，2017．

園・保育所等では「10-11時」,「11-12時」,「16-17時」の順に,多く発生していることがわかり,事故予防の参考にしたい。

(2) 負傷の種類と部位

　負傷した部位を,負傷の種類別にみると,幼稚園・幼保連携型認定こども園・保育所等ともに,「挫傷・打撲」,「挫創」,「脱臼」が多かった(表5-1)。また,幼稚園での「骨折」が顕著に多くみられた。また,部位別にみると,「顔部」を負傷したケースが,いずれの園種別においても,ともにおよそ全体の半数を占めていた(表5-2)。次に多くみられたのが「上肢部」である。その他,「歯部」の「脱臼(外から強い力が加わり歯がぐらぐらになったり,脱落すること)」や,「眼部」の「挫傷・打撲」の報告も多く,バランスを崩すことによる転倒が多いことがうかがえた。注意を払いたい。

表5-1　幼稚園・認定こども園・保育所別にみた主要な負傷種類の発生割合ならびに件数

	幼稚園	幼保連携型認定こども園	保育所等
骨　　　折	17.6% (3,139件)	13.2% (642件)	11.7% (40,234件)
脱　　　臼	12.5% (2,237件)	16.7% (808件)	18.4% (6,684件)
挫 傷・打 撲	33.0% (5,892件)	34.1% (1,665件)	31.3% (11,372件)
挫　　　創	16.4% (2,922件)	15.6% (759件)	16.8% (6,122件)

注:14の負傷種類のうち,主要な4種を抽出して作表
出典)独立行政法人日本スポーツ振興センター学校安全部:学校管理下の災害(平成28年度版)平成27年度データ,独立行政法人日本スポーツ振興センター学校安全部,2017.

表5-2　幼稚園・認定こども園・保育所別にみた主要な負傷部位の割合ならびに件数

	幼稚園	幼保連携型認定こども園	保育所等
顔　　　部	48.1% (8,576件)	50.8% (2,477件)	51.6% (18,767件)
上 肢 部	26.1% (4,655件)	27.3% (1,322件)	26.7% (9,690件)

注:14負傷種類のうち,主要な2種を抽出して作表
出典)独立行政法人日本スポーツ振興センター学校安全部:学校管理下の災害(平成28年度版)平成27年度データ,独立行政法人日本スポーツ振興センター学校安全部,2017.

(3) 遊具での負傷

　遊具での負傷についてみると,幼稚園・幼保連携型認定こども園・保育所等のいずれも,「総合遊具・アスレチック」「すべり台」が多数を占めていた。また,幼稚園・幼保連携型認定こども園では「鉄棒」「うんてい」,保育所等では,「砂場」での負傷が多い傾向にあった(表5-3)。報告の多い遊具の特性と

危険性の分析，さらに安全な使い方の指導法を考えることで，負傷の予防につなげることができるだろう。

表5-3　幼稚園・認定こども園・保育所別にみた主要遊具での負傷の発生割合ならびに件数

	幼稚園	幼保連携型認定こども園	保育所等
鉄　　　　棒	14.0%（491件）	14.1%（106件）	14.5%　（692件）
ぶ ら ん こ	8.8%（307件）	4.8%　（36件）	5.4%　（256件）
シ ー ソ ー	0.5%　（19件）	0.8%　（6件）	0.5%　（25件）
回　旋　塔	0.4%　（14件）	0.5%　（4件）	0.2%　（11件）
す べ り 台	22.9%（800件）	22.0%（165件）	22.8%（1,088件）
ジャングルジム	6.5%（228件）	6.1%　（46件）	8.7%　（414件）
う ん て い	13.8%（484件）	12.9%　（97件）	10.4%　（497件）
登　り　棒	2.9%（103件）	2.7%　（20件）	3.2%　（152件）
遊 動 円 木	0.3%　（10件）	0.8%　（6件）	0.2%　（8件）
固定タイヤ	0.9%　（33件）	1.1%　（8件）	2.1%　（99件）
砂　　　　場	9.0%（315件）	10.7%　（80件）	16.0%　（763件）
総合遊具・アスレチック	19.8%（694件）	23.6%（177件）	16.0%　（763件）

出典）独立行政法人日本スポーツ振興センター学校安全部：学校管理下の災害（平成28年度版）平成27年度データ，独立行政法人日本スポーツ振興センター学校安全部，2017.

（4）負傷の性差

　年齢別，性別にみた活動時間別の負傷件数についてみると，幼稚園・幼保連携型認定こども園・保育所等のいずれも，男児の方が女児よりも負傷する件数があきらかに多かった。男児の特性を踏まえた指導法を工夫することが，全体の負傷件数を減らす効果につながるものと期待できる。どのような指導法が考えられるのか，具体的に考えて，実践につなげていきたい。

2　幼児の安全指導

（1）危険な場所，危険なもの，危険な遊び方

　就学前施設（幼稚園，保育所，認定こども園をいう）内の建物や園具に関係した事故や災害は，多種多様である。例えば，遊具や用具での事故，転落，転倒や衝突，誤飲などがある。幼児期の子どもは，危険なあそびを好んでしたがる時期でもあるので，保育者（幼稚園教諭，保育士，保育教諭をいう）は，危険なあそびに代わる安全なあそびを与えたり，あそび方を変化させたりして，災害

を未然に防ぐように配慮することも重要である。

　子どもの周辺には危険が潜在し，様々な事故や災害が思いがけない形で一瞬にして起こる。子どもの事故の原因としては，① 危険な場所，② 危険なもの，③ 危険なあそび方などがあり，それが相互に関連し合っているといえるであろう。

1）危険な場所

　子どもを取り巻く生活環境や自然環境における危険な場所は，例えば，暗すぎる，明るすぎる，狭すぎる，広すぎる，高すぎる，低すぎる，突き出ている，へこんでいる，浅すぎる，深すぎる，寒すぎる，暑すぎる，小さすぎる，大きすぎる，長すぎる，短すぎる，見えにくい，聞こえにくい，聞き間違えやすい，細すぎる，太すぎる，軽すぎる，重すぎる，光りすぎる，目立たない，簡略すぎる，複雑すぎる，障害物がある等である。

2）危険なもの

　危険なものの中には，子どもの心身の状態や子どもの服装なども含まれる。
① **危険な心身の状態**：事故は，精神状態の不安定や身体的な欠陥によって起こる。精神状態の不安定は，心配事がある，怒っている，叱られる，あわてる，注意が散漫である，夢中になる，はしゃいでいる等である。身体的な欠陥とは，睡眠不足，疲労，病気，空腹などである。
② **危険な服装**：装飾が多すぎる，肌を露出しすぎる，くるみすぎる，重量が重すぎる，脱ぎにくい，長すぎる，短かすぎる，厚すぎる，薄すぎる，色彩が明るすぎる，暗すぎる，被り物が目や耳の働きを妨げる，履物の底が薄すぎる，高すぎる，履物が脱げやすい，はだし等である。

3）危険な遊び方

　子どもの危険な遊び方は，規則や約束ごとを守らない，自分の能力以上のことをしようとする，自分中心の行動をとる等，子どもの側に存在する各種の危険行動のことである。例えば，無知，機能の未発達，仮想と現実の混同，無謀，冒険的，好奇心による悪戯，規則違反，自己流作業，技能の未熟，礼儀や作法の無視，精神的に幼稚，誤解，誤認，錯覚などがある。

（2）危険と安全への気づき

　子どもの事故や災害は，1日の大半を過ごす就学前施設で多発している。就学前施設では，年間1万5,000件以上の事故・災害が発生している。

就学前施設での事故発生状況をみると，年少児ほど身近な生活の場とその中での生活行動に関係した事故が発生している。また，年長児になると，生活圏が拡大され，それに伴った事故が多くみられる。このような，幼児期の事故の特性を踏まえて，就学前施設において，安全教育と安全管理の徹底を図っていく必要がある。また，就学前施設での事故発生をみると，不可抗力によって発生したものではなく，多くの事故は原因があって発生している。だからこそ，大部分の事故は，事故の原因を早期に解明し，その危険を除去することによって防止することができるのである。

　就学前施設において，乳児期の安全を確保するためには，周囲の保育者の保護と管理が必要であり，幼児期になると年齢に合わせ，発達段階に応じた安全教育を子ども本人に指導することが大切になる。子どもの事故を防止するためには，就学前施設における安全教育の指導だけでなく，家庭に対する安全教育も必要である。また，就学前施設においては，施設・設備の安全点検や地震・火災・不審者侵入時の避難訓練などのほかに，登降園する子どもの居住区域内の危険箇所を知っておく等の関心をもって，事故防止を図ることが必要になる。この点を考えると，幼児期から安全教育を行って事故防止を図るとともに，生涯を通して安全な生活を送れるようにすることが重要となる。そして，就学前施設での安全指導を積極的に展開するためには，組織的，計画的に指導計画を綿密に立案し，徹底することが強く望まれる。

　子どもが安全に生活していくためには，子どもを取り巻く大人が安全に対して共通意識をもつことが大切である。就学前施設で，安全について指導をすることだけで子どもを守ることは困難である。就学前施設を中心に，家庭や地域，関係機関などが一体となり，それぞれの役割を果たし，お互いに協力し合うことにより，大きな成果をあげることができる。とくに，就学前施設と家庭との機能的な協力体制を生み出すための共通理解と協力体制を確立することが重要である。緊急時における情報提供，マニュアルづくり，保育者と子どもだけではなく，保護者も含めて，事故災害に対する基礎知識を習得すること，避難訓練を実施し，緊急時に即応できるようにすることが重要である。

　非常時の指導としては，安全の確保，危険回避はその局面において，保育者の関わりは多様である。子どもの安全をまず最優先で考え，何度も繰り返し，様々な場面や局面で伝え，学んでいくものである。子どもが負傷したり，危険や事故に遭遇してからでは，遅すぎる。日々の保育の中で，防犯や安全について学んでおこう。園外保育では，身支度をし，点呼をして人数を確認する，友だちと手をつなぎ，保育者の後について歩くといったことも，「今，何をしなければならないのか，これから何をするのか，どういう行動が求められている

のか」といったことを見通して，考える重要なポイントになる。子どもたち自らが，危険を回避する能力，判断力を身につけることも大切である。

防災訓練については，火災を想定したもの，自然災害（地震，水害など）を想定したもの，不審者の侵入を想定したもの等がある。防災訓練は，定期的に繰り返し計画・実施することが大切である。地震を想定した防災訓練では，ガラスや窓のあるところから退避し，机の下に身を置くこと，「お・か（は）・し・も」〔お…おさない，か…かけない，（は）…はしらない，し…しゃべらない，も…もどらない〕を実践し，保育者の指示に従って，迅速にしっかりと行動させることが重要である。

（3）安全能力

子どもの生活において，いつ，どこにいても，安全な生活が送れるようにするためには，次のような安全能力を子どもに授け与えることが必要である。

① 危険を早い時期に発見し，除去する。除去できないものについては，それを回避する能力。
② 数種の危険が存在しても，それぞれを重なり合わせない能力。
③ 事故が生じた場合は，その事故を災害に至らさないようにする能力。
④ 災害が生じた場合は，それを最小限にくいとめる能力。

この安全能力は，①・②を合わせて事故予測能力，③・④を合わせて事故対処能力という。事故予測能力は，まだ事故が発生しないうちに事故を予測して，事故を未然に防ぐ能力である。事故対処能力は，事故が発生してから，それに立ち向かう能力である。いずれも大切な安全能力であるが，事故が発生してから対処する能力よりも，事故が発生する前に危険を回避する事故予測能力を育てることに重点を置くべきである。

そのためには，体力や運動能力を高めること，精神的な安定を図ること，道徳，社会性を高めることが必要になる。危険を予測して，それを回避することには，運動能力が大きく関わっている。目や耳などで危険を察知し，感覚器官を通して，それを情報として知覚し，脳で判断して，危険を回避するための運動を発現させる重要な役割を果たしている。これらの一連の動作は，運動能力と言えるもので，年齢の発達段階に応じて開発をしていくことが重要となる。危険を予測して，危険を回避するために重要な体力・運動能力の要素としては，敏捷性や巧緻性，柔軟性，瞬発力，運動協調能力などをあげることができる。体力をつけ，運動スキルを身につけて運動能力を開発し，能力を高めることによって，事故を防止する能力を高めることができるのである。

（4）園庭遊具（公園遊具）の安全な使い方

　就学前施設では，園庭や運動場に関係した災害も多く発生している。幼児期の心身の発達の特性をみると，身体的な発達に伴って，活動が活発になり，活動範囲も広がり，挑戦的なあそびや冒険的なあそびを好むようになる。また，自己中心的で，衝動的な行動をとりやすいこと，あそびの技術が未熟なこと等によって事故が多発している。園庭でのあそびは，自主性，自発性が発揮される大切な場面であるが，園庭でのあそびも間違えれば，友だちを傷つけたり，思わぬ事故が発生したりする。子どもは，外に出ると，開放的，活動的になる。園庭での事故事例をみると，自己中心的，衝動的な行動が原因で，事故が発生している。園庭に関係した事故を防止するためには，日常のあそびの中で危険な行動について機会をみて臨機応変に指導をすることが大切である。また，子ども一人ひとりの動き，情緒の傾向を把握し，その場に合った指導と保護を行い，自分で自分の身を守る能力の低い子どもの安全を確保するとともに，子どもの安全能力を高めるようにする。

　園庭遊具における安全を確保する方法としては，この時期の子どもは危険なあそびを好んでしたがる時期でもあるので，保育者はそれに代わるものを与えたり，あそびを転換させたりして，災害を未然に防ぐように配慮することが必要である。子どもが安全なスペースで十分に遊べるよう，不必要なものは片づけ，子どものあそびに支障がないように，子どもの動線を考えて安全な場所に園庭遊具を設置する工夫も大切である。また，子どもの年齢によって使用できる園庭遊具については，子どもにわかりやすく説明をしたり，その危険性を示す等の工夫が大切である。

　園庭遊具に関する事故では，安全管理が十分でないために発生することも多いので，安全点検を常に実施して，破損部分は直ちに修理する等，安全の確保を図ることが重要である。

3　安全への配慮

　事故を未然に防ぐためには，事故の実態を正しく知ることが重要である。安全への配慮として，常に新しい情報を取り入れることが必要である。日本スポーツ振興センターの学校災害防止調査研究委員会が2012（平成24）年にまとめた，学校災害事故防止に関する研究「学校における固定遊具による事故防止対策」調査研究報告書[2]によると，幼稚園・保育所での事故は「落下」，「他の児童との衝突」，「遊具と衝突」するものが多く，子どもの状況としては，

2）独立行政法人日本スポーツ振興センター学校災害防止調査研究委員会：学校災害事故防止に関する研究「学校における固定遊具による事故防止対策」調査研究報告書，独立行政法人日本スポーツ振興センター学校安全部，2012.

「遊具に上がっていた」,「遊具で他の児と遊んでいた」,「鬼ごっこ」,「遊具を下りていた」が多いことが報告されている。

幼児特有の身体の使い方の未熟さや,危険への認識の不足,頭部が大きく重心が高い体型上の不安定さを十分考慮するとともに,活発なあそびの中で,よりていねいな安全指導の検討と実践が欠かせない。また,環境整備の意味からも,遊具の専門知識をもつ中で特性を知り,それ踏まえた指導を行える力を備えておきたい。また,休日の運動時間の確保と,楽しみながら親子で運動をする習慣を根づかせながら,体力の向上を図る習慣づくりをすることで,事故の予防の効果も期待できる。そのために活用しやすい啓発本などを保護者へ紹介することも有効である。

4 幼児のルール・きまりの理解

幼児の安全指導に関しては,まず危険を排除した環境を整え,そのうえで子どもたちに指導を行う必要がある。例えば,日本公園施設業協会では,5種類の「遊具安全利用表示」のシール・サインを設置（貼付）することで,遊び場と遊具の大きな事故を回避することができるとうたっている（図5-1）。シールを遊具に貼り,遊ぶ場面で直接子ども自身や付き添う大人の目に留めさせることで,事故防止を図る取り組みを推進している。また,同協会は,公園で遊ぶ際に,遊具でケガをしないための啓発用パンフレット「公園で楽しくあそび,事故を予防する教材パンフレット」を作成し,Web上で公開しており,保育者などがダウンロードして,子どもや保護者指導用教材[*1]として活用で

*1 日本公園施設業協会のHPを参照されたい。
http://www.jpfa.or.jp/

図5-1 「遊具安全利用表示」のシール・サインの例
出典）一般社団法人日本公園施設業協会：仲よく遊ぼう安全に 子どもの指導者と保護者のために, pp.1-18, 2018.
https://www.jpfa.or.jp/5daf4364f14a7b8b84d65874feb97b550409ce38.pdf

きるように工夫している。保育者は，このような専門家の情報をこまめに確認し，最新の安全情報をもとにした，的確な指導を行いたい。

●演習課題

課題1：就学前施設における3つの事故のリスクをあげてみよう。
課題2：リスクを減らすために保育者が行うべきことは，どのようなことだろうか。
課題3：園庭遊具について，年齢に合った使用方法（遊び方）をまとめよう。

コラム　　幼児の安全教育

　幼児の安全教育を実際に行うにあたり，指導者は一人ひとりの子どものもっている力を最大限に発揮できるよう，様々なことに注意を払っておかねばならない。

　指導を行う場所の広さ，家具の位置，柱の位置などである。はじめて行く場所であれば，事前に調べておくこと，また，裸足で行う場合は，床が破損していないか，ガラスの破片が落ちていないか等を確認することが大切である。また，クラスを開始する際に決まり事や約束事をみんなで口に出して言って，安全に，事故がないよう，全員で確認し合うことも大切である。

第5章　安全の指導

コラム　　東日本大震災の教訓

2011（平成23）年3月11日，太平洋三陸沖を震源としたマグニチュード9.0の巨大地震は，東日本を中心に甚大な被害をもたらした。震災は，子どもの生活にどのような影響を及ぼしたのであろうか。宮城県のN保育園の例から述べる。

保育園は，海岸から約3.6kmの小高い丘の上の戸建ての住宅街にある。関係者は全員無事であり，園舎の損傷は軽度であった。津波の心配はなかったが，もし，火災や園舎倒壊など，何らかの緊急の事態が発生したら，避難しなければならなかった。日頃からの避難訓練の重要性を再認識した。

また，園児の家の多くは，親せきや知人の避難先となった。急に同居人が増えた家庭が多くあり，園児の生活は一変した。震災直後はスーパーが閉鎖し，食物を調達するのが困難になった。避難所に入ると，食物は配給されるが，当初，戸建ての住宅は配給がなかった。どこの家もライフラインがストップし，不自由な生活が約1か月続いた。

●震災からの教訓

① 徒歩による長距離の移動

　　緊急時，車で避難できない場合は，徒歩での避難になる。歩く道は，平坦ばかりではない。起伏に富んだところや階段，砂利道や石ころ，木々の散乱，ガラスの破片，看板の落下など，障害物をよけながら歩かなくてはならない。日ごろから，運動能力を高め，子どもも長距離を歩ける体力と気力を備えておくことが必要である。また，歩きやすい靴を，普段から備えておく。

② 日中の運動あそびの励行

　　短時間睡眠の傾向にならないためにもテレビの長時間視聴*を減らし，日中は，からだを十分に動かしてストレスを発散したり，寝つきをよくする。テレビ以外でも楽しいあそびがあることを，子どもや保護者にも伝えていくことが大切である。

③ 食材の備蓄に乾燥野菜

　　食材の供給が十分に行われなくなり，とくに，野菜不足になる。朝の排便が不定期になった*ことを踏まえると，排便を促すために野菜を摂りたい。乾燥野菜は手軽に使用できることから，乾燥わかめや麩などとともに，備蓄食品に加えておくと便利である。

東日本大震災を経験し，体力・運動能力の重要性を改めて実感した。避難をするときになれば，長い距離を移動しなくてはならない状況にもなる。いざとなったときに，子どもが自分で自分の身を守る力をもつことは非常に大切なことであり，その力を身につけさせる手助けができるのは，保育者や保護者である。

＊　佐野裕子：宮城県における健康福祉に関する研究（Ⅰ）－震災前後の保育園児の生活状況－，子どもの健康福祉研究16，明研図書，pp.120-125，2012．

第6章 領域「健康」のねらいと内容の考え方

　領域「健康」のねらいは，健康な心と体を育て，自ら健康で安全な生活をつくり出す力を養うとされ，① 明るく伸び伸びと行動し，充実感を味わう。② 自分の体を十分に動かし，進んで運動をしようとする。③ 健康，安全な生活に必要な習慣や態度を身に付け，見通しをもって行動する。の3点が示されている。その内容として，からだを動かしての行動のほか，排泄や睡眠，食事，清潔，衣服着脱などの生活習慣とそのリズム，安全な生活について自ら気づける子どもの育ちについて取り上げられている。

1　領域の考え方

(1) 領域とは

　2017（平成29）年3月31日，幼稚園教育要領（以下，教育要領），保育所保育指針（以下，保育指針），幼保連携型認定こども園教育・保育要領（以下，教育・保育要領）の三法令が同時に改訂（定）された。どの就学前施設（幼稚園，保育所，認定こども園という）でも同じ質やレベルの教育・保育が行われ，幼児期の学びの連続性も考えられている。

　子どもの健やかな成長を促し，生きる力の基礎を身につけるという教育理念のもと，三法令での幼児の教育については，5領域に編成されている。各領域において，ねらいや内容が設定されているが，幼児期の教育は各領域での単独のねらいや内容が展開されるわけではなく，子どもの総合的な発達を期待し，子どものもつ潜在的な可能性を引き出すことを考え，すべての領域が相互に関わり合って展開されている。

　文部科学省中央教育審議会[*1]では，各学校段階にわたる学習指導の方向性

*1　**文部科学省中央教育審議会**
　中央省庁等改革の一環として，従来の中央教育審議会を母体としつつ，生涯学習審議会，理科教育および産業教育審議会，教育課程審議会，教育職員養成審議会，大学審議会，保健体育審議会の機能を整理・統合して，2001（平成13）年1月6日付けで文部科学省に設置。

として，「生きる力」の形成という理念の共有を掲げている。「生きる力」とは，様々な課題や疑問を自ら考え，学び，判断し，適切な行動をとる等，たくましく生きるための心身の健康や体力のことである。

子どもは，生活の中で，自発的，主体的に環境と関わりながら，直接的に，具体的な体験を通して生きる力の基礎となる心情，意欲，態度などを身につけ，各領域の目ざす，ねらいや内容を通して発達していくとされている。

日本国憲法において，健康で文化的な最低限度の生活を営む権利，教育基本法では，心身ともに健康な国民の育成などの文言で，「健康」という言葉が謳われている。保育の領域では，健康な心とからだを育て，自ら健康で安全な生活を作り出す力を養うことを目指しているとされ，「健康」とは人間の基盤として重要な事柄だと考えられている。

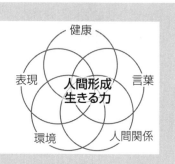

心身の健康に関する領域「健康」
人との関わりに関する領域「人間関係」
身近な環境との関わりに関する領域「環境」
言葉の獲得に関する領域「言葉」
感性と表現に関する領域「表現」

図6-1　5領域が目指す教育
注）文部科学省学習要領よりイメージ作図

1) 文部科学省：幼稚園教育要領解説,〔第2章 第1節〕, 2018.

＊2　アクティブ・ラーニング
子どもたちが「何を知っているか」だけではなく，「知っていることを使ってどのように社会・世界と関わり，より良い人生を送るか」ということであり，知識・技能，思考力・判断力・表現力など，学びに向かう力や人間性など，情意・態度等に関わるもののすべてを，いかに総合的に育んでいくかという教育内容。
文部科学省：新しい学習指導要領等が目指す姿, 2015.

2　領域「健康」のねらい

幼児期の教育は，それぞれが独立した授業として展開される小学校以上の教科教育とは異なり，領域別に教育課程を編成したり，特定の活動と結びつけて指導したりすることのないように行うことが重要である[1]と述べられている。領域におけるねらいや内容は示されているが，到達目標ではなく，幼児が自発的にあそびを中心に活動に取り組み，発展させていくことや，一人ひとりの実情に応じた対応を行うことを大切にしている。

各領域に示されるねらいは，就学前施設における生活の全体を通じ，幼児が様々な体験を積み重ねる中で（アクティブ・ラーニング＊2）相互に関連をもちながら，次第に達成に向かうものであると考えられている。

教育要領や保育指針，教育・保育要領に示されている領域「健康」には，ね

らい「健康な心と体を育て，自ら健康で安全な生活をつくり出す力を養う」とされ，以下のように示されている[2]。

> (1) 明るく伸び伸びと行動し，充実感を味わう。
> (2) 自分の体を十分に動かし，進んで運動しようとする。
> (3) 健康，安全な生活に必要な習慣や態度を身に付け，見通しをもって行動する。

3 領域「健康」の内容

　領域「健康」では，「心と体の健康は，相互に密接な関連があるものであることを踏まえ，幼児が教師や他の幼児との温かい触れ合いの中で自己の存在感や充実感を味わうことなどを基盤として，しなやかな心と体の発達を促すこと。特に，十分に体を動かす気持ちよさを体験し，自ら体を動かそうとする意欲が育つようにすること」[3]とある。また，幼児の興味や関心を戸外に向けることや，教師や他の園児との食育を通じた気持ちの育成，幼児の主体的な学びに向かう力があげられている。

（1）自らからだを動かして活動することを喜ぶ子どもを育てるために

　幼児期に運動あそびによる楽しさを経験させることは，「運動はおもしろい」，「仲間と遊ぶことは楽しい」という気持ちを育み，何事にも積極的に取り組む意欲を育てる。また，生涯を通じて運動に親しみ，健康の保持増進を心がけ，豊かな人生を送る基礎を芽生えさせるものとも考えられている。これらを経験させるためには，幼児一人ひとりの興味・関心を知ることや生活経験に応じたあそびの中で，安定した心の状態で自らがからだを動かす楽しさや心地よさを実感することが大切である。これらには，保護者や保育者（幼稚園教諭，保育士，保育教諭をいう），幼児に関わる人々が幼児期の運動の重要性をとらえ，幼児が「したい」，「楽しい」と感じる環境を整えておくことが必要である。

　幼児期の運動は，からだに過剰な負担が生じることがない「あそび」を中心に行っていくことで，自発的にからだを動かして遊ぶ幼児を育成することも大切であると言われる。

（2）生活の習慣やリズムを身につけていくために

　基本的な生活習慣とは，食事，睡眠，排泄，衣服の着脱，清潔，運動などの習慣のことであり，生活行動として，毎日，周期的に起床，食事，排便，あそび（運動），休憩，就寝を行っている。これを生活リズムと呼ぶ。

2）文部科学省：幼稚園教育要領（以下，教育要領），〔第2章 健康 1〕，2017.

　厚生労働省：保育所保育指針（以下，保育指針），〔第2章 3（2）ア（ア）〕，2017.

　内閣府，文部科学省，厚生労働省：幼保連携型こども園教育・保育要領（以下，教育・保育要領），〔第2章 第3 健康 1〕，2017.

3）教育要領，〔第2章 健康 3(1)〕，2017.

1）排 泄

乳児期の排泄は，反射的で不規則，回数も多い。1歳半を過ぎると予告ができるようになり，2歳くらいにはおむつもとれるとされていたが，近年では排泄の自立は遅くなっている。排泄には，情緒的な面が影響するため，トイレを清潔で明るい雰囲気にする等，排泄がしやすくなるようにすることを心がけることで自立を促していくことが求められる。

2）睡 眠

人間は太古から日の出とともに活動し，日の入りとともに休む，という生物に備わる昼と夜を作り出すリズムで生活を行ってきた。

科学の進歩が目覚ましい現在では，その生活は一変し，夜型の社会になってきている。日本は，世界でも有数の遅寝の社会であり，国であるという統計が発表されている[4]。これは，成人対象の統計であるが，子どもにも波及しており，午後10時過ぎに就寝する幼児が多くなっている[5]と報告されている。乳幼児には，できるだけ太陽の動きに合わせた生活リズムを大切にし，夜間に少なくとも10時間の連続した睡眠時間を確保することが必要だといえる。睡眠は，人間の成長や健康維持に重要な役割がある。睡眠リズムを規則正しくするためには，日の出の時刻には起き，しっかりと陽光刺激を受け，午前と午後に戸外あそびを行う等があげられる。

4）太田美音（総務省統計局労働人口統計室）：統計7月号，p.40，2006.

5）前橋 明：幼児体育理論と実践　大学教育出版，p.4，2016.

3）食 事

生活習慣を形成するもう一つの重要な要素は，食習慣である。食事から栄養を補給することは，からだの発育が著しい時期の子どもにとって，健康面や発育・発達という面においても大切であることを理解してもらいたい。からだの発育・発達に必要な栄養を摂取するには，身体活動を十分に行わせることが大切である。しかしながら，家庭での個食，孤食，欠食，偏食，過剰なおやつ摂取といった食行動も問題になっている。食事は，からだにとって，味わいながら楽しい雰囲気で食べることが望ましく，食物への興味，関心も高めると言われている。成人と比較して，子どもの体重当たりの食事摂取基準値が高く，消化機能が未発達であることから，食事と食事の間のおやつは栄養の面からも必要だろう。しかし，量や内容に注意し，昼食・夕食に影響が出ないよう気を配ることや，栄養の面も考慮し，肥満につながらないように心がけることも必要と考える。領域「健康」においても，食育が重要視され，「食べ物への興味や関心をもつ」が付け加えられている。

その他にも，幼児の噛む力が弱くなっているといわれている。咀嚼により，

食べ物の消化吸収がよくなり，味覚やあごや歯の発育もよくなるとされている。よく噛んで食べることも習慣づけたい。

日本の和食が世界無形文化遺産に登録され[*3]，日本食のよさや魅力を再認識することや日本や海外の文化として，食を知ることは意味深いものであることを伝えることも，食に興味をもたせるためには望ましい。

[*3] 2013（平成25）年12月，「和食；日本人の伝統的な食文化」がユネスコ無形文化遺産に登録された。

4）清　潔

近年，清潔についての意識は高くなっており，除菌製品，滅菌製品が生活用品として多く出回っている。テレビコマーシャルを見ても，視覚的に菌を登場させ，菌の心地悪さを強調することで除菌の必要性をあおっていると感じられるものが多くみられる。季節ごとに流行がみられる感染性の病気に対しての予防としては，衛生的に除菌を心がけることは大切である。

子どもの健康のためには，しっかりからだを動かし，汗をかく運動経験をもたせることによって，体力・運動能力をつけることが望ましい。運動あそびで，おもいっきりからだを動かし，汗をかく経験は，自律神経や汗腺機能も鍛えることができる。衛生として，汗ふきと着替えが必要であることを教えるとよい。

5）衣服着脱

衣服の着脱については，まず，脱ぐことから始まるが，2歳頃から自分1人で脱ぐことができるようになる。3歳頃には，自分で脱ぐことだけでなく，着ることについても1人で行おうとする気持ちが育ってくる。着脱への自立を促すために，ボタンやファスナーのないシンプルな服を選んで自分で「できる」という気持ちをもたせることや，何度も繰り返し行い見守ることも必要である。

（3）健康や安全な生活に自ら気づける子どもを育てるために

子どもは，自分を取り巻く人的環境，物的環境，自然的環境，社会や文化的環境に対して，主体的に自分の心とからだで関わることにより，発育・発達していく。

乳幼児期は，様々な事柄に興味をもち，行動が盛んになる。行動範囲がどんどん広がる反面，危険なことも増えていく時期である。保護者や保育者は，安全に対する配慮や衛生面での決まり事を子どもに繰り返し伝え，自己防衛や危険を回避する力をつけていくことが必要である。

1）室　内

　安全に配慮するあまり，室内に物は置かない，遊具や玩具は戸棚から出し入れする，子どもへの禁止事項も多いという環境では，あそびが制限されるだけでなく，生活の中で安全について，子ども自ら学ぶことが少ない。子どもが豊かに遊べる配置を工夫しておく。

2）室　外

　戸外での様々なあそびを充実させるために，固定遊具，可動遊具，砂場，様々な用具を置くことや配置などにも工夫をすること。小動物の飼育，草花の栽培，自然の豊かさを感じさせるビオトープ*4づくり等も楽しむ環境があるとよい。

*4　ビオトープ
野生動植物の安定した生息地の意味をもつ。

3）園　外

　乳幼児の特性として，視野が狭く，背後からの音の知覚が弱いということがあげられる。園外における社会生活では，交通事故に対する安全性の確保として，徒歩通園や散歩の際に実際の道路での安全指導を行い，学習させることも必要だといえる。

　子どもの健康には就学前施設だけでは担いきれない健康や安全面に配慮し，就学前施設・家庭・地域が連携することも重要である。自ら健康や安全な生活に気づける子どもを育てるよう心がけたい。

●演習課題

課題1：「健康」以外の領域についても，ねらいや内容をまとめてみよう。
課題2：幼児の生活習慣を形成していくために必要なことをまとめてみよう。
課題3：幼児の健康について，基本的な考えを話し合ってみよう。

第7章 領域「健康」の内容の取り扱い

幼児期に育みたい資質や能力として，① 知識・技能の基礎，② 思考力や判断力，表現力等の基礎，③ 学びに向かう力，人間性等，生きる力の基礎となるものが，3ガイドラインで示された。また，幼児の終わりまでに育ってほしい領域「健康」としての姿とは，健康な心とからだを育て，園生活の中で充実感や満足感をもって，自分のしたいことに向かって，心とからだを十分に働かせながら取り組み，見通しをもって自ら健康で安全な生活を作り出していけるようになる姿である。

1 ガイドラインの領域「健康」の内容の取り扱い

(1) 幼児教育としての3ガイドラインに共通した改訂（定）のポイント

　現在，わが国の幼児教育においては，ガイドラインが3つ存在している。幼稚園教育要領（以下，教育要領），保育所保育指針（以下，保育指針），および幼保連携型認定こども園教育・保育要領（以下，教育・保育要領）である。無藤は，「幼児教育は，義務教育ではないけれど，今やほとんどの子どもが受ける義務教育に近い教育であり，幼稚園，保育所，幼保連携型認定こども園で行われる教育がそれぞれ別個なものでというわけにはいかない」[1]とし，2017（平成29）年改訂（定）の3ガイドライン[1～3]では，質の高い幼児教育をどこでも同じ水準で子どもたちに提供することを目指した。この改訂（定）のねらいは，「保育所，幼稚園，幼保連携型認定こども園の保育，教育を幼児教育として共通に捉える」[2]ことであり，はじめて保育指針に，保育所が「幼児教育を行う施設」と認定された。そして，3施設に共通する事項として，小学校以降

1) 無藤　隆：幼稚園教育要領ハンドブック，学研，pp.8-55，2017．

2) 汐見稔幸：保育所保育指針ハンドブック，学研，p.2，2017．

3) 無藤　隆：幼保連携型認定こども園教育・保育要領ハンドブック，学研，pp.178-222，2017．

とのつながりを踏まえ，幼児教育において育みたい資質・能力が明示され，これを土台に幼児期の終わりまでに育ってほしい姿を具体的に示した。

幼児期に育みたい資質・能力として，「1．知識及び技能の基礎，2．思考力，判断力，表現力等の基礎，3．学びに向かう力，人間性等」が示された。これは，「生きる力の基礎」となるものであり，小学校以降の教科指導によるものとは異なり，あそびや生活を通じて育むことを重視している。汐見は，① 個別の知識・技能を「個別知」，② 思考力・判断力・表現力などを「実践知」，③ 学びに向かう力，人間性などを「人格知」とし，以下のように説明している[4]。

① 「個別知」：積み木で「これは四角，これは三角，これは球」と名前を知っていることや，積み上げるスキルがあること。
② 「実践知」：「もっと高く積むにはどうしたら？」と考えたり，「四角を下にしたら安定する」と判断したり，「こんな風にしたい」と自分の思いを表現したり，友だちと相談したりする力のこと。
③ 「人格知」：積み木が好きになるとか，がんばって工夫するとできるという信念を身につけ，学びの姿勢全体の高度化のこと。

このように資質・能力は子どもたちのあそびや生活の中での様々な経験を通して育まれる。そのために，保育者（幼稚園教諭，保育士，保育教諭をいう）は「できる・できない」ではなく，子どもの心情や意欲，態度の育ちに目を向け，あそびや活動が深まる支援をする必要がある。

（2）3ガイドラインにおける領域「健康」の取り扱い

1）3歳未満児における領域「健康」

1989（平成元）年の教育要領の改訂[5]において，保育内容は幼児の発達の側面から5領域「健康」，「人間関係」，「環境」，「言葉」，「表現」となり，子どもの主体性の育ちを大切にする教育が目標となった。保育指針[5]は，2008（平成20）年の改定時[6]に全年齢が5領域にまとめられた。この点は，2014（平成26）年の教育・保育要領[7]も，同様であった。2017（平成29）年版では，保育指針および教育・保育要領における保育内容の記述は，年齢段階を① 乳児，② 1歳以上3歳未満児，③ 3歳以上児の3段階の区分とし，区分ごとにねらいと内容を示した。とくに乳児では，5領域を，3領域「健やかに伸び伸びと育つ」，「身近な人と気持ちが通じ合う」，「身近なものと関わり感性が育つ」とした（図7-1）。

3領域の「健やかに伸び伸びと育つ」が領域「健康」にあてはまると考えられる。この領域のねらいは，以下のとおりである。

4) 汐見稔幸：さあ，子どもたちの「未来」を話しませんか，小学館，pp.86-89，2017．

5) 民秋 言：幼稚園教育要領・保育所保育指針の成立と変遷，萌文書林，p.7，2008．

6) 全国保育士会：幼保連携型認定こども園教育・保育要領を読む，全国社会福祉協議会，pp.1-38，2014．

7) 内閣府・文部科学省・厚生労働省：幼保連携型認定こども園教育・保育要領解説，フレーベル館，pp.310-336，2015．

1 ガイドラインの領域「健康」の内容の取り扱い

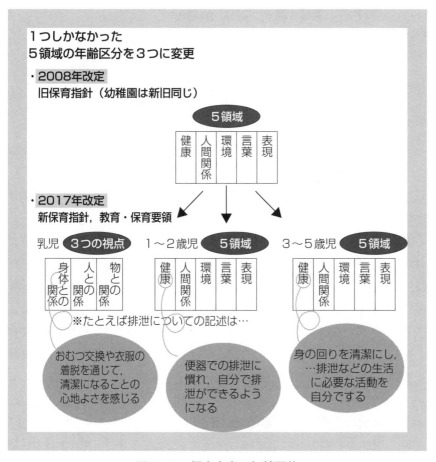

図7-1　保育内容の年齢区分
出典）汐見稔幸：さあ，子どもたちの「未来」を話しませんか，小学館，p.75，2017．より抜粋

① 身体感覚が育ち，快適な環境に心地よさを感じる。
② 伸び伸びと体を動かし，はう，歩くなどの運動をしようとする。
③ 食事，睡眠等の生活リズムの感覚が芽生える。

　乳児保育に関わる内容や内容の取扱いとして，保育における「養護」として，子どもの「生命の保持」，「情緒の安定」を図るために，保育者が行う援助と関わりについて示し，「保育士等の愛情豊かな受容の下で，生理的・心理的欲求を満たし，心地よく生活をする」（内容①），「温かい触れ合いの中で，心と身体の発達を促すこと」（内容の取扱い①）としている。運動については「一人一人の発育に応じて」（内容②）と保育者には，乳児期の発育の個人差や性格，家庭環境，生活体験の違いによる発育状況を読み取る力を求めている。さらに「寝返り，お座り，はいはい，つかまり立ち，伝い歩きなど，発育に応じて，遊びの中で体を動かす機会を十分に確保し，自ら体を動かそうとする意欲

第7章　領域「健康」の内容の取り扱い

表7-1　領域「健康」におけるねらい

1歳以上3歳未満児	3歳以上児
（1）明るく伸び伸びと生活し，自分から体を動かすことを楽しむ。 （2）自分の体を十分に動かし，様々な動きをしようとする。 （3）健康，安全な生活に必要な習慣に気付き，自分でしてみようとする気持ちが育つ。	（1）明るく伸び伸びと行動し，充実感を味わう。 （2）自分の体を十分に動かし，進んで運動しようとする。 （3）健康，安全な生活に必要な習慣や態度を身に付け，見通しをもって行動する。

出典）厚生労働省：保育所保育指針，2017.

が育つようにすること」（内容の取扱い①）と乳児の運動あそびについて記載されている。

表7-1は，2017（平成29）年告示の保育指針における1歳以上3歳未満児と3歳以上児の領域「健康」のねらいである。1歳から3歳児では，養護面を配慮する必要がある。1歳を過ぎる頃から徐々に歩行が安定することに伴い，行動範囲が広がることや，より多彩な動きが出ることをねらいとして，保育者は子どもの興味や関心，発達状況に応じた環境や関わりの工夫をすることが必要となる。さらに，一人あそびや自立心が芽生えるこの時期に，子どもの自発的な活動を見守り続けることも重要である。

2）3歳以上児における領域「健康」

　2017（平成29）年告示の3つのガイドラインでは，3歳以上児における5領域の「ねらい」および「内容」，「内容の取扱い」が統一された。そして，幼児期の終わりまでに育ってほしい姿の視点から，保育者の関わりや援助の方向性が示されている。領域「健康」として育ってほしい姿は，充実感や満足感を持って自分のやりたいことに向かって心と体を十分に働かせながら取り組み，見通しを持って自ら健康で安全な生活を作り出していけるようになる様子である。そして「見通しをもって」とは，生活習慣について，保護者や保育者に言われるからするという受け身的態度ではなく，子ども自らがその必要性に気づき「ごはんだから，手を洗ってきれいにしよう」と先を見通し，考えて行動するようになることをねらいとする。さらに，安全性についても，保育者が環境に配慮をすることだけでなく，子ども自身が避けるべき危険性を子どもなりにわかり，配慮できるようになる育ちを目指すことを考えなければならない。そのためには，危ないからと子どもの活動を必要以上に制限するのではなく，子どもの空間認知能力や危険予知能力などを高めるあそびの工夫が必要となる。

　自発的な活動としてのあそびを通して育まれる自立心や道徳性あるいは思考

力の芽生え等を考慮した子どもの主体的活動の充実を図らねばならないだろう。

2 自らからだを動かそうとする意欲を育てる

　2017（平成29）年告示の3歳以上児における，3ガイドラインの領域「健康」のねらいでは「自分の体を十分に動かし，進んで運動しようとする」と示され，さらに「多様な動きの経験や体の動きの調整」（内容の取扱い②）について新しく示された。体育的運動（鉄棒や跳び箱あそび，かけっこ等）に限らず，あそびの中で，自然発生的に起こる楽しいと感じる運動行動の繰り返しによって，からだを自ら動かそうとする意欲を育てたいものである。例えば，友だちの真似をしたら楽しくて，同じように動いてみる。動いているとき，偶然に友だちと手をつなぐと，また違った動きになり，楽しい。この繰り返しが，意欲的な遊びにつながる。また，1人で着替えができた時，保育者が，その行動を褒め，受容することで，着替えることを楽しみ，意欲的に行動するようになる。

　子どもは，からだをぐるぐる回転させて，遠心的状態で転ぶことを楽しむあそびでは，転びながら友だちと笑い合っている。カイヨワは，このような行動を眩暈状態を喜ぶあそびと位置づけた[8]。この行動に対し，危険だからと止める保育者もいるのではないだろうか。結果的にこのようなあそびは，平衡感覚を発達させるのである。このあそびの中には，近年，禁止される傾向が多いぶらんこあそびもあげられる。

　生まれてから，はって，立って，歩行が確立した幼児は，盛んに探索行動をする。これはパブロフの定位反射に基づく活動[9]であり，子どもの思考力や創造性の発達に欠かせない。この探索行動を危険であるとか，手がかかるという理由で，歩行器やバギーを使用して行動を制限してはならないだろう。

　また，この頃の幼児は，未経験なことが多く，空間認知も未熟な状態である。例えば，空中へ高く投げ上げられても，受け止められるという保障があれば，その浮揚感を喜ぶ。これに対し，受け止められなかった経験や不快な叱責の声の記憶は，怖れの心理発達と結びつき，からだを自ら動かそうとする意欲は育たない。自らからだを動かそうとする意欲は，保育者やまわりの大人の関わり方によって，異なってくる。子どもたちがのびのびとからだを動かす意欲を育てるためには，放任せず，子どもの行動を寛容に見守り，発達を見通す力が必要である。

　3歳を過ぎると，集団で動くことを好む。「手をつないで走ると危ないよ」

8）ロジェ カイヨワ，清水幾多郎ほか訳：遊びと人間，岩波書店，pp.33-35，1970.

9）クルト マイネル，金子明友訳：スポーツ運動学，大修館書店，pp.295-296，2007.

と言葉をかける保育者もいるであろう。しかし，走る速度，歩く速度の違う子ども同士が，引っ張り合って転ぶことを楽しみながら，走ったり，歩いたり，まわったりすることで，他の子どもの動きに対し，自分の動きを調整することを学習するのである。また，子どもは，いたずらや高いところが大好きである。あそびの中で，自らからだを動かして，自ら考えて，何かをしようとしている時，保育者自身の子どもの未来の育ちを考える想像力と子ども理解の違いによって，対応が大きく違ってしまう危険性がある。

3 子どもを多様な経験で満たし，あそびの充実感を深める

　就学前期までに，脳の神経系は成人の8割にまで発達する。神経系の発達は，視覚，聴覚，触覚（皮膚感覚，筋肉運動感覚）などから入る情報量[10]に依存し，外環境からの刺激が多いことが，脳の神経系の発達を促すのである。

　就学前施設（幼稚園，保育所，認定こども園をいう）での生活の多くは，あそびへの取り組みで費やされる。あそびとは，環境との相互作用であり，情報処理能力と結びついた運動行動の発達を促す。この場合の運動行動は，体育的な動きに限定されない。例えば，遊んでいる時，転んだ友だちに「どうしたの」と，友だちの傍らに寄る行為も含まれ，その行為は保育者モデルの模倣から生まれる行動かもしれない（視覚情報の処理）。また，近年の舗装された道路は，泥んこ道や水たまりでの子どもの行動を生起させず，その結果として，泥水の動き（視覚）や泥んこで足がとられ（筋肉運動感覚），転びそうになる経験（平衡感覚）のない育ちとなっている。

　子どもたちが多様な経験をするためには，園環境が，情報量が多く，子どもたちにとって自発的・意欲的に関われることが必要である[11]。人的環境としての保育者からは，子どもたちが楽しく遊んでいる様子を観察でき，そこにいっしょに参加しやすいこと，子どもが使ってみたい遊具や道具，そして，素材が十分にあること等，子どもたちのあそびが充実していくためには，適切な物的環境への配慮が求められる。

　保育者にとって，保育・教育におけるあそびを通しての指導とは，子どもたちが遊びながら豊かな体験を積み重ねていくための環境を構成し，子どもたちのあそびが停滞したとき，必要な援助をしていくことである。その援助とは，環境に何か1つの道具や自然物などを加えることであったり，保育者の遊ぶ姿や失敗する姿をモデルとして示したりすることも含まれる。

10）赤塚徳郎ほか：運動保育の考え方，明治図書，pp.103-133，1984.

11）河邉貴子：幼児教育に求められる「あそびの質」とは何か，これからの幼児教育2014年度夏号，ベネッセ総合教育研究所，2014. http://berd.benesse.jp/up_images/magazine/koreyou201406_002-013.pdf

4 園庭の環境を見直す

　就学前施設では，園庭や運動場に関係した事故も多く発生している。幼児期の心身の発達の特性をみると，身体的な発達に伴って，活動が活発になり，活動範囲も広がり，挑戦的なあそびや冒険的なあそびを好むようになる。また，自己中心的で，衝動的な行動をとりやすいこと，あそびの技術が未熟なこと等によって事故が多発している。園庭でのあそびは，自主性，自発性が発揮される大切な場面であるが，園庭でのあそびも，間違えれば，友だちを傷つけたり，思わぬ事故が発生したりする。子どもは，外に出ると，開放的，活動的になる。園庭での事故事例をみると，自己中心的，衝動的な行動が原因で事故が発生している。園庭に関係した事故を防止するためには，日常のあそびの中で危険な行動について，機会をみて臨機応変に指導をすることが大切である。また，子ども一人ひとりの動き，情緒の傾向を把握し，その場に合った指導と保護を行い，自分で身を守る能力の低い子どもの安全を確保するとともに，子どもの安全能力を高めるようにする。

　子どもを取り巻く環境は，危険に満ちている。就学前施設における事故防止については，環境整備が第一であるが，それには自ずと限界がある。子どもは，成長に応じて就学前施設から小学校へと環境が変化していくので，保育者は危険から子どもを守るだけではなく，積極的な安全教育の中で，子ども自身が危険を察知することや行動の限度を身につけることが必要である。その多くは，日常の経験を通して，自然に備わってくるものである。かつては，戸外の自然あそびや日常生活から，いつの間にか知っていることであったが，今は努めて体験の機会をつくる必要が生じているのも事実である。子どもは，まだ何が危険かを判断することができない。そのため，保育者が施設設備の安全点検を実施して環境整備を図り，建物の構造を常に把握するとともに，それらに対して子どもたちがどのように行動していくかを予測する必要がある。危険が予測されるものについては，何が，どのように危険か，どう注意をして扱えば安全であるかを，具体的に子どもに知らせることが必要である。

　望まれる安全管理方法としては，日常の安全点検を実施して，点検の結果，危険と思われた時には，直ちに危険物の除去，施設・設備の修繕，危険箇所の明示，立ち入り禁止，使用禁止などの適切な措置が必要である。また，園庭で飼育する動物については，興奮したり，噛みついたりしやすい動物，園庭で栽培する植物については，ふれるとかぶれる等の強い毒性をもった植物は避けるというような配慮が必要である。

5 園舎の靴履き環境を見直す

　靴は園庭でのあそびや散歩など，保育中の屋外活動時に欠かせない。しかし，靴教育が普及途上である現段階では，園舎内での靴履き環境は未整備であることが多い。靴履き動作を就学前施設で学ぶことを考えると，保護者との連携をとり，家庭の玄関の環境も同様に整備してもらい，似た環境を用意するように心がけたい。つまり，ただ靴が履ければ良い場所なのではなく，教育としての靴履き習慣を確立させる教場であることを意識した整備を行いたい。

　場所としては登降園時に使用する送迎用玄関と，保育中の園庭への出入り口を利用する。行う動作は，靴の脱ぎ履きと靴の収納であり，就学前施設の立地・地形・広さによって設備も千差万別であるため，基本的な条件を示す。

（1）送迎用玄関

　送迎用玄関は大人との共用であり，大勢の大人と子どもが同時に靴の脱ぎ履きを行うため，ゆっくり靴を履けないことも多い。大人が靴を出したままにしておくと，子どもが座って靴を脱いだり履いたりするスペースを塞ぎ，子どもが落ち着いて履くことができない。大人の脱いだ靴を床に並べて置かず，一時収納の靴棚に置くことが望ましい。また，大人が子どもの面前で，手を使わずに足だけで靴の脱ぎ履きをしたり，かかとを踏みながら履いたりする動作を行うことは，教育上，望ましくない。保護者自身の健康と安全上からも，就学前施設の玄関では子どもたちの模範となる動作で靴を履く配慮を求め，家庭との連携協力体制をつくりたい。

（2）園庭への出入り口

　多くの就学前施設では保育室から近い場所に靴箱を設置し，すぐに園庭に出られる工夫がされている。靴を履く場所は，フラットな場に座りこんで行うよりも，ある程度の段差がある方がマジックベルトを留めはずす動作が楽になり，確実に行える。段差の高さは10cmから最大でも幼児用椅子の座面の高さぐらいまでの範囲が適切である。

　就学前施設によっては場所が広くとれず，靴箱のすぐ前で靴を脱ぎ履きすることも多い。その場合，左右の間隔が狭くなりすぎると，混雑して押し合い，あわてて履く等，靴を雑に扱うきっかけになりかねない。靴箱は，単なる靴の収納

写真7-1　運動靴の履き方指導風景と段差の例

ボックスではなく，靴を履く動作と連動していることを意識すべきである。狭くて，どうしてもスペースがとれない場合は，園庭からの出入り時間をずらして，混み合わないよう保育者同士で調整する取り決めをすることで問題を解消できる。

また，積雪地では長靴を履く期間が長いため，長靴も収納できる靴箱（高さ不足に注意）を確保し，スノーウェアを着た状態で，長靴を落ち着いて履ける広さを考慮した環境設定とする。

6 食べることを喜ぶ子どもを育てるために

生涯にわたって健康な生活を送るためには，食事をするということは欠くことができないことである。とくに，幼児期に正しい食習慣を身につけることは，発育・発達のために必要な栄養を摂取することと，その後の望ましい食習慣の基礎を築く上で重要である。

教育要領の「健康」の内容には，「先生や友達と食べることを楽しみ，食べ物への興味や関心をもつ」[12]とある。現代は，飽食の時代とも言われ，食卓が豊かになった一方で，子どもの食への関心や知識の不足が問題となっている。

食べることを楽しむ子どもを育てるためには，以下のことが重要である。

（1）生活リズムと食事

子どもの生活が夜型になると，睡眠不足や朝食抜き等の基本的な生活習慣の乱れをきたすことになる。人のからだは，神経系や内分泌系の影響を受けて微妙に調節されているため，生活リズムが乱れると，からだの不調にもつながる。基本的な生活習慣を確立するためには，生体リズムに合わせて日常生活をいかに規則的にするか，三度の食事をいかに規則的に摂取するかが重要である。

朝・昼・夕の規則正しい食事は，生活を規則正しくすることにつながり，健康にも良い影響を及ぼす。欠食や食欲不振の子どもには，「早寝・早起き・朝ごはん」のように，規則正しい生活の効用を生活体験として実践させたい。

（2）朝食の欠食[13,14]

近年，朝食を欠食する子どもが少なくない。朝食の欠食は，栄養摂取面の問題だけでなく，家庭における生活の基本が崩れていることをも物語る。子どもの生活習慣の調査からは，朝食を欠食する子どもは，3歳ですでに就寝時刻が

12）文部科学省：幼稚園教育要領，〔第2章 健康2内容(5)〕, 2017.

13）厚生労働省：平成28年国民健康・栄養調査, 2017.

14）前橋 明編著：乳幼児の健康 第3版, 大学教育出版, pp.92-104, 2018.

遅い，睡眠時間が短い，夜食摂取頻度が多い等の傾向が認められている。

また，朝食を欠食する子どもは，テレビ視聴時間が長い傾向があることも認められ，運動不足による肥満形成につながる生活習慣である可能性が高くなっている。朝食の欠食は，朝食を食べないこと自体が肥満につながるのではなく，食事時間がずれてエネルギー消費系が低下している夜間に食事をすることが肥満形成につながるのである。

幼児期は，生活習慣が形成される大切な時期であるからこそ，健康的な規則正しい生活習慣を身につけさせることが大切である。

（3）偏食の改善

幼児期は，精神発達が著しく，食べ物に対する好き嫌いの感情も次第にはっきりしてくるため，偏食に陥らないようにする必要がある。偏食の原因は，病気や体質は別として，一般的に家庭内の環境によるところが大きい。

近年，「孤食，個食，子食，固食，粉食，小食，濃食」など，様々な「コ食」が問題となっている。こうした「コ食」は，家族とのコミュニケーションの機会が少ないだけでなく，肥満につながる食事内容や，早食いへと結びつく可能性が高いとされている。

（4）望ましい食習慣・生活習慣の確立

子どもにとっての食事は，健康や発育・発達の糧となるだけでなく，情緒や心を育て社会性を養う機会となる。乳幼児期に望ましい食習慣・生活習慣の基礎が身につくようにしてあげると，やがてそれが子どもの習性として身につくようになる。成人になってから行動様式を変えなければならない，危険因子を減らさなければならないことのないように，子どもの時から，望ましい食習慣・生活習慣を身につけさせることが大切である。

7　生活の自立を促す

基本的な生活習慣を身につけるということは，就学前施設での生活はもちろん，子どもが日々快適な生活を送ることを可能にすることに加え，子どもの自立にもつながる。さらに，生活の自立は，心の自立にもつながっていく。

基本的な生活習慣を身につける過程においては，子ども自身ができるようになったことでの満足感や自信の獲得に加え，自立した社会人としての必要な基礎的能力の一つひとつを身につけていくことにもなる。そのためには，ただ技能を習得するということだけではなく，習得していく過程において，子ども自

身の必要感や習得した時の達成感，または，その習得に至るまでの何度も行ってみるという意欲を伴っていることが大切である。

　基本的な生活習慣の形成のためには，周囲の大人の関わりが重要である。子どもの主体性を育むためにも，できた時にはほめ，できなくてもその頑張りを認めていくことが大切である。そうすることによって，子どもは意欲的に関わり，できたことに自信をもつようになる。このことが子どもの自立へとつながっていくのである。

●演習課題

課題1：3ガイドラインに共通に示された幼児期の終わりまでに育ってほしい「10の姿」について，領域「健康」における具体的な取り組み方を考えてみよう。

課題2：子どもたちが自発的・意欲的に運動あそびに取り組み，工夫して遊べる環境として必要なことは何かを考えてみよう。

課題3：保育者が危険から幼児を守るための配慮と，幼児自身が危険を察知できる力を育む保育について考えてみよう。

コラム　弁当教育に寄せる想い

　子どもたちは，就学前施設に来ると，家から持ってきたものをうれしそうによく見せてくれる。誰かが「せんせい，ティッシュ，ウルトラマンだよ」と言い出すと，「わたしはね，ハンカチお花なの！」，「ぼくは，ようかいだよ〜！」と，連鎖反応が起きたように集まってくる。中でも，弁当は，特に盛り上がる。

　お昼の時間になり，「いただきます」をして，弁当の蓋を開けると，子どもたちは花が咲いたように笑顔になり，「せんせい，みてみて！ウインナー！」，「トマトはいってたー！」と，他の子と競うように弁当の中身を教えてくれる。

　こういった子どもたちの姿の原因は，家の人の手づくりというところにあるのではないかと考えている。身近で，大好きな家の人に弁当を作ってもらうことは，子どもが食べ物に親近感を抱くきっかけになっているようである。さらに，少しでもお手伝いをすることで，子どもは自分が作った弁当と感じることができる。お母さんといっしょに卵焼きを詰めて蓋をした弁当は，子どもにとって，特別な想いが詰まった宝物である。子どもたちの「お弁当，みてみて」は，自分とお母さんの絆を周囲に自慢しているように見えるのである。

　食べることは，栄養の補給という側面のほかにも大事なことがある。家族や身近な人とのふれあいや愛情を感じると，子どもの情緒は安定する。自分の居場所に安心して，外の世界に向かっていけるのである。確かに，栄養士に作られた給食は，栄養のバランスがとれている。しかし，上記のような気持ちのやりとりは，家から持ってくる弁当でしか得られないであろう。また，家から離れ，就学前施設で頑張っている子どもにとって，弁当の時間は，お母さんや家の人を思い出して，ほっとできる貴重な時間かもしれない。弁当は，給食とは違った魅力や特性をもっているのである。

　ところで，近年は，保育政策の転換期であり，待機児童の増加が問題視される中で，いかに子どもを預かる施設を増やすか，ということに話題が集中しているようである。喫緊の差し迫った事情も理解できる。しかし，家庭環境や日本の経済状況など，事情は様々にあれど，少しの手間がもたらすふれあいややりとり，また，それを感じる余裕のあることは，親や子にとって，そして，保育者にとってもかけがいのない重要なことである。

　弁当教育には，「手間をかけて育てる大事さ」について，気づかされたり，考えるためのヒントがたくさん詰まっている。

第8章 からだを動かそうとする意欲づくりと充実感を得るためにできること

　自らからだを動かそうとする意欲をつくり，高めていくためには，子どもたちを運動に対して，内発的に動機づけしていかねばならない。幼児自身が，興味や関心に応じたあそびを選択し，運動を行う心地よさや楽しさを実感することが意欲づくりになる。また，幼児期の運動あそびを通した成功体験は，運動有能感につながり，積極的に運動あそびに参加する意欲を養っていく。

1　幼稚園教育要領，保育所保育指針，幼保連携型認定こども園教育・保育要領から

　幼稚園教育要領（以下，教育要領）[1]，保育所保育指針（以下，保育指針）[2]，幼保連携型認定こども園教育・保育要領（以下，教育・保育要領）[3]の領域「健康」では，「健康な心と体を育て，自ら健康で安全な生活をつくり出す力を養う」と示されている。教育要領では，ねらいとして，以下の3点があげられており，保育指針や教育・保育要領でも，同様のねらいが示されている。

> (1) 明るく伸び伸びと行動し，充実感を味わう。
> (2) 自分の体を十分に動かし，進んで運動しようとする。
> (3) 健康，安全な生活に必要な習慣や態度を身に付け，見通しをもって行動する。

　これらのねらいから，からだを動かそうとする意欲，その上でからだを自ら動かし，充実感を得ていくことが重要になっていると理解できる。また，運動あそびを行いたいという意欲から，実際に運動あそびを行い，それらの活動から学びや充実感を得て，健康や安全に対する必要な習慣や態度が身につくといった連続性のあるものと認識すべきであろう。
　しかし，前記のねらいを達成していくにあたって，保育者（幼稚園教諭，保

1) 文部科学省：幼稚園教育要領，2017.

2) 厚生労働省：保育所保育指針，2017.

3) 内閣府・文部科学省・厚生労働省：幼保連携型認定こども園教育・保育要領，2017.

第8章　からだを動かそうとする意欲づくりと充実感を得るためにできること

育士，保育教諭をいう）のもとで，からだをただ動かして，からだの機能を高めていくような身体的発達だけが「健康，安全な生活に必要な習慣や態度」というのであろうか。

　身体的発達の促進のみに焦点を当てた保育や教育では，十分に幼児期の発達を促すとはいえない。なぜなら，幼児期は，主体的に周囲の環境に関わり，心とからだが相互に密接に関連する活動を行うことで，多様な動きの獲得といった身体的発達とともに，社会性をはじめとした情緒的・精神的発達や認知的発達が促されるからである。その意味でも幼児期は，心とからだの総合的な発達が望まれている。

　そこで，本章では，幼児期の心とからだの関わりに焦点を当てながら，主体的に運動あそびに取り組む意欲づくりと，運動あそびから充実感を得るためにできることについて述べていくこととする。

2　からだを動かす意欲づくりの重要性

4）文部科学省：平成22年度全国体力・運動能力，運動習慣等調査結果，2010.
http://www.mext.go.jp/a_menu/sports/kodomo/zencyo/1300107.htm

5）文部科学省：体力向上の基礎を培うための幼児期における実践活動の在り方に関する調査研究報告書，2011.

　現在，子どもたちの運動への取り組みに関する二極化は著しい。小学生になると運動に対する好悪が徐々に明確になり，さらに中学生になると運動をする子どもとしない子どもに明確に分かれてしまう[4]状況である（図8-1）。これらから，運動の二極化は小学校や中学校での問題として取り上げられている。

　しかしながら，児童期や青年期に二極化になっている運動への取り組みは，実際，幼児期の運動習慣や身体活動の頻度や内容などと関連していると考えられる。それは，運動習慣の定着を図る実践を行っていた就学前施設（幼稚園，保育所，認定こども園をいう）とそれらの実践を行っていなかった就学前施設の就学後を比較した調査[5]から指摘できる。図8-2にみられるように，児童期の運動頻度に影響を及ぼしているのだ。このことから，幼児期での運動に対する取り組みが，児童期，青年期の二極化傾向に影響を及ぼしていると理解できるであろう。

　現状，幼稚園や保育所，認定こども園，それぞれの形態の差異を踏まえ，各園での運動あそびに関する取り組みは，様々である。まさに，幼児期における運動習慣や身体活動を活発にさせていく要因は多様であり，1つに決められた因果関係を明確にすることは困難である。けれども，幼児期は，まわりの大人の支援や援助が欠かせない時期であるからこそ，保護者や保育者の運動あそびに対する意識とからだを動かそうとする意欲づくりが重要といえるであろう。

2　からだを動かす意欲づくりの重要性

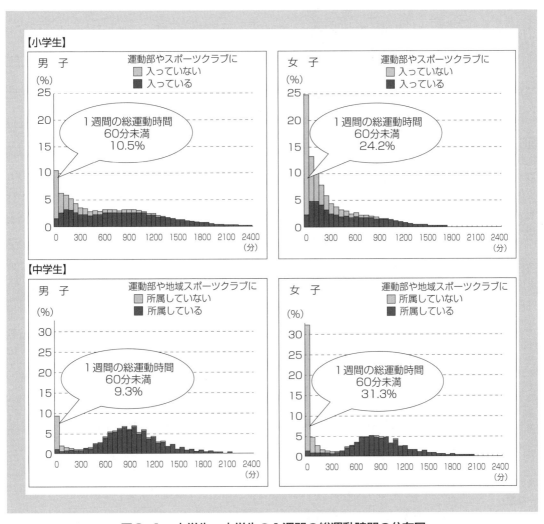

図8-1　小学生・中学生の1週間の総運動時間の分布図
　　　出典）文部科学省：平成22年度全国体力・運動能力，運動習慣等調査結果，2010
　　　　　　http://www.mext.go.jp/a_menu/sports/kodomo/zencyo/1300107.htm

図8-2　就学後の運動やスポーツをする頻度
　　　出典）文部科学省：体力向上の基礎を培うための幼児期における
　　　　　　実践活動の在り方に関する調査研究報告書，2011．

3 意欲づくり

(1) 内発的動機づけを高める

意欲をつくり，高めていくためには，子どもたちを運動に対して内発的に動機づけしていかねばならないと考える。

現在，内発的動機づけは，「自己決定」と「有能さの認知」で構成されるというデシの理論[6]が一般化している。これを踏まえ，岡澤[7,8]は，運動や体育に対する内発的動機づけを高めるためには，運動を通して有能感（運動有能感）[*1]を高めることが中核をなしていくことを指摘している。そして，「身体的有能さの認知」，「統制感」[*2]，「受容感」[*3]という3因子からなる尺度を作成し，多くの実践研究を行ってきた。それらの研究結果として，運動有能感が高まることで，運動参加を促進することが示されているのである。では，これらの理論や研究結果をもとに，幼児期において，どのようにからだを動かす意欲づくりができるのかについて，述べていきたい。

まず，幼児教育に関わる誰しもが理解しているであろう，子どもの主体的な活動の保障が重要になる。これは先述した「自己決定」に共通している。子どもたちに対して，運動あそびをトレーニングのように押しつけたり，強制させたりすることは行ってはいけない。なぜなら，継続的に動きを強制させられた時点で，子どもたちにとって，自己決定することがなくなり，主体性を喪失してしまうのである。端的にいうと，あそびではなくなるのである。子どもは，あそびではなくなると，その活動に意欲をもって取り組むことができなくなる。そのために，子ども自身が興味・関心に応じたあそびを選択し，運動を行う心地よさや楽しさを実感することが意欲づくりになるのである。

次に，有能さの認知である。幼児期とは，徐々に自分の行いたいことができるようになっていく時期である。例えば，登れなかった所に登れるようになる，すべり台に自分で登り，すべることができるようになる等の獲得していく動作がみるみる増えていく。このことは，子どもに「自分はできるんだ」と自信を与える。幼児期の運動あそびを通した成功体験は，運動に対する「有能さを認知」させる。それが運動有能感につながり，積極的に運動あそびに参加する意欲を養うのである。しかし，ここで注意しておきたいのは，「統制感」で示されていることである。それは，発達段階に応じたあそびが選択できる環境にあるかどうかが重要だということである。当初から達成可能なあそびを取り入れるのではなく，失敗を繰り返したとしても，子ども自身が自己の努力や

6）エドワード デシ，安藤延男・石田梅男訳：内発的動機づけ—実験社会心理学的アプローチ，誠信書房，1980．

7）岡澤祥訓：なぜ，有能感なのか，体育科教育46(6)，pp.70-72，1998．

8）岡澤祥訓・三上憲孝：体育・スポーツにおける「内発的動機づけ」と「運動有能感」との関係，体育科教育46(1)，pp.47-49，1998．

[*1] 有能感（運動有能感）
運動場面における自信，その自信を支える周辺の要因も含める。

[*2] 統制感
自己の努力や練習によって，運動ができるようになるという見通しや自信のこと。

[*3] 受容感
運動場面において，周りの教師や仲間から受け入れられているという認知や自信のこと。

チャレンジをすることで，あそびとなっている運動ができるようになると感じられること，見通しをもてることが必要なのである。あまりにも発達段階とかけ離れた難易度の高い運動環境では，楽しく繰り返し活動することを諦めてしまい，運動あそびに対する意欲を失ってしまうのである。

最後に，「受容感」と共通している部分である。幼児期の子どもたちも，「できた」ことをまわりの大人や友だちに受け入れられ，賞賛されると意欲が高まるのである。幼児期の子どもたちは，客観的に自己評価することや他者と比較して自己評価すること等が未発達とされ，そのために自己肯定感を保持している場合が多いと考えられる。だからこそ，成功体験のほめられる言葉や失敗体験の励まされる言葉を肯定的に捉え，自己評価していき，自信を保持し，意欲的に活動に取り組むことができるのである。逆に，否定的な言葉や叱責を受けると否定的な自己評価につながっていく。加えて，そのような自己評価は，運動に対しての無力感につながり，意欲的に運動する機会が減少していくであろう。

（2）環境構成と指導のあり方

まわりの大人，特に幼児期の発育・発達に大きく影響を与える保護者や保育者などの言葉や評価は，直接的に幼児の自己評価になっていく。そこで，積極的，主体的にからだを動かす意欲を育むための環境整備や指導のあり方について，以下に述べていきたい。

運動環境は，広い園庭で，たくさんの遊具や用具が揃っている施設環境が良いと一般的に捉えがちであるが，必ずしもそうではない。子どもの運動能力に園庭の面積や用具数は関係していない[9]との研究結果もある。もちろん，広大な園庭では思いっきり走り回ることができるが，広大な園庭で鬼あそびをただ単に行ったとすると，なかなか捕まらず，おもしろくないあそびになってしまうだろう。それらを踏まえると環境構成で重要な点は，子どもたちの実態とあそびに適した広さを保育者が意図的に工夫・配慮していくことである。狭い園庭であっても，ルールやあそび方の工夫で運動量も確保される楽しい運動あそびが展開できるのである。施設や用具が充実していることに越したことはないが，逆にモノがあふれでる状況で，本当に有効利用されているのか，子どもたちの発育・発達を促しているのかを再考していかねばならない。幼児期の子どもたちは，同じ遊具や用具を使用したとしても，あそびを変化させたり，新しいあそびを作ったりする。このように，あそびを展開していくことのできる環境や保育者の意図的な関わりが，子どもたちのからだを動かすことの意欲や認知的な発達を促していくのである。

9）杉原 隆・森 司朗・吉田伊津美：幼児の運動能力発達の年次推移と運動能力発達に関与する環境要因の構造的分析，平成14-15年度文部科学省科学研究費研究結果報告書，2004．

安全管理についてもふれたい。意欲をもって，楽しく遊べる環境構成や指導のあり方には，「安全」への取り組みが重要である。ケガをしてしまうと積極的にからだを動かすことに対して，恐怖を抱いてしまう。幼児期は，身体的苦痛や精神的恐怖などについて敏感な時期である。自由な活動や積極的に行動する意欲を保持するためにも，保育者や保護者の安全への配慮が必要となる。

4 充実感を得るために

意欲と充実感は，連続性のあるものだと捉えることができる。その充実感を得るために重要なことを，以下にまとめる。

① **子どもといっしょに活動すること**：保育者や保護者などの大人と意図的に活動することにより，獲得できる動きの幅やあそびのバリエーションが広がり，あそびが活性化する。また，大人からの適切な助言や賞賛の言葉を受けることができる。

② **ルールを決めること**：準備や後片づけ，楽しく安全に遊べるか等のルールづくりが必要になる。子どもたちとルールを決めてもよいであろう。

③ **友だちと遊ぶこと**：発達とともに，友だちと関わってあそびに没頭することになる。人数が増えれば，葛藤やトラブルは増加する。それらを経験することで，社会性や協調性が育まれるのである。友だちと活動することで，充実感は2倍にも3倍にもなる。

④ **多様な活動に取り組むこと**：ある特定のスポーツや運動に偏ることなく，多様な動きの経験ができるようにする。特定の技能を高めるのではなく，多様なやさしい動きをできるようになると自信となり，からだを動かすことに夢中になっていくであろう。

⑤ **運動量を保障すること**：からだを動かすことの欲求を満たすことで充実感を得ていく。幼児期の子どもたちは，思いっきり動くこと自体が楽しさでもある。

● 演習課題

課題1：なぜ自らからだを動かす意欲づくりが重要なのかを考えてみよう。

課題2：運動への内発的動機づけを高めるための留意点について考えてみよう。

課題3：意欲づくりや充実感を得るために，保育者としてできることを話し合ってみよう。

第9章 0〜2歳児の生活と動き

幼児期の運動発達は，うつ伏せ，寝返り，はう，座る，つかまり立ち，伝い歩き，立つ，歩くへとつながり，その後，走る，跳ぶへと発達する。投げる動作は，うつ伏せ姿勢や座位で持っている物が偶然に手から放れたり，放ることから始まる。2歳ぐらいになると，人や物との距離や環境と自分のからだの位置を視覚によって知覚し，行動するようになる。また，大人や他の子どもの動きを見て模倣するようになり，生活の中で，運動発達が増々，広がりをみせるようになる。

1 はう

　乳児の健康な発達を保障し，自発的活動としてのあそびの視点から，運動発達について考える。

　乳児期のうつ伏せ，寝返り，はう，座る，つかまり立ち，伝い歩き，立つ，歩くへの運動発達は，「生後の外的刺激と乳児自身の意欲から獲得される運動なので，自然のままで放置していては起こらない」[1]ことを，保育者（保育士，保育教諭をいう）は念頭に置く必要がある。

　「はう」の前提として，まず「うつ伏せ姿勢」の経験が必要となる。首がすわる頃（生後2〜3か月）から，1日に数回，1回5分ぐらいを目安に，うつ伏せ姿勢にすると，赤ちゃんは首をもち上げたり，見る方向を変えたりと，いろいろな反応をする。3か月を過ぎ，首が完全にすわると，大好きな保育者の声を聞くと，その方向を見ようと首をもち上げ，手足をバタバタする。

　「うつ伏せ姿勢」のあそびは，視覚の発達と結びついている。うつ伏せの赤ちゃんの目の前で，おもちゃを転がしたり，音をさせると，そのおもちゃを凝視し，動きを追うようになる。この時，おもちゃは赤ちゃんの目の前30cmぐらいで，顔の幅の範囲[2]で見せる。興味をもったことが確認できたら，手の

[1] 前橋 明：0-2歳の運動発達,明研図書,p.4, 1989.

2）久保田競：赤ちゃんの能力と意欲を育てる24カ月, 主婦の友社, pp.20-25, 1987.

そばにおもちゃを持っていくとさわって遊ぶ。そして，偶然に転がり，おもちゃをとろうと手を動かすことが，腹ばいが始まるきっかけとなる（図9-1）。

6か月頃，ずりばい（図9-2）が始まる。はじめは，後ずさりや回転から始まる。足の蹴り動作が難しい場合，赤ちゃんの目の前に，好きなおもちゃを置き，動こうとする時，足の裏に，保育者や保護者は手を置き，蹴る動作を助けることが前へ進むずりばいの動きを促す。8か月を過ぎて，はいはい（図9-3）やさらに膝をつかない高ばい（図9-4）で動き回ることができると，行動範囲が広がり，いろいろな所へ移動し，いろいろなことを行ってみようとする。そして，坂の上り・下りや階段の上り・下り，さらに太鼓橋のよじ上り等に誘導していくことで，上方へ視線を向けるようになり，空間の認知能力が発達する。はいはいや高ばい等の動きの欠落は，それに伴う筋肉や靱帯の強化が行われないため，その後の運動発達にとって不利となる[3]。また，高いところへの難しい上り・下りにおいて，歩行が獲得された後も，はいはいは必要な運動形態である。

3）クルト マイネル, 金子明友訳：スポーツ運動学, 大修館書店, pp.284-299, 2007.

図9-1　うつ伏せで遊ぶ　　図9-2　ずりばい　　図9-3　はいはい　　図9-4　高ばい

2　立つ

「立つ」の前提として，「座る」ことが7か月頃に，できるようになる。はいはい→座位になり，両手の自由を獲得するとともに，視野が広がる。あお向けで寝ている時や，はっている時とは異なった空間が，赤ちゃんの目の前に広がる。そして，少し高い位置の物をとろうと，はっていき，周囲の物につかまって，からだを引き上げて，つかまり立ちができるようになる。この頃，赤ちゃんの両脇の下を持って，膝の上に乗せると，赤ちゃんは脚を突っ張ったり，足踏み運動をしたり，跳ねるような動きをする[2]ことができる（図9-5）。これらの動きを通して，垂直姿勢保持のためのからだの準備ができ，立つ，歩くへと発達する。また，両手を持って，保育者の足の甲に立たせ，交互に足を出す

歩行のリズムを身につけることができる（図9-6）。

つかまり立ちからつたい歩きを導くためや，高ばいから立つことを導くためには，保育室の環境が影響する。赤ちゃんの視野の広がりを配慮して，天井からつられたおもちゃや，机の上におもちゃ等を配置することで，立とうとする乳児自身の意欲を高める。しかし，匍匐姿勢から何もつかまらないで1人で立てるようになるのは，歩行を獲得した後[3]である。

図9-5　足踏み運動

図9-6　歩行のリズム

3　歩　く

（1）歩行の獲得と行動範囲の広がり

1歳児は足で歩くということが生活の中心であり，自分自身で行動範囲を広げていく[4]。つかまり立ちから，タンスやテーブル等，動かない物を支えにした伝い歩きから，重しを入れた段ボール箱や手押し車など（図9-7）を押しながら歩くことができるようになると，子どもの視野は前方により広がる。マイネル[3]は，生後1年間の運動系の発達について，パブロフの定位・探索反射によって規定されていると指摘した。子どもの活動衝動や探索行動は大部分が，定位・探索反射に基づくと考えられる。乳児期の移動運動の獲得は，子ども自身の「これは何？」，「あれは何？」という探索心から実現するということを，保育者は知っておく必要がある。すなわち，探究心の起こる環境づくりが，はう～歩行への運動発達を促すのである。

4）森上史郎ほか：1歳児の世界，世界文化社，p.28, 1987.

図9-7　手押し歩き

1〜2歳の頃は，ひとり歩きによって行動範囲が広がっていく時機であり，しかも，心の発達があらゆるものに興味を示すので，生活の中ではいろいろな事故を起こす時期[4]でもある。転んだり，ぶつかったり，時にはからだに軽微な障害を受けることもあるが，そのことが基本的運動機能をさらに複雑なものへと発展させていく大きな力となる。この障害をどの程度まで許容するかが，運動機能の発達を積極的に進めるか，あるいは消極的にするかに関わると考えられる。

歩き始めの子どもは，両手を挙げ，よちよちと歩く。その距離は短く，すぐに座り込む。このとき，手はバランスを維持するために使用されている。そして，坂や障害物があると，また，はう姿勢に戻る。この場合，はわないで歩い

第9章　0〜2歳児の生活と動き

図9-8　階段上り

5）森上史朗ほか：2歳児の世界，世界文化社，p.16，1987．

た子どもにとっても，はう姿勢がここで発現する。

　1歳6か月を過ぎる頃，多くの子どもは，手で何かをしながら，歩くことができるようになる。ぬいぐるみやかご等を持って運ぶことを繰り返して行う。さらに，階段上りは，歩きはじめの頃は，はう姿勢で実施し（図9-8），手すりを持ったりするが，徐々に2本の足だけで追い足で，上り下りをするようになる。

　さらに，歩き始めの頃，転んでも，転んでも，歩くことを繰り返す。この行動は，新たに獲得した能力を繰り返し使おうとする自発的使用の原理[5]によるので，危ないとか，疲れるからという理由で止めるべきではない。この頃の子どもの自発的活動は，脳機能の発達と結びついているため，見守りながら，支援する必要がある。歩くことできるようになると，より歩行を安定させ，平衡感覚の著しい発達を促すために，保育者は歩くように大いに支援すべきである。そして，安全で大きな障害物を環境の中に配置することで，子どもの複雑な運動機能発達の獲得をより保障するのである。また，横歩きや後ろ歩き，友だちと横一列に手をつないで歩いたり，保育者や友だちと汽車ごっこをしたりすることを通して，他者の運動リズムに合わせて歩くことを学習する。

（2）特定の人との信頼関係

写真9-1　幼児同士の関わり

6）ジョン ボウルビィ，二木 武監訳：母と子のアタッチメント−心の安全基地−，医歯薬出版，p.55-57，2002．

　子どもは，歩行の獲得により，はいはいや伝い歩きに比べ，より速く，より遠くへ行くことができるようになり，子どもの関わる世界は拡大する。保護者や気に入った保育者の後を追ったり，他の子どもに近づいたりと他者と関わるようになる（写真9-1）。

　歩行の獲得により，視野が広がると，探索行動が盛んになる。しかし，探索行動に伴う新しい刺激は，子どもを不安にする。すると，保護者や特定の気に入っている保育者の所へ行く。子どもは，信頼する特定の人を「心の安全基地」[6]として，行動範囲を広げていく。この場合，保護者を中心とした親しい大人との安定した関係が主であるが，他の子どもへの関心も芽生え始める。遊んでいる子の傍にしゃがんで遊び，模倣をする。「歩行の確立」と「盛んな探索行動」と「特定の安心できる大人との関わり」の3点が機能することで，子どもの行動範囲は広がり，めざましい運動機能と認知機能の発達が起こるのである。

4 散歩

散歩は，身体活動量を増やすことのできる運動であり，体力づくりはもちろん，基礎代謝の向上や体温調節，脳・神経系の働きに重要な役割を担っている[7]。また，午前中の散歩は，筋肉の緊張度が大脳の機能をより高めていき[8]，陽光を浴びて運動することにより，就学前施設（保育所，認定こども園をいう）での午前中の教育活動に集中できる[8]状態をつくることにつながっていく。また，就学前施設における午後の散歩は，子どもたちのからだを心地よい疲れや空腹感を促すため，自宅に帰ってからは，夕飯をたくさん食べることや早寝や質の良い睡眠の確保につながり，生活リズムを整えるために好影響を及ぼすことが期待できる。

また，散歩は，季節感が味わえるような所で，みんなで歌を口ずさんだり，友だちといっしょに歩くことにより，みんなで同じ経験をし，感動をともにすることができ，情緒の解放を図る絶好の機会となる。

(1) 自然体験

散歩の最中の自然にふれることは，動植物の名前を覚えたり，昆虫をどうやって掴むかということを教えたりする等，認識力，思考力および表現力が培われる[9]望ましい環境教育にもつながっていくことがわかっている。その中でとくに，散歩を通して，木の実や葉などの収穫を楽しんだり，自然の観察を楽しんだりできるような保育者の言葉がけがきわめて重要である。

乳児クラスは，複数人の保育者が配置されているので，午前も午後も積極的に散歩を子どもたちに楽しませたいものである。

写真9-2 虫はどこかな？

(2) 言葉の獲得

乳幼児期は，とくに，言葉の獲得の時期なので，子どもの指さしや表情の機微をとらえ，「わんわん，いたね」，「高ーいお空だね」等と，子どものしぐさや発語に応答してあげ，共感してあげることで，子どもに満足感を味わわせることができる。乳児の散歩では，応答的な言葉がけを積極的に行ってほしいものである。

写真9-3 ミミズをつかまえたよ

---

7) 前橋 明：今日から始めよう子どもの生活リズム向上大作戦，明研図書，p.11，2012．

8) 前橋 明：保育における運動と健康-保育研究の立場から-，日本体育学会第47回大会号，p.110，日本体育学会，1996．

9) 河内勇樹・嶽山洋志・美濃伸之：幼稚園および保育所における五感を通じた自然体験の現状，ランドスケープ研究74(5)，pp.647-650，2011．

5　走　る

　歩くことと走ることの違いは，単に速い，遅いではなく，空中局面があるかどうかである。すなわち，走るは，両足が一瞬でも同時に地面から離れた状態があることを指す。しかしながら，2歳近くになると，速く歩き，駆けるようになるが，まだ両足は同時に地面から離れることはない。駆けることをあそびの中で繰り返すだけでなく，障害物として高さ10cm前後の台を置き，片足ずつ上り，片足ずつ跳び下りる活動を繰り返すうちに，3歳近くになると空中局面のある走りができるようになる。

　1～2歳は，保育者や保護者と追いかけっこを好む時期である。追いかけられて，逃げることを楽しんだり，大好きな保育者の後を追いかけることを楽しむ。保育者は急に曲がったり，急に止まったりすることで，ついてくる子どもは，急な動きの変化の中でバランスをとることを経験する。さらに，泥んこの中を駆けたり，柔らかいマットの上を駆けたりすることで，平衡感覚は発達する。

6　跳　ぶ

　跳ぶことは，1歳8か月を過ぎる頃，わずかな高さ（10～20cm）から跳び下りるパターンから始まる（図9-9）。そして，2歳頃，よく歩き，よく駆け回るようになると，両足をそろえて，ぴょんぴょん跳びはねる動作をするようになる。

　はじめのうちの跳びはね動作は，片足しか床から離れていない。この時期の子どもたちは，リズミカルな音楽のリズムに合わせて，楽しそうにからだを動かす。また，模倣が盛んな時期であるので，周囲の大人がいっしょに軽快に動くことで，リズムに合わせて，両足跳び（床からは足が離れていないこともある）や，その場で足踏み（ステッピング）をしながら，表現することを楽しむ。これらの活動を通して，よりリズミカルで安定した歩行や跳ぶ動作の発達を促すばかりでなく，動きの創造性も発達する。さらに，擬態語や擬音語を用いて，動物の動きの模倣あそびによって，様々な跳ぶ動きを獲得し，跳び上がる動作の発達へと導く。

　初期の跳ぶ動作である跳び下りは，階段や歩道，花壇を囲っている石などに上がって，跳び下りることを飽きること

図9-9　跳び下り

なく繰り返して遊ぶことで身についていく。保育者は，少しずつ高さが増すように環境に手を加え，働きかける。例えば，重石を入れた段ボール箱や障害となる大きなブロック等を並べ，子どもが自らの意思で，その上を歩いたり，跳び下りたりしても，安全な状況であり，発達を促す。子どもの身長ぐらいの高さからの跳び下りは，はじめは保育者や周囲の大人に抱き留めてもらうことが重要である。抱き留めてもらえることがうれしくて，跳び下りあそびを繰り返す。その過程の中で，独力で着地できたと感じた瞬間，まわりにいる大人に笑いかけたり，周囲からほめられたりすると，その跳び下りの動作が安定するまで遊び続ける。不安定な着地のため，手をついたり，尻もちをついたりした時，危険だからと，跳び下りること自体をやめさせると，跳ぶ動作の発達だけでなく，高い場所を嫌い（怖がる），その後，遊ばなくなるということに結びつく場合がある。

7 投げる

　0歳の操作系の運動は，把握反射によるつかむことから始まり，対象物に手を伸ばすこと，意図的に物をつかむこと，つかんだ物を放出するという発達の順序で発現する。つかんだ物を放出することは，把握よりも難しいことである。

　投げる動作は，放るから始まる。うつ伏せ姿勢や，1人で座ってボールのようなおもちゃを持って遊んでいる時，偶然に手からおもちゃが放れ，転がったり，はずんだりする。すると，周囲の大人が拾い上げて渡す。また，手から放すことを繰り返す。

　1歳の終わり頃，歩行が確立し，ボールやぬいぐるみ等を追いかけ，拾ってポイと投げると，保育者や保護者が「ぽーん」，「くるくる」等，擬態語を使用して，子どもと関わることから，自分の意思で勢いよくボールを手から放り出すのである。放っていい物とそうでない物の区別はつかず，いろいろな物を，転がしたり，放ったりするようになる。2歳を過ぎた頃，直径15～20 cm ぐらいのボールを両手の下手で放る（図9-10）。そして，空間認知能力が発達すると，転がったボールを追いかけ，止めて，つかみ上げ，放ることができるようになる。テニスボールくらいのボールは歩きながら，片手で放ることができるが，ボールを追いかけることは難しく，見失う場合がある。

図9-10　下手で放る

8 目と手の協応

　生後すぐの赤ちゃんの見える範囲は，瞳と瞳の延長線上で，顔から約30 cm[2]ぐらいであり，その範囲内で，正面から大人は顔を近づけながら，赤ちゃんの相手をしたり，おもちゃを見せたりすることから，視覚の発達が始まる。

　赤ちゃんは，保護者の顔や動くおもちゃをじっと見つめるようになると，次に手を伸ばし，触れようとする。随意把握の始まりであり，手の発達は視覚の発達に依存している。また，自分の手を顔の前で振って遊ぶ。そして，その手にガラガラや鈴など，音の出る持ちやすいおもちゃを持たせると，目の前で振って遊ぶ。すると音が出るので，今度は音を聞くために振って遊ぶ。視覚と手の関わりから，聴覚と手の関わりへと感覚運動的知能が発達[10]していく。

　あお向け姿勢の時は，触れようと手を伸ばすために，目の前40 cm以内におもちゃをつるす。寝返りをし始め，独りで姿勢を変えることができるようになると，ぬいぐるみや人形など，大好きなおもちゃや転がるおもちゃ等を，子どもの周囲に置くように配置する。視野に入ることが必要である。そして，ベビーベットの中ではなく，畳や布団などの上で，自由にコロコロできたり，はいずったりできる環境が必要である。

　2歳頃になると，目と手の協応だけでなく，子どもは人や物との距離や環境と自分のからだの位置を視覚によって知覚し，空間関係を把握し，行動するようになる。例えば，障害物を避けることや，転がるボールを捕ること，また，保育者や他の子どもの動きを見て模倣することが可能となる。

10）ジャン ピアジェ，芳賀 純訳：発生的心理学，誠信書房，pp.51-67，1975．

●演習課題

課題1：乳児にとって，四つばいの姿勢の重要性について調べ，意欲的にうつ伏せ姿勢や四つばい姿勢で遊ぶための環境づくりや保育者の具体的援助について考えてみよう。

課題2：歩き始めた幼児の特徴について理解し，幼児の心と運動の発達を保障する援助について，生活の中での事故への配慮や環境構成を考えてみよう。

課題3：0～2歳の発達に応じた散歩のあり方について考えてみよう。

第10章 0～2歳児の身辺自立・生活習慣の獲得

> 排泄では，0歳児の頃は，おむつが濡れていたら，こまめに取り換えて，さっぱりとした気持ちで生活できるようにする。その繰り返しが，排尿・排便時に知らせることにつながり，規則正しい排便リズムの確立に近づく。
>
> 衣服の着脱では，自分で身支度をしようとするとき，少し手伝うようにして，自分でできたという達成感をもたせること，子ども自身で着脱しやすい衣服や靴を用意してあげることが意欲を育てることにつながる。
>
> 挨拶についても，毎日，きまった挨拶をしているうちに，自然と挨拶の言葉を覚えていく。

1 0～2歳児の身辺自立・生活習慣の獲得

　早寝，早起き，栄養，排便，運動を適切に行うと，正しい生活リズムを獲得できて，子どもにとって一生の健康へとつながる。乳児の頃から，正しい生活リズムで過ごすことにより，心が安定するとともに，心身ともに健康になる。したがって，乳児期から適切な生活習慣を身につけさせることが必要である。

(1) 排　泄

1) 0歳の排泄

　0歳児の頃は，おむつが濡れていたら，こまめに取り換えてあげて，さっぱりとした気持ちで生活できるようにすることが大切であり，その繰り返しによって，乳児が排尿や排便をした時に知らせることにつながる。

2）1歳からの排泄

排尿は個人差が大きいが，1歳半くらいから教えてくれるようになる。「チッコでる〜」と子どもが知らせ，トイレに行った時に排泄できたら，大いにほめると，トイレでの排泄習慣ができてくる。

トイレットトレーニングは，個人差が大きいことをよく理解して，あせらずに指導する必要がある。

2歳の頃から，おむつが不要な子どももいる。起きている時にはパンツで過ごし，寝る時だけおむつを着用することもよいだろう。

排便に関しては，早寝早起きをして，生活リズムを整え，しっかりと朝ごはんをとることが，規則正しい排便リズムにつながっていく。また，排泄は，ゆっくりとした時間の確保と生理的な状態が影響する。トイレにおいて，自分で排尿や排便をする喜びと，達成感を味わわせることが大切である。

（2）睡　眠

1）睡眠環境

早寝をするためには，早めの夕食や入浴を促し，決まった時刻に寝る習慣をつけることが望まれる。そのためには，夜の8時くらいには，テレビを消して布団に入り，部屋を暗くして落ち着いて眠る環境を保護者には整えてもらいたい。例えば，絵本を読んでから寝る，ベビーマッサージをしたら寝る等，毎日の睡眠までの活動の取り決めをしておくと，子ども自身も見通しをもって安心して眠りにつくことができる。

2）午　睡

乳児は，1日に寝たり起きたりを繰り返す。就学前施設（保育所，認定こども園をいう）の0歳児は，一人ひとりの睡眠リズムを大切にして，それぞれの子の生活リズムに合わせて寝かせる。月齢が上がるとともに，午前中に睡眠を1回，午後の昼寝を1回になるように，就学前施設での睡眠リズムを合わせていく。必ず，連絡帳で家庭での就寝時刻や起床時刻，睡眠時間を把握して，家庭の生活を勘案しながら，就学前施設の午睡のリズムを作っていくことが大切である。

（3）食　事

1歳前後の離乳食の時期には，自分で食べたいという欲求がでてきて，手づかみで食べるようになる。

1歳半くらいから，スプーンやフォークを使って，使い方を教えていくと，

こぼしながらも自分で食べられるようになる。また，コップで飲み物を飲めるように少しずつ慣らしていくとよい。

食事の時間は，栄養補給だけでなく，楽しい雰囲気の中で食事をすることで，情緒の安定を図る場にもなる。

（4）清　潔

乳児の頃は，外から帰ってきたときや食事前に必ずお手拭きで手を拭く，食後は白湯や麦茶を飲んで口腔内の清潔を保つことを習慣としたい。保育者（保育士，保育教諭をいう）が汚れた手や足を拭きながら，「きれいになってさっぱりしたね」，「気持ちいいね」等の言葉をかけながら，清潔にしてあげることで，子どもたちは習慣として身につけていくのである。

1歳をすぎて立てるようになると，保育者や保護者といっしょに水道で手洗いができるようになるので，手洗いの習慣も乳児のうちから身につけるようにしたい。

2歳半くらいから，外から帰ってきたときや食後は口をゆすぐ習慣をつけて，口腔内の清潔を保つように習慣づけることが大切である。

（5）衣服着脱

1）1歳児の着脱

幼児は早い子で，1歳くらいから，自分でズボンや靴を脱ぐことができる。また，自分で身支度をしようとする姿もみられるので，保育者は少しだけ手伝うようにして，「自分でできた」という達成感をもたせることが大切である。

2）2歳児の着脱

衣服の着脱に関しては，ズボンをはいたり，靴を履いたりできるようになってくる。ていねいに教えてあげれば，衣服をたたもうとするようになる。

この時期は，股のボタンつきやつなぎの衣服は避け，子ども自身で着脱しやすい衣服を用意してあげることが意欲を育てることにつながる。

（6）身辺自立

0歳児でも，食後に，自分でおしぼりで顔を拭こうとしたり，給食で自分の食べたいものがあると「んん」と声を出して指をさし，要求や拒否のジェスチャーをしたりする。0歳児の赤ちゃんにおいても外から帰ってきたら，エプロンをつけて着席したり，いつも同じパターンで生活することで，子どもたちが見通しをもって活動できて，身辺自立につながっていく。

（7）挨拶

乳児は，毎日決まった挨拶をしているうちに，自然と挨拶の言葉を覚える。片言で挨拶の真似ができるようになったら，大いにほめてあげて，乳児のうちから生活に必要な挨拶や言葉の習慣を自然に身につけさせたい。

2 排泄

（1）排尿の自立

　排泄の習慣は，大脳の発達と関連する。新生児期は，反射的な排尿・排便であるが，次第に尿意や便意を自覚して排泄行動がとれるようになる。膀胱に尿がたまると信号を発して大脳皮質に伝え，「おしっこをしたい」と自覚し，我慢したり，排泄したりするコントロールができるようになる。

　大脳皮質の発達が未熟であると信号をキャッチできないので尿意は自覚できないため，トイレットトレーニングを開始しても意味がない。大脳皮質の発達の目安は歩行の開始である。歩行の開始は，大脳皮質が発達してきたことを意味し，その頃になると膀胱も大きくなり尿が溜められるようになる。膀胱の大きさは，乳児では約40〜50 mL，2〜3歳児では約50〜100 mLとなり[1]，たためられる尿の量も増える。また1日の排尿の回数は，水分摂取量や汗，気温，また個人差もあるが，1歳頃までは約15〜10回，2〜3歳になると約9〜7回[1]，と徐々に減少する。目安としては，排尿の間隔が約2時間以上開けばトレーニングの開始の時期である。保育所保育指針（以下，保育指針）では，「排泄の習慣については，一人一人の排尿間隔等を踏まえ，おむつが汚れていないときに便器に座らせるなどにより，少しずつ慣れさせるようにすること」[2]とある。個人差が大きいこの時期は，家庭での生活状況を把握しながらトイレットトレーニングを進めることが重要である。

（2）排便の自立

　排便は，生後6か月過ぎ頃から，便をするときに腹圧をかけていきむ，反射的協調運動が起こってくる。そして，1歳を過ぎて大脳皮質が発達してくると，直腸に便が溜まった感覚がわかるようになり，排便時に腹圧をかけていきむことができるようになる。また，個人差もあるが，1歳半を過ぎると排便の予告ができるようになる。

　保育者は子どもの排便のサインに気づき，排便したら「スッキリしたね」，

---

1) 末松たか子：おむつがとれる子，とれない子－排泄のしくみとおしっこトレーニング，大月書店，pp.15-16, 1998.

2) 厚生労働省：保育所保育指針（以下，保育指針），〔第2章 2（2）ア（ウ）③〕, 2017.

「気持ちがいいね」等の言葉がけを行い，排便しておむつに便がないことは気持ちが良いという実感がもてるようにすることが必要である。

保育指針の保育に関わるねらい及び内容では，「便器での排泄に慣れ，自分で排泄ができるようになる」[3]とある。保育室では，おむつの子どもやパンツの子どもが混在している。子どもは，他の子どもがパンツを着脱する様子やトイレに行き保育者にほめられている様子，お漏らしの後始末をしてもらっている様子など，生活の中で様々な子どもの姿をみて学習している。他の子どもの行動を模倣し，自身の成功体験や失敗体験を繰り返すことにより，徐々に排泄の自立へと向かっていく。

3) 保育指針，〔第2章 2（2）ア（イ）⑦〕，2017.

3 睡 眠

生活リズムの軽視により情緒が不安定になり，意欲も低下する等の状況や，低体温の子どもたちが多くみられ，就学前施設に登園してからも，子どもたちは実際に朝からボーッとしていたり，眠いと訴えたり，朝から落ち着かない状態が目立ってきた[4]。早寝をして，睡眠時間をたっぷり確保して，早起きで，朝からすっきりとした気分で，1日の園生活を元気に過ごさせたいものである。保護者には，朝は遅くとも7時までにはカーテンをあけて起こして，太陽の光を浴びさせることを奨励したい。

就学前施設では，午前中は外で1時間以上，遊ばせ，昼寝では寝つきがよくなるような保育の工夫をしていきたい。午睡後は，外での活動を取り入れてたくさんからだを動かして遊ぶことにより，帰宅してから，早めに夕食を食べて，落ちつくような生活を送らせる。そうして心地よく疲れると，早く寝つくことができるため，このような保育を工夫する必要がある。

乳児クラスも，歩けるようになったら，午前中の外あそびはもちろん，午後の外あそびを実施することで早寝につながる。園庭が狭く，外あそびが十分できない就学前施設では，散歩に行くことをすすめたい。また，保護者にも，就学前施設の早帰りの子どもは，保護者に午後の外あそびを奨励し，たくさんからだを動かして遊ぶようにさせてもらい，早寝につながるようにしていきたい。

4) 前橋 明：今日から始めよう子どもの生活リズム向上大作戦，明研図書，p.10，2012.

4 食 事

私たちが生きるために食べることは欠かせない。そのため，私たちは生後すぐに乳汁が飲めるように哺乳反射[*1]をもって生まれてくる。そして，発育・

＊1 哺乳反射
　意志とは関係ない反射的な動き。口周辺にふれたものに対して口を開き，口の奥まで入ってきたものに対して吸う動きが表出される。

厚生労働省，授乳・離乳の支援ガイド，2007.

＊2　離乳食の役割
①エネルギーと栄養素の補給
②消化機能の増強
③摂食機能の増強
④精神発達の助長
⑤適切な食習慣の確立

＊3　5～6か月頃の食事支援
無理にスプーンで口腔内の奥に離乳食を押し込むことのないように注意する。子どもの下唇の中心にスプーンのボール部をのせ，口唇が閉じてからスプーンを引き抜くように与える。

＊4　食物新奇性恐怖
第17章 p.175参照。

＊5　食行動の特性
第17章 p.175参照。

＊6　食具
スプーンは取り込みが下手な時期には平坦で浅いものを使用する。スプーンを使って自分で食べようとする時は，立ち上がり角度のある食器の方がすくいやすい。

＊7　噛まずに丸のみの場合があるので口や頬の動きをよく観察する。噛めていると咀嚼側の口角が縮むはずである。

発達とともにこの反射は消失し，自分の意志で食に関わっていくようになる。一生のスタートであるこの時期に，生命の保持と情緒の安定を図りながら，自らの意志で進んで食べようとする姿を育てることが大切である。

乳児期は，1年で体重が約3倍（3kg→9kg），身長が1.5倍（50cm→75cm）と発育がめざましく，消化機能が未熟な割に多くの栄養素が必要である。生後しばらくは，3～4時間おきに母乳やミルクを飲む生活であるが，乳汁だけでは栄養素が不足してくるため，5～6か月頃には離乳食を開始する。そして，1歳の誕生日を迎える頃には，手やスプーンを使って自分で食べようとし，食事も1日3回と間食2回になる。食事時間がある程度固定されると，消化液の分泌や体温上昇のリズムも作られていく。個人差が大きい時期であるため，食べる機能の発達や離乳食の役割を理解した上で，家庭と連帯して，一人ひとりにていねいに関わることが大切である。

（1）離乳食をどのように進めるか

離乳食は，様々な食品に慣れていくとともに，食べ方を学習していく過程でもある＊2。はじめは"食べさせてもらう"という形からスタートするが，受け身にならないように，自分から口をあけたり，手でつかもうとしたり，その年齢なりに食べることに関わっていける環境を整えることが食の自立に向けて大切である＊3。そのため，食事の際に空腹感を感じていることや，食べる場に安心感があること，摂食機能にあった食事が整えられること等の配慮が必要である。これらが整うことで，自主的に食に関わり，味やおいしさ，心地よさを感じながら，食べることを楽しめるようになるのである。

しかしながら，人ははじめて口にする食べ物に対し，警戒心や好奇心＊4をもつものである。その時，乳児が安心感を感じる場であれば，周囲の表情や様子を観察しながら，経験を広げることもできるのである。そして，食べた結果が心地よいと，次も食べてみようと思うのである。また，「おいしいね」，「トマト甘かったね」と体験したことを言語化して伝えることで，食べ物の名前や味，食感などが記憶されていく。乳児は，食べた物を口から出す場合もあるが，食べ慣れないために起こる場合もあり，嫌いと決めつけず，食の経験を発達させる上での行動特性＊5も把握しておきたい。

食べる機能を発達させるには，子どもの歯の生え方や口（舌）の動き，手指の発達を把握しながら，調理形態や食具＊6を調整していくことが重要である。月齢を目安に，この程度の物が食べられると調理形態を決めつけるのではなく，一人ひとりの食べ方を確認しながら，固さや大きさを段階的に積み上げていくことで様々な食品が食べられるようになるのである＊7。そして，食べる

ことに慣れてくると，スプーンを持ちたがるようになる。食具は，使いこなすことに，はじめはこだわらず，自分で食べたいという意志を尊重しながら介助をしていく。食具をうまく使いこなすには手指の発達が必要であり，生活やあそびの場面で手指を使うことも食具の使用につながっていくのである。また，手づかみ食べは，食べ物を目で確かめて，手指でつかんで，口まで運び入れるという，目と手と口の協応運動であり，摂食機能の発達の上で重要な働きを担う。たくさん入れすぎたりこぼしたりしながら，どの位の距離で，どの程度の力で握ればよいのかを学習していく。手のひらでつかんでいたものが，1歳位には指先でつかめるようになり，スプーンの握り方の発達[*8]や，箸（はし）の使用にもつながっていくのである。こうして，食べる機能を発達させながら，様々な食品や調理形態に慣れ，味や食感，食べる喜びや満足感を感じとっていくのである。

（2）望ましい食習慣の形成に向けて

　食べることは毎日の習慣であり，1回の食事で手洗いから片づけを1つの流れとして，離乳開始からその年齢なりに繰り返し関わっていくことで，見通しをもって自分から行動できるようになっていく。1歳頃になると，指さしと言葉で自分の意志を伝えるようになり，できないときに援助を求めながらできたという経験や，自分でできた，全部食べきれたという達成感を積み重ねて自信を高めていく。そして，2歳頃には手をかりずに自分で食事をとろうとし，食生活に必要な基本的な習慣や態度にも関心をもつようになる。そして，イメージ力も膨らみ，大きくなることへの期待と，からだが大きくなって元気でいるには，食べる・寝る・排便が大切と感じられるようになってくるのである。絵本を利用しながら，イメージを広げていくことも大切である。この時期は，自己主張の強い時期であるが，友だちとの関わりも徐々に増え，友だちを意識しながら食べることも楽しめるようになる。

　生後2年は，飲むことから食べることへ，食べさせてもらうことから自分で食べることへと大きく変化する。ゆったりした雰囲気の中で食事や間食を楽しみ，自分でできたという小さな達成感を積み重ねながら，自ら食に関わろうとする習慣を作り，3歳以上につなげていく。

5　清潔

　0歳児は，夏に汗をかいたら，就学前施設でも沐浴をして，きれいさっぱりと清潔に過ごせるようにすることが大切である。排尿したら，おむつはこまめ

*8　スプーンの握り方の発達

　手のひらにぎり→指にぎり（逆手にぎり）→鉛筆にぎり

文部科学省：食に関する指導の手引き，2007.

に取り換えてあげよう。最近のおむつは、おむつの表面がさらっとしており、長時間取り換えなくても、尿漏れしない便利な仕様になっている。しかし、おむつを長時間取り換えないと、おむつかぶれの原因になる。そのことを保護者にも伝えて、家庭といっしょに乳児の清潔を保ちたいものである。

　6月頃からの蒸し暑い時期や夏の時期には1歳児、2歳児にも、シャワーを浴びさせて汗を流してあげることが大切である。汗をかく暑い時期には、清潔にしてあげないと、湿疹ができやすく、それをひっかいて皮膚疾患になることがある。常に皮膚の様子をよく観察する必要があり、皮膚のトラブルは早めに専門医にみてもらうように、保護者にアドバイスをすることが大切である。

写真10-1　みんなで手洗い

（1）手洗いの習慣

　0歳児は、手洗いをすることが難しいので、食事の前はおしぼりで手を拭いてあげるようにする。2歳前後から、水道での手洗いができるようになる。外あそびの後やトイレの後、食事の前には、石鹸で手洗いをする習慣をつけるようにすることが大切である。

（2）乳児の口腔内の清潔・感染症予防のためのうがいの習慣

写真10-2　歯磨き指導

　0歳児、1歳児は口をゆすぐことができないので、食後は必ず白湯や麦茶を飲ませて、少しでも口腔内の清潔を保つようにする。2歳くらいから、ブクブクと口をゆすぐことができるようになるので、食後は水道で口をゆすぐ習慣をつけよう。3歳くらいから、「ガラガラうがい」ができるようになるので、外あそびから室内に戻ってきたら、手洗いとともに、必ずガラガラうがいをするように習慣づけよう。

（3）歯磨き指導

　2歳児クラスから、就学前施設の嘱託歯科医、歯科衛生士、看護師と協力して、歯磨きの必要性や歯磨きの仕方を、紙芝居や歯の模型を使って、年に数回は指導していくとよい。

6 衣服着脱

（1）衣服着脱の自立

　衣服の着脱は、「脱ぐ」ことから始まる。1歳を過ぎると着ているものに興味をもち、衣服や靴下を引っ張って脱ごうとしたり、帽子をとったりする姿がみられる。2歳頃から衣服を脱ごうとし、脱ぎやすいものは脱げるようになる。また、自分で衣服を着ようとし、履きやすい靴は1人で履けるようにもなる。

　衣服の着脱の自立には、手先の細かな技能や目と手の協応動作などの運動機能の発達や言語発達、認識能力などを考慮し、身につけるべき内容がその子どもの発達に適しているかどうか見極める必要がある。一人ひとりの発達にあわせて、その子どもに適した方法で、例えばどこを引っ張れば脱ぎやすいか、どこを持てば靴が履きやすいか等、具体的に伝えていくことが大切である。

　子どもにとっては高度な生活技術であるため、教え込むことになりがちであるが、上着を着るときに袖をトンネルに見立てたり、「いないいないばあ」で遊ぶ等、スキンシップを図り、楽しみながら行えるように配慮したい。また、全身を使うあそびの他、ブロックや積み木、砂あそび等、手指の発達を促す運動も日常のあそびの中に取り入れたい。

　保育指針の1歳以上3歳未満児の保育に関わるねらい及び内容の基本事項には、「基本的な運動機能が次第に発達し、〜中略〜 つまむ、めくるなどの指先の機能も発達し、食事、衣類の着脱なども、保育士等の援助の下で自分で行うようになる。〜中略〜 保育士等は、子どもの生活の安定を図りながら、自分でしようとする気持ちを尊重し、温かく見守るとともに、愛情豊かに、応答的に関わることが必要である」[5]とある。

　子どもは、難しい課題に挑戦し、達成感を味わうことで自信となり、主体性をもって生きることにつながる。とくに、2歳頃になると自我が発達し、「自分でやりたい」、「自分でできる」と自己主張するが、結果的に失敗したり、時間がかかってしまうことも多くみられる。保育者が先回りしてやってあげたり、制止してしまわないように、子どもが挑戦する気持ちを受け止め、温かく見守りたいものである。例えば、自分で靴を履くと言って履き始めるが、思うようにいかないときがある。そこで、保育者が手伝おうとすると怒って、「自分で」と言って保育者の手を振り払い履き始めるが、できない。とうとう最後は大泣きをして、できない気持ちをぶつけることがある。一方で、できること

5) 保育指針、〔第2章 2（1）ア〕、2017.

でも「やって」と甘えてくるときもある。子どもの心身の状況を踏まえ，愛情豊かに関わることが必要である。

（2）整理・整頓

1歳半を過ぎると，徐々に自分のものを意識し始める。例えば，自分の靴は「特別な自分だけの靴」という思いをもつようになる。ものの管理はまだできないが，2歳半頃からは，脱いだ服をたたむことや着替えの衣服を自分で管理すること等についても，子どもの発達をみながら，少しずつ気づかせていくことが大切である。

7 靴

（1）ファーストシューズ

ファーストシューズは，軟弱な状態の足を補強して歩きやすくする補助具である。連続して4，5歩くらい，安定して歩けるようになってから準備をすれば十分である。靴選びの条件と履き方は，第3章7節（p.48）を参照して確認をする。購入時は必ず足寸法を測定し，成長のゆとりは最低限に抑えて，足と同じサイズか0.5 cm大きいサイズを準備する。大人の靴は損傷や摩耗で買い換えるが，子どもの靴は，正しく歩ける足の状態を作るために，足の成長に合わせてこまめに買い換える必要がある。なお，日本の靴は，歩くために必要なゆとり寸法がすでに加味されていることを知った上でサイズを決める必要がある（表10-1）。

履かせるときの留意点は，かかとをトントンし，靴の左右を強く引き寄せた

表10-1 年代別に見た足長と靴サイズの関係（新しく買うときの靴サイズの目安）

	足長実測値	歩行に必要な機能量（捨て寸）	いま丁度よい靴サイズ（靴内実寸）	半年で交換◎		1年で交換△	
				6か月の成長量	購入時の靴サイズ（靴内実寸）	1年間の成長量	購入時の靴サイズ（靴内実寸）
0歳	10.5-12.0	+0.6	10.5-12.0 (11.1-12.6)	0-2歳 +1.0	11.0-12.5 (11.6-13.2)	0-2歳 +2.0	11.5-13.0 (12.1-13.6)
1-3歳	12.0-15.0	+0.7	12.0-15.0 (12.7-15.7)		12.5-15.5 (13.2-16.2)		13.0-16.0 (13.7-16.7)
3-6歳	15.0-18.0	+0.9	15.0-18.0 (15.9-18.9)	2-12歳 +0.5	15.5-18.5 (16.4-19.4)	2-12歳 +1.0	16.0-19.0 (16.9-19.9)
6-12歳	18.0-24.0	+1.0	18.0-25.0 (19.0-25.0)		18.5-24.5 (19.5-25.5)		19.0-25.0 (20.0-26.0)

状態で保持し，マジックベルトを強く引っぱりながら留める。留めたベルト部分が硬く感じるくらい緊縛させることで，不安定な足が硬く支えられ，安定して立てる状態になる。柔らかい靴やゆったり履かせる方が足に良いと思っている人が多いが，足首が軟弱な時期には，靴の硬さで支えて立ち姿勢や歩行を安定させることも必要である。

（2）セカンドシューズ以降

　2足目以降は，3か月おきに足寸法の測定を行い，靴サイズとの適合確認を切れ目なく慎重に行う。① よちよち歩きの時期は，重心が横方向に揺れて不安定になる。くるぶしが隠れるハイカットの靴，もしくはミドルカットの靴で安定性を重視し，歩行の安定性を見きわめながら履き口の高さを徐々に低くしていくとよい。② トコトコ歩きになったら，くるぶしより低いローカットの靴に変え，足関節を十分使う踏み返し動作のしやすさを意識する。

　1歳後半から2歳頃になると，自分で靴を履こうとするようになるため，靴の履き方教育を開始する好機である。大人がサッと履かせてしまうのではなく，手を添えていっしょに教えながら履かせるようにしたい。

●演習課題

課題1：望ましい生活リズム，生活習慣とは，どのようなことだろうか。
課題2：望ましい生活リズムを獲得すると，どのような影響があるだろうか。
課題3：子どもと食事をする際，望ましい食習慣やマナーを身につける等のほかに，保育者はどのような働きかけが必要であるだろうか。

コラム　保育者養成における自然体験活動の推進授業

　自然環境には，子どもが進んでからだを動かす意欲を引き出してくれる多様な活動があり，その活動のヒントを保育者の視点から学ぶための授業実践例である。授業では，領域「健康」の4コマ分として，太白山自然観察のセンターを訪問する。そこでは，常駐している自然解説員（レンジャー）が，森を案内しながら季節の花や昆虫の生態について解説してくれる。

●五感を使った自然あそびの実践

　自然観察では，レンジャーから五感を働かせるプログラムを数多く体験した。草花を使ったあそび，実や葉を嗅いだり，虫眼鏡でガの幼虫の顔をじっくり見たり，葉っぱの手触りを楽しんだり，実を食べてみたりした。また，安全に森の中を歩くための危険物の回避方法や留意点についても学習した。

写真1　自然あそびの様子
左：みずきの葉のネックレス
中央上：おおばこの葉おみくじ
中央下：かたばみの葉の10円玉磨き
右：落ち葉つり

●沢あそびの実践

　沢では，作った笹舟を流したり，網で川底の土をすくい，石を裏返したりして生き物を探した。エビやカニ，魚，ヤゴ等の幼虫をみつけることができた。レンジャーからは，学生たちが採取した生き物の名前や成虫になった様子などの解説があり，学生たちはメモを取った。

写真2　沢あそびの様子

●作品やポスターにまとめる

　自然体験での学びで得た自然物や写真，メモの記録は，事後の授業で活用する。持ち帰った自然物は，画用紙にテーマを決めて木工用ボンドで作品を制作し，写真やメモの記録はポスターを作成し，気づきや学びを学生同士で共有した。

写真3　自然体験後の創作活動
左：自然物の創作活動の様子
中央：発表風景
右：ポスター制作

実際編

第11章 0〜2歳児のあそび

乳幼児期において，歩く，走る，跳ぶ等，からだで遊ぶことは，すべての運動の基礎をなす重要な要素となる。からだで遊ぶことで，他者，空間，環境への関わりの意識が生み出されていく。あそびをより豊かにするものとして，遊具のような物的環境がある。また，古くから伝えられてきた，お手玉やこま，鬼あそび等の伝承あそびや，そのときに感じた感触や感覚を表現する表現あそびも，幼子の心を引きつける魅力的なあそびである。

1 生活の中にあるあそび

乳幼児は，日常の生活の中での様々な経験を積み重ねることによって，いろいろな動きを獲得していく。

乳幼児期におけるあそびは，生活そのものであり，発育・発達には欠かせないものである。子どもは，あそびから育つとも言われ，遊ぶことで冒険心や勇気を培ったり，友だちと競い合ったり，協力する中で意欲や満足感を高めて，思いやりの心を育んでいく。つまり，子どもはあそびの中で生きることの様々な学習をしているといえる。ここで大事なことは，子どものあそびは，子どもの自由な発想や自発性に基づいて行われているということである。さらに，子どもにとってのあそびは，発育・発達にとって重要な経験が多く含まれている。子どもは，自発的なあそびの中で，心とからだを思いきり動かし，様々な体験を通して，すこやかな心とからだの発達と，社会に適応できる能力を養っていくのである。

また，身体機能が著しく発達する乳幼児期は，その機能を十分に使うことで，さらに発達が促されていく。走ったり，跳んだり，投げたりといった運動的なあそびはもとより，人や物・自然など，様々なものに関わったり，ふれ合ったりしながら，心身ともに充実した活動の経験が必要不可欠である。この

活動の経験が,「生きる力」の基礎を培うということも重要なことである。

（1）人との関わり

　子どもが,運動が楽しいと感じ,運動しようとする態度を身につけさせるには,まず保護者や仲間といっしょに運動を楽しむことが大事である。とくに,親子の運動あそびや身近で関わってくれる大人とのあそびは「ふれあい」の中から生まれ,保護者に抱かれたい・ふれたいという本能的な欲求を満足させることで,子どもの運動意欲を高めていくことができる。乳児期には,くすぐられたり,揺らされたり,あやされたりする中で,子どもは安心して安全な居場所を見つけ,次への活動を求めていくことになる。

　人と関わりながらの運動あそびは,からだの発育・発達だけではなく,社会性の向上や精神力をも育み,健康な心身の発達に大きな役割を果たしている。

（2）自然との関わり

　子どもが,自然環境に身をおき,季節や天候を感じながら生活することで,あそびは多様に生まれてくる。海や山などの自然は,心身を開放し,運動意欲を高め,その中でからだを十分に動かすことが五感を刺激することにつながる。登りたくなるような土手や築山,摘みたくなるような花や実,水の心地よさや木陰の涼しさを感じて遊ぶ環境など,いろいろな場面に出会うことで,自然との関わりを楽しむことができる。また,あそびを通して,自分の身のこなしやからだの使い方を知ったり,あそびを創作する創造性も膨らんでいく。

　自然は,たくさんの刺激を与えてくれるので,これらにふれて遊ぶことで,子どもの感性を豊かに育てることができる。

（3）物との関わり

　様々なあそびの施設や遊具は,そこにあるだけで,子どものあそび心を誘い,活動が膨らむ。ボールやフープ等の小型遊具は,子どもが自由に手で扱い,主として「操作する」運動あそびが楽しめる。子どもの自由な発想を生かしながら,それぞれの遊具の特性を利用して,様々なあそびへの展開ができる。

　マットや巧技台などの大型遊具は,いろいろな遊具と組み合わせて,ダイナミックな運動あそびに発展させることができる。

　さらに,ぶらんこ・すべり台などの固定遊具は,日常生活では経験できない空間で,バランス能力や筋力を高める運動あそびを展開させることができる。

　また,新聞紙や段ボール等の素材は,創意工夫することによって,ものづくりやあそびの楽しさの広がりが期待できる。

2　1人あそび

　0〜2歳児は、いろいろなものへの好奇心に満ちあふれている年齢である。
　3か月頃になると、手と手、足と足をすり合わせたり、自分の手を眺めたりするようになる。この頃から少しずつ、目覚めているときに1人で遊ぶ姿がみられるようになる。はう、立つ、歩く等の動作スキルの獲得により、移動が可能になると、さらにその興味や関心は、広範囲に広がる。生活の中のありとあらゆるものに興味を示し、それが遊ぶための道具となる。生活の中の様々なもので十分に遊ぶことができるように、周囲の大人はあたたかく見守ることが大切であり、その環境を整える必要がある。

3　からだを使ってのふれあいあそび

（1）ベビーマッサージ・タッチケアとは

　ベビーマッサージといえば、オイルを使ったマッサージというイメージがあるが、ベビーマッサージの目的は、保護者と赤ちゃんのスキンシップの一つである。ただ、マッサージといえば、専門的な手技、国家資格などの印象をもつこともあり、子どもと養育者間のタッチを介した愛情技法という意味で、タッチケアという言葉を用いることもある。

　赤ちゃんは、言葉でのコミュニケーションができない分、肌と肌のふれあいがより重要となっている。子どもの肌にふれることで、皮膚からの刺激がダイレクトに脳へ働きかけ、脳を発達させ、心やからだの発育・発達につながる。また、肌を通して、五感や身体感覚が刺激され、「オキシトシン」が出て愛着関係が強まる[1]と言われている。子どもがオキシトシンをたくさん分泌するのは、肌にふれられているとき、なでなでしてもらったり、抱きしめてもらって安心しているときに分泌される。オキシトシンには、愛情を深めたり、発育・発達を促す働きがあるが、ふれたら、すぐに効果を発揮するものではない。いつもくり返し分泌させることで効果が長続きするホルモン[2]である。「オイルを使わなければいけない」、「裸にしなければいけない」、「手順通りしなければいけない」、「時間がとれない」等と身構えず、入浴の後や寝る前、おむつ交換時にさすってあげる、ぎゅっとしてあげる、なでてあげる等、気を楽にして続けていくことが大切である。

1）山口 創：脳はだっこで育つ、廣済堂出版, pp.164-182, 2013.

2）山口 創：脳と体にいいことずくめのベビーマッサージ, PHP研究所, pp.16-17, 2011.

第11章　0〜2歳児のあそび

3）上馬場和夫・許鳳浩・小川弘子・尾間裕美子・長谷川由美：ベビーマッサージ（タッチ・コミュニケーション）の持つ大きな可能性，アロマテラピー学雑誌8(1)，pp.1-8，2008.

肌へのタッチのふれあいを続けていくことで，子どもの健康度の増進，母親の育児不安や育児ストレスの軽減効果[3]）が報告されており，保護者と子ども双方の情緒の安定となる。

（2）ベビーマッサージ・タッチケアの実際

1）保護者と赤ちゃんの準備

保護者は，力まず，ゆったりとした気持ちで始めることが大切である。赤ちゃんに笑顔でやさしく言葉がけをしてあげ，赤ちゃんの体調や機嫌をみる。

2）はじまりの合図

マッサージを始めることを赤ちゃんに伝える。全身をなでなでしたり，言葉がけ等，保護者と赤ちゃんの2人の合図を決める。

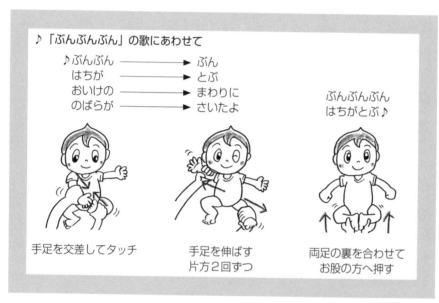

図11-1　マッサージやタッチを，歌に合わせて楽しく

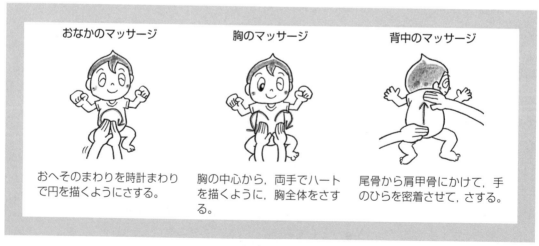

図11-2　各部位のマッサージ

3）ベビーマッサージ・タッチケアにあたって

赤ちゃんの好きな歌に合わせて，マッサージを行う。予防接種当日や体調が悪いとき，疲れたり気分が乗らないときは行わない。

4 思いきり，からだを動かしてのあそび

(1) 遊具や用具を用いないあそび

乳幼児期において，歩く，走る，跳ぶ等，からだで遊ぶことは，すべての運動の基礎をなす重要な要素となる。子どもたちは，「からだで遊ぶ」あそびによって，自分のからだが「わかる」ようになり，やがて，からだの運動が「できる」ようになる。

また，自分のからだを通して，自分を確認することを経て，他者と関わるという経験ができる，という観点からも「からだで遊ぶ」ことの意義がある。つまり，からだを通して，他者・空間・環境などへのかかわりの意識が生み出されていくのである。

(2) 遊具や用具を用いるあそび

子どものあそびをより豊かに，活発にするものとして，遊具や用具のような物的環境がある。遊具は，そこにあるだけで，子どもの遊び心を誘発していく。

図11-3　ボールあそび

1) 小型遊具（用具）

小型遊具（用具）の例として，ボール・縄・フープ等がある。手で回す，転がす，つく等，手や足で操作する運動が中心のあそびであるが，床に置いて跳び越す・渡る等の運動あそびも展開することができる。同じ遊具でも，大きさや形の異なるものを使う等して，子どもの自由な発想を生かしながら，遊具の特性を利用したあそびを展開するとよい。

図11-4　縄あそび

2) 手づくり遊具

手づくり遊具の例として，新聞紙・段ボール・ペットボトル・木の実などがある。

図11-5　段ボールあそび

第11章　0〜2歳児のあそび

図11-6　ペットボトルでボウリング

子どもたちの身近にある素材を使い，創意工夫することにより，あそびの楽しさや広がりを知ることができる。これは，子どもたちが集中し，主体的に取り組むことができるあそびであり，素材を工夫することで，様々な動きが獲得され，さらにダイナミックな動きへと発展させることができる。進んで運動しようとする意欲が育ち，運動能力の発達も促される。

3）大型遊具（移動遊具）

大型遊具（移動遊具）の例として，マット・跳び箱・平均台・巧技台・トランポリン等がある。
転がる，跳び越す，渡る等の運動を中心に，単体でもいろいろなあそびができるが，様々な遊具を組み合わせることによって，工夫したり，仲間と協力したり等，さらに楽しい運動あそびが展開できる。

図11-7　マットあそび

4）固定遊具

固定遊具の例として，すべり台・ぶらんこ・ジャングルジム・のぼり棒・鉄棒・太鼓橋などがある。
登る，滑る，ぶら下がる等の運動を中心に，日常生活では経験できない空間での様々な運動あそびを楽しむことができる。

図11-8　巧技台

図11-9　のぼり棒

（3）表現あそび

　表現あそびは，日常の生活の中で感じたり，考えたりしたことを，自分なりの方法で見える形として表す創造的なあそびである。保育者（保育士，保育教諭をいう）は，子どもの思いが，形として外に表れたものを通して理解し，共感する姿勢が求められる。子どもが実際に体験したり，感動したことが，表現活動の大きなきっかけとなる。子どもたちがその時に感じた感触や感覚が，からだでの表現あそびや，絵に表れたリアルな感じとなって表現される。

図11-10　鬼に変身

　この表現あそびは，創造の空間や世界観ではあるが，保育者には，子どもたちとともに本物を知り，その姿，動き，感動を共有して，子ども一人ひとりに刻み込まれた心に共感することを大切にしてもらいたい。実は，そこから表現活動は始まっているのである。

（4）伝承あそび

　日本の伝承あそびは，古くから守り伝えてきた日本文化の一つである。このあそびの文化が，「子どものためのあそび」である。伝承あそびで培われる，あそびの楽しさ，集中力，忍耐力，我慢強さ，チャレンジ精神など，伝承あそびの中で培われる力は，現代の子どもたちにこそ，最も必要な「生きる力」に結びつく大事な要素なのである。

1）お手玉あそび

　年齢や発達段階に合わせて，最初はお手玉1個で遊んでみる。握った時の感触や握り心地，音や布の柄や色などを楽しむ。目と手を協応させて，とくに手をたくさん使うことで，集中力を養ったり，タイミングをはかったり，人と関わり合いながら遊んだりと，あそびの楽しさと人間関係の快さを結びつけることができる。

図11-11　お手玉あそび

2）こまあそび

　年齢や発達段階に応じて，指や手，ひも等を使って回し，回った時間を競ったり，回し方を工夫したりと，いろいろなあそびに展開させることができる。子

図11-12　こまあそび

どものがんばりや、工夫したこと等をほめることで、子どもに自信をもたせ、意欲を持続するようにしてあげてほしい。

（5）月齢によるあそびの例

1）0～3か月
①抱っこ。②ゆする。③外気浴で遊ぶ。

図11-13　抱っこ

2）3～6か月
①からだのいろいろな場所で遊ぶ，ほっぺとほっぺを合わせる，こちょこちょと，くすぐる。②寝返り。③ずりばい。④高い高い。

図11-14　ほっぺとほっぺを合わせる

3）6～9か月
①膝の上でジャンプ。②歩くまね。③ボールで遊ぶ。④いない，いない，ばあ。⑤タオルで遊ぶ。

4）9～12か月
①はいはい。②まねっこあそび。③つまんで遊ぶ。④タオルで遊ぶ。⑤お手玉。

図11-15　いない，いない，ばあ

5）12～18か月
①押し車。②ボールで遊ぶ。③積み木で遊ぶ。④小型遊具で遊ぶ。⑤大型遊具で遊ぶ。⑥固定遊具で遊ぶ。⑦新聞紙・紙で遊ぶ。⑧お手玉あそび。⑨散歩。⑩音にあわせて遊ぶ。

図11-16　タオルあそび

図11-17　積み木あそび

図11-18　トランポリン

6）18〜24か月

①小型遊具で遊ぶ。②大型遊具で遊ぶ。③固定遊具で遊ぶ。④ボールで遊ぶ。⑤新聞紙・紙で遊ぶ。⑥跳んだり，跳ねたりして遊ぶ。⑦お手玉あそび。⑧こまあそび。⑨リズムあそび。⑩表現あそび。

5 戸外あそび

　現代の子どもたちは，外で遊んだり，自然とふれ合って過ごす時間は，あまり多くないのが現状である。快適な環境の中でばかり過ごしていると，本来，人間がもっている能力が低下するばかりである。

(1) 戸外あそび・自然あそびの意義

　自然の中にいるとき，開放感を味わい，自由でのびのびとした気持ちになるのは，誰しもが経験したことがあるだろう。かつて，人は豊かな自然環境の中で，人間として自然と共生する力と独特の感性を育ててきた。夏には暑く，冬には寒さを感じるが，それを感じとる力を養わなければ，暑さの中にも涼しさはある，寒い中にも暖かさがあるということを知ることができない。人の原点である自然性を大いに伸ばし，豊かな感性を磨くことが，今，求められている。

　子どもたちは，自然の中に入ると，いろいろな生き物を追いかけて，あちこち走り回り，どうしたら捕まえられるか，いろいろと知恵をしぼる。1人でできなければ，仲間と協力したり，工夫する。また，草花やどんぐりを拾えば，いろいろなものを作り出す。こうしたあそびの中で，子どもたちは，感じる力，考える力，行動する力を身につけていくのである。

　子どもは，戸外あそび・自然あそびを通して，心身の感性を高め，自然に対する認識も深めていくのである。それとともに，走る・登る・跳ぶ・跳び降りる・ぶら下がる・揺れる等，様々なからだの使い方も学んでいく。これにより，体力は向上し，運動能力も高まり，からだを動かすことの楽しさが増していく。また，自然の中にいることで，就学前施設（保育所，認定こども園をいう）や家庭にいる環境とは違い，大人も子どもも互いに認め合えるようになり，信頼関係が増していくことにもつながる。

(2) 園庭で遊ぶ

1) 砂あそび

　形が一定ではなく，自由に変えられること，何度でも繰り返し，好きなものを「つくる」，「こわす」ことができるのが，砂あそびの

図11-19　砂あそび

特徴である。手や足で，砂や泥の感触を楽しむことで，開放感を味わうことができる。また，遊ぶ際には，砂や泥を存分に使って，自分の好きなものを好きなだけ作ることができるので，満足感や達成感を得ることはもちろん，創造力や表現力を培うこともできる。

とくに，低年齢の子どもが好むあそびで，砂の感触自体を楽しみながら，1人，あるいは数人で遊ぶ姿がみられる。数人で遊ぶとき，「ごっこあそび」に発展する場面も多くみられる。

図11-20　すべり台

2）水あそび

水の性質を生かして，からだで「冷たい」，「温かい」，「濡れる」，「乾く」等を感じることができる。また，あそびの中で，「浮かぶ」，「沈む」，「混ざる」等の経験をすることは，創造への興味や関心を芽生えさせることにもつながる。

低年齢児には，「水」そのものを楽しむことを大切にし，ビニールプールやジョウロ，バケツやペットボトル等を準備して，自由に試すことができる環境設定をすることが大事である。

図11-21　ぶらんこ

3）固定遊具

「よじ登る」，「すべる」，「ぶら下がる」，「こぐ」，「くぐる」等，様々な動きをあそびの中で経験することができる。固定遊具には高さがあり，子どもにとっては，魅力のある遊具でもある。しかし，最も事故が起こりやすいことも現実である。身近な大人や保育者は，常に遊具の安全点検を欠かさず行い，遊んでいる子どもたちを見守る必要がある。そして，子どもたち自身が危険を回避する力を身につけることができるように援助することが最も大事な役割になる。

① **すべり台**：高低差を利用して，自分のからだを瞬間的に移動させることができる。高さとスピードを体感でき，筋力や平衡性，調整力，スピード感覚などが養われる。

② **ぶらんこ**：遊具そのものが揺れることが最大の特徴で，自分のからだを空中におき，弧を描くように前後上下に移動する。その際のスピードと揺れは，他の固定遊

図11-22　ジャングルジム

具とは異なる身体感覚をもたらす。筋力や平衡性，スピードをコントロールする能力が養われる。

③　**ジャングルジム**：高い所に登ったり，跳び降りたり，くぐったり，またいだり，ぶら下がったり，水平移動したりと，様々なあそびに展開することができる。筋力や平衡感覚，手と足の協応動作，柔軟性が養われ，空間認知能力が育つ。

④　**うんてい・太鼓橋**：ぶら下がったり，登ったり，移動したり，伝い歩きしたりすることができる。能力や筋持久力，全身をコントロールする能力，リズム感などが養われる。

図11-23　うんてい

図11-24　太鼓橋

⑤　**鉄　棒**：ぶら下がる，まわる，支持する，跳び降りる等，自分のからだを空中におくことができ，逆さ感覚など，非日常の動きを経験することができる。筋力や筋持久力，逆さ感覚，平衡感覚，身体調整力などが養われる。

図11-25　鉄棒

●演習課題

課題1：0～2歳の子どもが安全に楽しく遊ぶための工夫を考えよう。
課題2：身近な素材を使っての手づくり遊具を考えよう。
課題3：季節ごとの楽しい戸外あそびを考えよう。

第11章　0～2歳児のあそび

コラム　親子体操が子どもに及ぼす影響

●実践ポイント

近年，家庭や家族のあり方が大きく変わってきた。女性の社会進出によって，専業主婦は少なくなり，メディアの発達で家族内でのコミュニケーションが少なくなる等，親と子がふれあう機会（時間）が減少している。内閣府の親子関係に関する国際比較研究をみると，平日の平均的な世帯における子どもとの接触時間は，日本では，「1時間くらい」（22.4％）が最も多いという結果が報告された。とくに，父親の方が母親よりも接触時間が短いという傾向がみられている。仕事が忙しくて，帰ってくるのは夜中であり，平日は全く子どもと会えず，週末は寝て過ごすという父親が多いようだ。

このような中，子どもたちにとって親子体操は，どのような影響を及ぼすのか，考えてみたい。幼児期の親子体操は，子どもの心身の健全な発育・発達を促進し，精神的健康を促す効果がある。また，イギリスのニューカッスル大学の研究によると，中程度以上の強度で行われる身体活動は，感情や思考を調節する能力を高め，攻撃的な性向を減少させることが報告されている。皆さん，「1日10分間でも，家族でふれ合って遊ぶ」ことを実践してみよう。

●実践例

① 手おし車：子どもにとって，腹筋や背筋，腕力を使うダイナミックな運動。前進だけでなく，後ずさりもしてみよう。

② 跳び越しくぐり：子どもは，座っている親の足の上を跳び越えた後，尻の下をくぐり抜ける。

③ 丸太たおし：親は仰向けに寝て，足を垂直に立て，両手は，床面につけて足が倒れないように支える。子どもは，親の両足を倒す。

●親子体操の効果

・道具も必要なく，からだけを使って運動ができる（体力向上）。
・子どもが親をひとり占めできる（心の居場所づくり）。
・親が子どもの成長を確認できる（成長チェック）。
・ふれ合うことで親子のコミュニケーションづくりに役立ち，言葉の発達につながる（社会性づくり）。
・あそび方を工夫することで，知的面の成長にもつながる（学力向上）。

第12章 3〜5歳児の身辺自立・生活習慣の獲得

　3〜5歳児期は，排泄，食事，清潔，着脱，片づけ，挨拶などの生活習慣を通して，自ら進んでできたときは，大いにほめることが大切である。そのことが，自信をもって活動する源となり，意欲的な生活につながっていく。運動と食については，幼児期は，日中によくからだを動かして，空腹感を覚え，自分にちょうどよい量をよく噛んで食べて満足感を覚える楽しい食事の体験を積み重ねるとともに，食べる営みの背景にあるものを感じながら，自分や他者を大切にできるように促すことが求められる。

1　3〜5歳児の身辺自立・生活習慣の獲得

　小学校へ入学する前に，基本的生活習慣を獲得し，自分のことは自分でできるように，保育者（幼稚園教諭，保育士，保育教諭をいう）が，就学前施設（幼稚園，保育所，認定こども園をいう）でも援助することが必要である。

（1）各年齢の生活習慣の獲得時期の目安

1）排　泄

- 3歳〜：排泄が自立してくる。自分でトイレに行けるようになる。
- 3歳後半〜：自分で排尿の後始末ができるようになる。
- 4歳半〜5歳：言われなくても，トイレに行けるようになる。
  あそびに夢中になって失敗することがあるので，保育者がときどき言葉をかける。排便が自立する。
- 5歳〜：夜尿がなくなる。

　排便に関しては，早寝早起きをして，生活リズムを整え，しっかりと朝ごはんをとることが，規則正しい排便リズムにつながっていく。遅くとも就学前ま

でには，早起きをして，便器に座り，毎朝，排便ができるようにしたい。

2）睡　眠
　幼児は昼寝以外，夜9時には寝て，朝は7時前に起き，10時間以上睡眠をとることが望ましい。
- 3歳〜：昼寝を必要とする子ども，しない子どももいて，個人差が大きい。
- 4歳〜：昼寝を必要としない子どもも増えてくる。
- 5歳〜：遅くとも，5歳児後半から昼寝をしない生活に慣れるようにする。

3）食　事
- 3歳：食事の前後の挨拶（あいさつ）ができる。だいたいこぼさずに食べられる。箸（はし）を持つことに興味をもつが，うまく持てない。
- 3歳6か月〜：一人で食べられる。
- 4歳〜：あそび食べがなくなる。食事の準備を手伝える。
- 5歳〜：箸の使い方が上手になる。食べ物の栄養素を理解する。
- 6歳〜：好き嫌いがはっきりする。嫌いな食べ物でも，食べようと試みる。

4）清　潔
- 3歳〜：手洗いをする。手を拭く。顔を洗う。うがい（口をゆすぐ，ガラガラうがい）ができる。歯磨きをする。
- 4歳〜：歯磨きが自立する（保護者の点検歯磨きは必要）。鼻をかむ。
- 4歳半〜：髪をとかす。咳ばらいをして痰（たん）をだす。

5）衣服着脱
3歳くらいでは，自分で着脱する気持ちを育て，励ますことが大切である。
- 3歳後半〜：脱いだ服をたたんだり，裏返しを直す等，自分でできるようにする。
- 4歳〜：前後左右がわかり，ボタンも自分で最後までできる。
- 6歳〜：気温に合わせて，自分で洋服の調節ができる。
- 6歳半〜：紐を結べる。

6）片づけ
- 3歳〜：おもちゃを片づける
- 3歳半〜：おもちゃと自分の衣類やタオルを片づけ，自分の身支度ができる。
- 4歳〜：片づけを積極的に行わないときもあり，ムラがある。

- 5歳〜：自分のものは、自分で後始末できる。クラス全体のおもちゃを片づけることができる。

7）挨拶
- 3歳〜：促されると挨拶ができる。
- 3歳半〜：知っている人に挨拶をする。
- 4歳半〜：場の状況にあわせて挨拶ができる。

　生活習慣を通して、自分から進んでできたときは、保育者は大いにほめてあげることが大切である。そのことが、子どもが自信をもって活動する源となり、意欲的な生活につながるのである。例えば、挨拶ができなかった子どもが、勇気をもって挨拶ができた時にはほめてあげて、できたことを喜んであげることにより、翌日から大きな声で挨拶ができるようになる子どもも多い。そういったことが、積極的に活動するきっかけとなるのである。

　身辺自立を通して、子どものできることを増やして、達成感や充足感を増やすことで、「自分はできる」という有能感、自己肯定感を積み重ね、次への活動への意欲につながるのである。4歳児クラスから、当番活動として食事の用意で、配膳、台ふき等の経験もさせていくと、責任感をもったり、人に役立つことが「うれしい」という気持ちを養うことができる。また、役立ち感や責任感を育てることにつながる。最近は、家庭での手伝い経験のない子どもも多いので、年齢に応じて、ふきんを洗う、絞る、拭く等の経験や、5歳児クラスになったら、毎日、自分で雑巾を絞って自分のロッカーを清掃したり、整理整頓をしたりする等の経験をさせることもよいだろう。

2 排泄

(1) 排泄の自立

　身体の発育や大脳皮質の発達に伴い、溜められる尿の量も増え、4〜5歳児では約100〜150 mLとなる[1]。尿意を抑制する機能も発達し、日中の排尿間隔は次第に長くなる。排尿の回数については、個人差もあるが3歳児では約8〜7回、4〜5歳児では約6〜5回と徐々に減少する。

　子どもが「おしっこをしたい」という排泄欲求を自覚してトイレに行き、小便の後始末ができるようになるのは、手洗いや衣服の着脱、トイレドアの開閉など、他の生活習慣が育つことと関連する。排泄の自立は、個人差もあるが、

1）末松たか子：おむつがとれる子、とれない子－排泄のしくみとおしっこトレーニング、大月書店、pp.15-16、1998.

3歳半〜4歳頃になると考えられている。

子どもは，過度の緊張や不安，体調不良，あそびに夢中なとき等に失敗することがある。排泄が完了しても，完全に自立するまでは，失敗は当然のこととして受け止め，その原因を探り解決することが必要であり，失敗を叱ることはかえって自立を遅らせることにもなりかねない。失敗したら支え，保護者にも理解を求め，保護者と共に成長を認めていくことが大切である。

（2）排便の自立

3〜4歳になると意識して我慢することができるようになるが，まだ短時間であり，漏らしてしまうこともある。

排便の自立は4〜5歳である。便意を感じたら，「トイレに行き，トイレのサンダルに履き替えて，ドアを開けてトイレに入り，ドアを閉める。ズボンやスカートとパンツを脱ぎ，便座に座り，便を出す。トイレットペーパーを決めた分量だけ出し，肛門から後ろに向かって拭く（前方向には拭かない）。レバーをひねって水を流し，ズボンやスカート，パンツを履き，洗面台で石鹸で手を洗い，タオルで手を拭く」という一連の動作ができるようになり，排便が自立する。

近年，朝の排便実施率の低下が報告されている。心身の健康の保持増進のためにも朝の排便は重要である。家庭には，朝の排便のためのゆとり時間がもてるように，「早寝・早起き・朝ごはん」の励行が求められる。

3 睡 眠

近年の厚生労働省の調査では，午後9時台に就寝する幼児は約5割存在する。睡眠時間は平均9時間30分未満の幼児が多く[2]なっている。9時間30分を下まわる短時間睡眠の幼児は，寝起きが悪く，朝から疲れている状態であり，ホルモンの分泌の乱れや自律神経の機能の低下により，注意・集中の困難な子どもたちが就学前施設内でも[3]みられるようになってきた。また，5歳児になると睡眠時間が短くなるにつれて，疲労の訴えレベルは高まり，物事に熱心になれない，一層注意集中ができない等の精神疲労症状の訴えが多くなっている[4]との報告がある。眠っている間，夜中には眠るための松果体ホルモン（メラトニン）が出され，朝には活動に備え，意欲を引き出すホルモンである，コルチゾールやβ-エンドルフィン等が分泌される。遅寝・短時間睡眠の幼児は，これらのホルモンの分泌時間の量やリズムが乱れると，脳の温度が調節できず，時差ボケのような症状を訴え，意欲がわかなくなる[4]との報告がある。また，生活が夜型化している子どもは，午前中に，脳も覚醒していない

2）厚生労働省：第3回21世紀出生児縦断調査（平成22年出生児），pp.7-8, 2012.

3）渋谷由美子・石井浩子・前橋 明:幼児の健康管理に関する研究-睡眠時間別にみた5歳児の生活実態-, 日本保育学会大会発表論文集55, pp.64-65, 2002.

4）前橋 明編著：子ども未来づくり2，明研図書，pp.6-16, 2010.

ので、就学前施設で活動をしてもやる気がでずに、いろいろなことを覚えられなかったり、就学前施設の教育活動に集中できない。あわせて運動が足りないと体温は適切にコントロールされず、眠りも浅くなる[4]という悪循環が生じる。

【生活リズムを整え、早寝をする工夫～就学前施設での取り組み】

幼児は午前7時に起床して午後9時には寝て、夜10時間は寝ることが望ましい[4]とされている。就学前施設での生活においても、日中に身体をたくさん動かすこと、午前午後とも、外あそびや身体活動量を多くして、心地よい疲れをもたらし、早めの就寝時刻となることで、睡眠時間も長くなり、良好な生活リズムにつながっていく。放課後の運動あそびは、午後3時から5時頃までの汗をかくくらいの運動で、ホルモンの分泌バランスや、自律神経機能や体温の調整機能を亢進させること、また、帰宅後、自宅では空腹を訴え、きちんと夕食をとり、夜には心地よい疲労感を得て、深い睡眠がとれる環境づくりにつながる[5]と考えられている。

【生活リズムを整え、早寝をする工夫～家庭での取り組み～】

先行研究では、夕食開始時刻が早いと、就寝時刻が早まる[5]ことがわかっている。家庭で、就学前施設からの帰宅後や休みのときは、公園でからだをたくさん動かして遊ぶことの大切さを保護者に伝え、実践してもらうことが必要である。ぬるめの風呂に入り、寝る前のルーティンな儀式を行い（絵本読み、子守唄など）、部屋を暗くして毎日決まった時間に寝るようにすることが効果的[6]である。また、早起きをして、カーテンを開けて、日の光を浴びることも正しい生活リズムをつくる上で大切である。このような生活リズムを整えることを乳児期より行い、また、家族全員で取り組む[5]ことが必要である。

5）前橋 明：近年の子どもたちの抱えるからだの問題と改善策『生活リズム向上作戦「食べて、動いて、よく寝よう」運動のススメ』、食育学研究10(1)、pp.16-20、2014.

6）鈴木みゆき：早起き早寝朝ごはん-生活リズム見直しのススメ、芽生え社、pp.46-48、2006.

4 食　事

この時期は基本的習慣が自立へと向かっていく時期であり、1日3回の食事と間食1回の食事リズムになる。その一方で「苦手な食べ物だ」、「お菓子をもっと食べたい」等の自己主張もでてくる。自分の気持ちを表現しながら、心もからだも健康にいられるための食習慣の土台づくりが求められる。

まず、それぞれの子どもの様子を理解して、できることは任せるとともに、食べる喜びや楽しさを味わいながら、健康や安全に必要な習慣や態度を身につけ、見通しをもって行動できるように促したい。習慣とは毎日の行動が繰り返されて作られるものであり、一度できあがると修正が困難になる。食育を通した望ましい食習慣の形成が求められる。食を営む力の基礎[*1]を培いながら、食習慣の土台を形成したい。

*1 食を営む力の基礎
第17章 p.174参照．

（1）3〜5歳の発育・発達と食行動

　3歳頃になると，スプーンやフォークを使って，1人でだいたいこぼさず食べられるようになる。そして箸を持つことに少しずつ興味をもち始めるが，上手には使いこなせない。箸はつまむ，切る等，1本でいろいろなことができるが，その分，手指を動かす力が必要になる。そのために，まず手にあった箸[*2]を選択し，食事への意欲が低下しない形で練習していくことが大切である。そして，生活やあそびの中で手指を使っていくことで筋肉も発達し，個人差もあるが，4〜5歳位にはうまく使いこなせるようになる。

　乳歯は，2歳6か月〜3歳6か月頃には全て生えそろい（20本），硬い物も奥歯でしっかり噛めるようになる。就学前になると，乳歯の生え変わりが始まるため，歯がそろっているこの時期に，いろいろな食べ物を噛んで味わうという経験を広げたいものである。乳歯の虫歯は永久歯の状態に影響するため，歯磨きの習慣をこの時期にしっかり身につけるとともに，間食のとり方に規則性をもたせ[*3]，メリハリをもった生活習慣を営みたい。4〜5歳になると○○のためにはこうした方がよいのだという感覚と，こうしたから○○なのだというつながりがわかってくる。保育者が食べることと発育・発達，食べることと排便，食べることと運動，元気よく遊ぶための朝ごはんの役割など，具体的にわかりやすい形で話すと，自分のからだが元気でいられるにはどうしたらよいのか，その年齢なりに考えられるようになるのである。

（2）就学に向けて，どのような食習慣を作るか

　子ども同士の関係を広げていくこの時期は，当番活動や調理体験など，食を通して他者と関わりながら，集団の中での役割や居場所，共に食べたり作ったりする喜び等を感じることができるようになる。その一方で，自分の想い通りにいかなかったり，苦手なものが出てきたり，食事のマナーを守ったり，一定の時間に食べ終わる等，その場面に適した行動がとれるような判断力や抑制力が必要になってくる。

　3歳頃は，集団の中で，1人の子どもが嫌いというと他の子どもも同調して同じことを言い始めることもあるが，「ゴボウを食べるといいうんちがでるんだよ」と，わかりやすく伝えると，その年齢なりに受け止め，食べようとする姿もみられる。この時期の好き嫌いは，まだ固定化したものではないため，主張を見守りつつ，早く対応すれば，適応能力の大きな子どもは問題が固定化せず乗り切っていける[*4]。そして，食事量の判断も，3歳頃から徐々にできるようになってくる。料理を目にして，この量なら食べられそうか，どんな味な

[*2] 手にあった箸
　手のひらより3cm位長めのものが使いやすい。
長さの目安
　3〜4歳：14〜15cm
　5〜6歳：16〜17cm
高橋美穂：保育者のための食育サポートブック，ひかりのくに，p.100，2015.

[*3] 子どもの間食の与え方について（2〜6歳児の保護者）
時間を決めてあげることが多い（56.3％）。
厚生労働省：平成27年度乳幼児栄養調査

[*4] 好きな物だけ食べればよいという意識や習慣が一旦固定化されると，修正が困難になる。

のか等，いろいろな心持ちを抱く中で，自分の想いを言葉で表現しながら調整できたという経験を積み重ねると，見通しをもって行動できるようになる。また，食事のマナーは守らなければならないではなく，なぜそうするのかという理由が必ずある。4歳頃には，自らの行動を振り返り，見通しがもてるようになるため，自分なりに理由が理解できれば納得して行動ができ，応用できるようになる。

食べたいという気持ちにはいろいろな要因が関係しており（p.175，図17-3）*5，食事への関わりや言葉がけ等を工夫して，心もからだも健康でいられる習慣をこの時期に自然な形で身につけていきたいものである。

就学前に，朝食を食べ，よくからだを動かして活動し，空腹感を感じながら自分にちょうどよい量をよく噛んで食べて満腹感を覚えるという毎日の営みを心地よいものとしてうまく習慣化させたい。そして生活とあそびの中で，食べる営みの背景にあるのものを感じながら，自分や他者を大切にするとともに，食を営む力の基礎*1を培い，学童期につなげていきたい。

*5 おいしさに影響する要因
第17章 p.175参照。

5 清 潔

（1）手洗い

3歳児から，毎日外から室内に入ってきたら，手洗いとうがいの習慣ができるようにする。なお，手洗いの際は，できる限り，石鹸でていねいに楽しく手を洗えるように言葉がけをして，感染症予防のために，個々のタオルを使用するようにする。また，水道のまわりは，子どもが押したり，水遊びをすると事故につながるので，水がこぼれていたらすぐ拭いたり，きちんと整列をして待つように指導することが望ましい。

（2）着 脱

外から帰ってきたら，着替える習慣作りを就学前施設で行う。清潔な衣服に着替え，さっぱりした気持ちを味わわせたい。とくに，夏は汗をかくので，1日に何度も着替えをしたり，タオルで汗を拭く習慣を身につけるようにしたい。

（3）シャワー・プールあそび

夏の時期は，プールあそびやシャワーを浴びて，暑い時期をさっぱり気持ちよく過ごしたいものである。プールあそびができない日も，必ずシャワーを浴

びるようにする。近年，ジェンダーや個人情報の問題があるので，着替える際は，外から子どもの着替える姿が見えないように配慮する必要がある。

また，夏の時期は，水いぼ，伝染性膿痂疹（とびひ）などの皮膚疾患や，眼の結膜炎などにも気をつけ，毎日，子どもの健康状態の視診を怠らずにしたい。冬の時期は，皮膚の乾燥によるアトピー性皮膚炎にも気をつける。湿疹や皮膚のトラブル等をみつけたときは，保護者に，子どもの状態と適切な対応方法も一緒に知らせることも保育者の重要な役割である。また，看護師が配置されている就学前施設は，看護師から保護者へ専門的に伝えることも必要である。

（4）歯磨き指導

嘱託歯科医，歯科衛生士，看護師が，歯磨き指導を実施することも効果的である。虫歯にならないように，紙芝居やパネルシアター・エプロンシアターなどで，口腔内の清潔についてわかりやすく指導したり，手鏡と歯ブラシ・プラークチェック（歯垢染色液）を使用して，歯磨き指導をすることも効果的である。

6 衣服着脱

（1）衣服着脱の自立

3歳を過ぎると，ボタンをはめたり外したりする手指の微細運動が発達する。また，衣服の着脱のための，からだの中央から外側に向かう「脱ぐ」動作と，反対に中央に向かう「着る」動作などの粗大運動が発達し，1人でできることが増えてくる。

子どもの発達や家庭での生活などによって個人差はあるが，3歳後半には，パンツや靴を上手に履くことができたり，4歳になると上着も袖をとおして1人で着られるようになる。手先の器用さが問われるボタンかけも4歳頃にはできるようになり，5歳を過ぎると衣服の着脱がほぼ自立する。

衣服の着脱の自立は技能として身につけることとあわせて，暑さを感じたら衣服を脱ぎ，寒ければ着る，汗をかいたら着替える等の着替えの必要性に気づくことも大切である。そのため，着替えたときの気持ちのよさが感じられるように，「さっぱりして気持ちがいいね」，「きれいになって気持ちがいいね」など，子どもに気持ちよさを感じることができるような言葉がけを行うことも大切である。

幼稚園教育要領では，「基本的な生活習慣の形成に当たっては，家庭での生

活経験に配慮し，幼児の自立心を育て，幼児が他の幼児と関わりながら主体的な活動を展開する中で，生活に必要な習慣を身に付け，次第に見通しをもって行動できるようにすること」[7]とある。

就学前施設では，家庭と比較すると衣服の着脱の機会が多い。活動の合間や活動中，食事でこぼしたとき，午睡のとき，汗をかいたとき，靴や帽子の着脱も併せると衣服の着脱を行う場面が多々ある。就学前施設だからこそ，着脱の繰り返しも苦にならずに生活の流れの中で自然に行われるため，生活習慣が獲得しやすいとも言える。また，子どもは，友だちとの関わりの中で友だちを模倣したり，友だちの着脱を手伝ってあげたり，自分が手伝ってもらったりする中で，同じ課題に向かって挑戦する楽しさや達成感を味わうことができる。

子どもは，衣服の着脱を身につけることにより，就学前施設での生活もスムーズに送ることができる。そして，次第に生活に必要な行動について見通しがもてるようになる。保育者は，家庭との連携を図り，その子どもに必要な習慣が身につけられるように計画していくことが必要である。

[7] 文部科学省：幼稚園教育要領，〔第2章 健康 3 (5)〕，2017.

（2）整理・整頓

5歳になると，衣服を上手にたたみ，整理・整頓ができるようになる。脱いだ衣服をたたむことや，脱いだ靴を決められた自分の場所に置くこと等，後ですぐに使えるようにするための一連の手順が見通しをもって，きちんと行われることによって，あそびの期待感もふくらみ，充実感も味わえる。慣れてくると，次の活動を早くしたい気持ちから，簡略化してしまうことがある。あとで自分が困ることに気づかせ，見通しをもった生活ができるようになることが必要である。

7 靴

（1）3歳児

3歳では，靴履きの基本動作の獲得を目指し，「座って，手を使って，ていねいに正しい手順で靴を履く」ことを大切にする。

片側マジックベルトの靴履き・靴脱ぎが自立して行えることを目指す。3歳では一連の動作をスムーズに行えることが大前提である。「かかとトントン，ぎゅー，ぺったん」の言葉がけで，靴を履くときに意識をもたせ，靴の両側の引き寄せが足りなかったり，留めが弱かったりする時は「仕上げ」を大人が行って，足と靴の密着感の大切さを知らせていく。この時期に多い靴の左右の

間違いは,「ちょうちょ持ち」(p.50, 第3章7 (3) 参照) を習慣にすることで防ぐことができる。

(2) 4歳児

4歳では, より機能性を高める履き方で, 自ら運動しやすい足環境をつくることを意識させ,「靴と足の密着度を高める履き方」を目指す。

安全で動きやすい靴の着用状態は, かかとから甲にかけての部分が靴と密着した状態である。より活動が活発化するこの時期に, かかとを合わせる動作, 靴の両側を自分の足幅に合わせてぎゅーっと引き寄せてベルトで留める動作を自ら習得することで, 土踏まずがキュッと上がった心地よさ等の「足感覚」を研ぎ澄まし, 履き方の質を高めておきたい。

(3) 5歳児

5歳では, 小学校に向けた準備として,「サッとしゃがんで, 正しい履き方がすばやくできる」ことを目指した指導を行う。

体重も増え, 運動量が増してくると, マジックの接着部分が少ない「片側マジックベルト」より, 接着部分が多く, 足と靴との密着感を高めやすい,「折り返しマジックベルト」の方が適している。ベルトを上方向に引くだけで, ひも靴と同じ締め方や微調整のできるメリットがあるが, ベルトが長い分, 操作にひと手間かかるため, 工夫が必要である。靴を脱ぐ時に, ① 三角脱ぎにして, ② ベルトの三角形が崩れないように気をつけて靴箱にしまう指導をする。

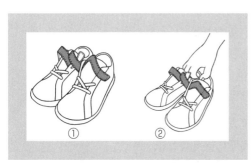

図12-1　折り返しマジックベルトの脱ぎ方としまうときの持ち方(三角脱ぎ)

● 演習課題

課題1：3～5歳児の生活の問題点として, どのようなことがあるかあげてみよう。そして, 就学前施設でどのようなアプローチができるのか考えてみよう。

課題2：朝食の欠食につながる原因と, 朝食を食べて登園できるようになるには, どのようにしたらよいかを考えてみよう。

課題3：好き嫌いがある子どもへの対応を年齢ごとに考えてみよう。

第13章 3〜5歳児の運動あそびの実際

> 幼児期の運動習慣として，身につけさせたい基本運動（動作）スキルには，① 移動系，② 平衡系，③ 操作系，④ 非移動系の4つがあり，それらのスキルをバランスよく経験させたい。また，からだのみを使っての運動あそび，用具を使った運動あそび，移動遊具を使った運動あそび，固定遊具を使った運動あそびを中心に，多様な運動（動き）の経験をもたせ，自分のからだを操る楽しさを味わわせたい。

　幼児期に獲得しておきたい4つの基本運動スキルには，① 移動系，② 平衡系，③ 操作系，④ 非移動系がある。そして，これらのスキルを複合して，さらに発展していく。そのために，まず大切なのは，自分の身体部分とその動きを理解・認識すること（身体認識），続いて自分の身体の外にある空間を理解（空間認知）することである。

　多様な動きの経験を通して，「がんばってできるようになった」という「小さな感動体験」を積み重ねる場が必要である。多様で運動スキルに偏りがなく，バリエーションが豊富であれば，得意・不得意があったとしても，一人ひとりに合った感動体験が多くもてる。そして，それらは大きな自信となり，自己肯定感が高まり，主体的に行動できるようになる。

　以下，多様な動きの経験として，自分のからだを操る，いくつかのプログラムを紹介する。

1 からだを使った運動あそびの実際

(1) ツルさんカメさん（平衡系）

　両手を高く上げて片足で立ち，ツルさんになる（図13-1）。ツルさんの姿勢

図13-1 ツルさんカメさん（鶴と亀）

から，小さくしゃがんでカメさんになる（図13-1）。言葉がけに合わせて，ツルさん，カメさんを繰り返す（軸足を変えて実施）。ステップアップとして，ツルさん，カメさんのかけ声を，単純に繰り返すのではなく，「ツルさん，カメさん，カメさんじゃなくてツルさん」のようにフェイントをかけるのもよい。また，超スロースピードで行うことによって，下肢（足）の筋力が一段と強化される。

（2）足首持って大きなパー（平衡系，腹筋，体幹）

膝(ひざ)を立てて座る（体育すわり，図13-2）。左右の足首を持ち，そのまま足を大きく開いてバランスを保つ（図13-3）。ステップアップとして，足を浮かせた姿勢から「開く・閉じる」を繰り返す。また，足を開いたまま手を上げるのもよい（図13-4）。

図13-2 体育すわり

図13-3 バランスを保つ

図13-4 足を開いたまま手を上げる

（3）お尻でクルリン（平衡系，腹筋，巧緻性）

図13-5 お尻でクルリン

膝を立てて座り（体育すわり），足を浮かせる（図13-5）。両手を床につき，手で床を押しながら尻でクルクルと回転する。回転するスピードが速くなると，そのままコマのようにクルクルと回転できる。ステップアップとして，座った姿勢から手を後ろにつく。足を左右にゆすりタイミングを合わせて強く押しコマのように回転する。回転と同時に足をより小さく曲げると，すごいスピードでクルクルとまわることができる。

（4）おへそでクルリン（背筋，巧緻性）

うつ伏せの姿勢から手をついて，頭と足を浮かせる（図13-6）。その姿勢を保ち，両手で押しながら，おへそを中心にクルクルとまわる（図13-7）。ステップアップとして，1回の手の押しで，どれだけまわれるか挑戦するのもよい。主に，背中や尻，ももの裏などの筋力が強くなる。

1 からだを使った運動あそびの実際

図13-6　頭と足を浮かせる

図13-7　おへそを中心にクルクルまわる

（5）クマさん歩き（腕，肩，足，体幹）

　クマさん歩きで「直進・曲がる・Uターン」等，自由自在に歩く（図13-8，図13-9）。いろいろな方向へ自在に歩きまわることによって，その動き（方向）に則した手のつき方や肘の使い方が獲得される。立った姿勢（下肢）とクマさん（上肢・下肢）での移動感覚の違いを理解する

図13-8　クマさん歩き（直進）

図13-9　クマさん歩き（Uターン）

ことは，身体認識力・空間認知能力の向上の面からも大切である。クマさん歩きは，手足（四肢）を使うことにより，腕・肩・足・体（腹筋・背筋・首）も強くなる。

（6）背倒立（スカイツリー）（逆さ感覚，巧緻性）

　あお向けに寝た姿勢から，両足を上げて逆さの姿勢を保つ背倒立は，腕で支える倒立が困難な幼児でも，逆さ姿勢を保ちやすく，逆さ感覚の獲得に大変有効である（図13-10，図13-11，図13-12）。また，背倒立での肘を後ろ（下）に引き足を頭の上にあげる逆さ感覚は，鉄棒の逆上がりにもつながる感覚である。

　＊　両足を高く上げることは大切であるが，まずは，足が曲がっていても逆さ（頭が下で足が上）の姿勢を保ち，逆さ感覚を獲得することが大切である。

図13-10　あお向けで足と腰を上へ

図13-11　さらに腰を上げて顔の上に足がくるように

図13-12　逆さ姿勢で腰を手で支える

2 小型遊具（用具）を使った運動あそびの実際

*1 本論では，小型遊具（用具）を幼児でも持ち運べる小型用具と定義した。例えば，各種ボール，縄，フープ等である。

小型遊具（用具）*1 における運動あそびを各年齢に分けて，具体例やポイントを系統的に示していく。

（1）ボール・縄・フープあそび（3歳児）

〔あそび方〕

① **島渡り**：フープに当たらないように自由に跳ぶ。片足でも両足でも構わない。多様な動きを生み出すために，フープの置き方を工夫する（図13-13）。
② **縄渡り**：最初は，縄をまっすぐに1人でわたる。慣れてきたら，縄をくねくねさせ，2人で手をつないでわたる等のアレンジもできる（図13-14）。
③ **トンネルとおし**：ボールを手や足で転がし，保育者（幼稚園教諭，保育士，保育教諭をいう）の足の間を通す（図13-15）。

〔ポイント〕

① 島渡りや縄渡りは，「まわりが海だから落ちないように」のような，イメージをさせる言葉がけをし，子どもたちをあそびに夢中にさせる。
② トンネルとおしは，新聞ボールや空気を抜いたボール等のあまり転がらないボールを使用する。

図13-13　島渡り

図13-14　縄渡り

図13-15　トンネルとおし

（2）ボール・縄・フープあそび（4歳児）

〔あそび方〕

① **チェンジリング**：向かい合って，フープを転がし，友だちと交換する。最初は，近い距離から行う（図13-16）。
② **縄をよけろ**：「せーの」とタイミングを合わせる声がけをする。保育者が地面をすべらせるように，縄を動かし，

図13-16　チェンジリング

2 小型遊具（用具）を使った運動あそびの実際

図13-17　縄をよけろ

図13-18　的あて

横並びになっている子どもたちがその縄を跳び越す（図13-17）。
③ **的あて**：的に向かってボールを投げたり，蹴ったりする。たくさんボールが当たると，的が落ちる工夫をしておく（図13-18）。

〔ポイント〕
① 的あてでは，鬼やおばけの的を作り，「鬼さんを退治するぞ」と言葉がけをし，子どもたちの意欲をかき立てる。
② 的に近づき過ぎないように，線を引いておく。「これ以上，近づくと鬼さんに食べられるよ」と言葉をかけておくと，線を守るであろう。

（3）ボール・縄・フープでゲーム（5歳児）

〔あそび方〕
① **みんなで輪くぐり**：手をつないだまま，全員がフープをくぐっていく（図13-19）。
② **大なみ小なみ**：「大波が来るよー」と意欲をかき立てる。縦波，横波，大波，小波を使い分けよう。保育者が1人しかいない場合は，片方を固定された遊具や木などにくくってもよい（図13-20）。
③ **転がしドッジボール**：中の子がボールに当たってしまったら，外の子と交代する。コートの大きさは，人数によって変更すること。コートの形も丸形，三角形，四角形と変えることができる（図13-21）。

図13-19　みんなで輪くぐり

図13-20　大なみ小なみ

〔ポイント〕
① 保育者もあそびの中に入り，子どもたち同士が

第13章　3〜5歳児の運動あそびの実際

積極的に関われるように声かけや働きかけ等の支援をしていく。
②　難易度を変える（フープの大きさ，縄の振り幅，ボールを増やす等）。

図13-21　転がしドッジボール

3　大型遊具（移動遊具）を使った運動あそびの実際

*2　本論では，大型遊具（移動遊具）を持ち運べる大型用具と定義した。例えば，マット，跳び箱，巧技台などである。

大型遊具（移動遊具）[*2]における運動あそびを各年齢に分けて，具体例やポイントを示していく。

（1）跳び箱あそび（3歳児）

〔あそび方〕

①　山のぼり：自由に登る。走ってきて跳びのったり，よじ登ったりする（図13-22）。

②　くっつき虫：順番に座っていき，つめて，くっつく。力が後ろから加わるので，前の子が落ちないように注意する（図13-23）。

③　めがけてジャンプ：跳び箱から，膝を曲げて跳びおり，マットに着地する。目印をフープや縄にすると

図13-22　山のぼり

図13-23　くっつき虫

引っかかる場合がある。ケンステップやテープを貼るとよいであろう（図13-24）。

〔ポイント〕
① 徐々に段数を変える工夫（低い段数から）や降り方の工夫（拍手しながら）等ができる。
② 高さが伴い危険なため，まわりの子どもたちに待つ順番や場所を指導していく。

図13-24　めがけてジャンプ

（2）マットあそび（4歳児）

〔あそび方〕
① **ゴロゴロランド①**：マットの上で，膝を曲げたり，抱えたりしてみる（図13-25）。
② **ゴロゴロランド②**：足と腕をきちんと伸ばす。おなかに力を入れると，うまく回れる（図13-26）。
③ **マットの中を探検だ**：マットを自分で持ち上げて，前に進む。（図13-27）。

図13-25　マットの上で自由に動く

〔ポイント〕
① 保育者は，子ども同士がぶつからないように配慮する。
② マットの上を転がるだけでなく，使い方を変化させる　例：丸めたり，陣地にしたりする。

（3）跳び箱とマットでゲーム（5歳児）

〔あそび方〕
① **とびとびゴロゴロランド**：子どもたちの動線をイメージし，様々な配置をする。跳び箱によじ登っても，とび乗ってもよい。マットの上では，転がっても，走っても，歩いてもよい（図13-28）。
② **ジャンケンで陣地を攻めろ**：跳び箱に座り，足を使わず，腕だけで進む。ジャンケンに負けたら，後ろに並ぶ。反対側の跳び箱の端にタッチできたら，勝ち（図13-29）。
③ **跳び箱クライミング**：跳び箱の上にマットを置き，それを乗り越えていく。グループや友だちと協力してもよい。降りるときは，尻をついてゆっくり降りる，横転で

図13-26　足と腕を伸ばし，回る

図13-27　マットの中を探検だ

第13章　3〜5歳児の運動あそびの実際

図13-28　とびとびゴロゴロランド

図13-29　ジャンケンで陣地を攻めろ

図13-30　跳び箱クライミング

も可能（前転は危険）（図13-30）。

〔ポイント〕

① 段数を工夫する。低すぎるとおもしろさに欠け，高すぎるとできなくなるので，実態に合わせる。様々な高さを配置するのもよい。

② 友だちと協力する活動を取り入れる。保育者が運動の行い方を指導するのではなく，課題をクリアできるように，子どもたちに考えさせる。

4　固定遊具を使った運動あそびの実際

＊3　本論では，固定遊具を園庭や公園に固定して設置されているものと定義する。例えば，ぶらんこ，すべり台，鉄棒，ジャングルジム，うんてい等である。

＊4　幼児期の子どもは，発育・発達のタイプや遅速などの個人差があるので，例示した年齢に当てはめた運動ではない。同じ年齢であっても，月齢での個人差が大きいことを留意してほしい。

固定遊具＊3における運動あそびを，各年齢＊4に分けて，具体例やポイントを示していく。

（1）ジャングルジムで遊ぼう（3歳児）

3歳児は，歩くこと・走ること・跳ぶこと等が安定してくる。利き足でケンケンすることやジグザクに走ることもできるようになり，遊具で遊ぶことも積極的になる。

〔あそび方〕

① くぐったり，登ったりする。ジャングルジムの中を歩く（図13-31）。

② 上まで登る。横に移動する（図13-32）。

③ 低い所に登って，ジャンケンをする（図13-33）。

〔ポイント〕

① 多数の子どもたちが同時に遊ぶと，危険も伴うので，順番を待つことも

大切にしたい。
② 楽しいと思ったことを繰り返し，その運動動作を獲得していくことを理解しておく。

図13-31　ジャングルジムの中を歩く

図13-32　上や横に移動

図13-33　ジャンケンをする

（2）いろいろな動物やモノになって鉄棒にぶら下がろう（4歳児）

4歳児は，全身のバランスが整いはじめ，片足立ちやスキップ等もできるようになる。遊具を使ったあそびにも習熟してきて，あそびの幅を広げていく時期である。

〔あそび方〕
① つばめ：あごを上げる。腕を伸ばして足先まで意識させる（図13-34）。
② ふとん干し：力を抜く。慣れてきたら，手を離してみよう（図13-35）。
③ ぶたの丸焼き：片足ずつひっかける。腕を伸ばす（図13-36）。
④ こうもり：膝を曲げてひっかける。地面を見るようにすると，バランスがとりやすい（図13-37）。

〔ポイント〕
① 逆さ感覚を怖がった場合は，背中を支えてあげるとよい。

図13-34　つばめ　　図13-35　ふとん干し　　図13-36　ぶたの丸焼き　　図13-37　こうもり

② 慣れてきたら，応用で手を離す，手をたたく等を行ってもよい。

（3）ぶらさがりゲーム（鉄棒）（5歳児）

　5歳児は，運動の基礎が完成してくるので，多様な動きを組み合わせて遊ぶようになる。競うことも好み，自己の能力を遊具で試したりする。

図13-38　ぶらさがりジャンケン

〔あそび方〕

① **ぶらさがりジャンケン**：ぶたの丸焼きの応用編（図13-38）。
② **足キャッチャー**：足でボール等を挟み，移動させる（図13-39）。
③ **逆玉いれ**：ぶたの丸焼きの応用編。鉄棒にぶらさがり，手でボールを投げ入れる（図13-40）。

〔ポイント〕

① 時間や勝敗を決めることで，楽しさが倍増する。
② チーム戦にすると，友だちとの関わりも増える。
③ ボールの大きさや運ぶものを変化させる。

図13-39　足キャッチャー　　図13-40　逆玉入れ

●演習課題

課題1：子どもの自己肯定感を高めるために大切なポイントを考えてみよう。

課題2：ジャングルジムで，空間の中を歩く・くぐる・登る等して育つものを考えてみよう。

課題3：遊具を使って4つの基本運動スキルを獲得できる運動あそびを考えてみよう。

コラム　保育者の運動あそびに関する指導信念

●指導信念とは

　指導信念とは，平易に表現すると指導に関する価値観や考え方のことである。教員や保育士は，個々がそれまでの経験してきた文化，家庭環境や教育環境によって形成された信念によって，実践的な指導を行う。例えば，幼少期から運動が好きで，外あそびを毎日行い，育ってきたことを肯定的に捉えている保育者は，子どもにとって外あそびは重要であり，毎日でも，外での運動あそびを行わせたいと考える，といったことである。

　上記の例よりも細かい部分にも，指導信念は影響をもたらす。運動あそびに取り組むにあたって，子どもたちの主体性を重視し，見守ること，支援することを意識して指導する保育者。一方で，主体性を重視しながらも，指導性をもって，運動あそびに取り組む保育者。それぞれの指導信念から，子どもたちへの関わりの度合や言葉がけまで相違してくる。このように，保育者一人ひとりが違う指導信念をもっている。指導信念において，どれが良くてどれが悪いという定義はない。しかしながら，目の前の子どもたちの実態に合わせる柔軟性をもってほしい。そして，子どもたちのより良い発育・発達を促すために，保育や教育を行う組織には，ある一定の指導信念への共通理解が大切となる。

●指導信念は変容するのか

　指導信念は，一般的には変容することは難しい。なぜなら，人生の中で築き上げてきた価値観や考え方を簡単に変化させることはないからである。しかし，自分にとって，衝撃的なできごとや出会いがあると，指導信念の変容の可能性が生まれてくるのだ。それは，子どもとの出会いであるかもしれないし，尊敬する先輩保育者との出会いかもしれない。

●どのような指導信念をもっているだろう？　まわりの人と比較してみよう

> 　サッカーボールで遊ぼうとしている幼児2人が，立ったままで遊ぼうとしない。そこで，あなた（保育者）は，「どうしたの？」と言葉をかけた。すると，「先生，だれか誘ってきてよ」と2人が言った。あなたはどうするか？

　自分の考えと他者の考えを比較することで，自分の指導信念について考えるきっかけとなってほしい。

第13章　3〜5歳児の運動あそびの実際

コラム　　4つの運動スキルが身につくジャングルジム

　都市部では，園庭が狭いことから，大きなスペースを占めるジャングルジムがじゃまになっているという声を耳にする。これは，施設管理者や保育者が，ジャングルジムで育まれる4つの運動スキルや，ジャングルジムでのあそび方の理解不足が要因となっていることが考えられる。

　4つの運動スキルとは，① 移動系運動スキル，② 平衡系運動スキル，③ 操作系運動スキル，④ 非移動系運動スキルのことである。

① **移動系運動スキル**：ある場所から他の場所へ動くスキル　例）歩く，走る，はう，跳ぶ等
② **平衡系運動スキル**：姿勢の安定を保つスキル　例）バランスをとる，立つ，渡る，乗る等
③ **操作系運動スキル**：物を操る動きのスキル　例）打つ，投げる，蹴る，回す等
④ **非移動系運動スキル**：その場でがんばるスキル　例）ぶらさがる，押す，引く等

　ジャングルジムでは，多様なあそびを経験することができる。例えば，ジャングルジムの周囲を鬼あそびで走り回るという移動系のあそびができる。また，ジャングルジムの中をくぐることや，はうことで，身体認識力や空間認知能力を育みながら，地面よりも高い位置での移動系運動スキルを身につけることができる。

　さらに，ジャングルジムでのぶらさがりあそびでは，その場でがんばる力を育むことができ，非移動系運動スキルを身につけることができる。

　加えて，ジャングルジムの周囲を伝い歩きするあそびや，中に入ってくぐり抜けるあそびでは，落ちないようにからだを支持し，バランスをとる平衡系運動スキルを身につけることができる。上下・左右，前後・奥行きの移動により，3次元を経験することで，身体認識力や空間認知能力が育まれる。

　また，ジャングルジムは，ところどころに棒（バー）がない箇所があるため，次に手足をどこに置くのかを考える知的側面の発達も期待できる。考えている間も，からだを支えるために，手足に力を入れながら，バランスをとる経験もできる。

　一方，ジャングルジムを挟んで向かい合い，ジャングルジムの中を通すボールころがし，ボール通し，ジャングルジムの上と下に分かれてのボールわたし，ジャングルジムの上に登って周囲に注意しながら紙飛行機とばし等のあそびでは，物を操る動きである，操作系運動スキルも身につけることができる。

　このように，ジャングルジムは，シンプルな構造であるが，子どものからだを支える筋力やバランス感覚，手足を器用に動かす協応性や巧緻性，身体認識力や空間認知能力が育まれる多様な経験ができ，4つの運動スキルをバランスよく身につけることできる固定遊具であるので，積極的に活用してもらいたい。

第14章 3～5歳児の運動あそび指導のポイント

運動あそび指導では，偏った（特定の）運動やスポーツでなく，多様な運動の経験をさせたい。体力や運動能力には個人差があるため，他児と比較・評価するのではなく，各児の成長や伸びに注目して，変化や努力をほめること，認めることも大切である。また，集中できる時間が短いので，あそびにゲーム性を導入したり，発展性を考える。幼児の形態的な特徴（頭部の比率が大きいため頭や顔から転倒しやすい，肘(ひじ)や手首の関節が不安定なため脱臼しやすいこと等）も理解しておく。

1 幼児期における運動あそび指導の留意点

3歳児，4歳児，5歳児と分けて，運動あそび指導の主なポイントを示していく。しかしながら，子どもには，発育・発達のタイプや遅速などの個人差があることを留意してほしい。年齢での指導のポイントを画一的に，その年齢の子どもに当てはめるのでなく，実態に合ったものを選択することが求められる。例えば，同じ年齢であっても，3歳6か月の子どもと3歳になったばかりの子どもとでは発達過程が大きく違う。幼児期の子どもたちは，月齢による個人差が大きいのである。

本章では，各年齢の運動あそびを具体的に取り上げ，その指導ポイントとして，環境設定，保育者（幼稚園教諭，保育士，保育教諭をいう）の指導・援助，あそびの発展性，安全への配慮の4点に分けて示す。

2 3歳児の運動あそび指導の実際

未熟であった基本的な動作が徐々に繰り返して運動することにより，洗練化

されていく時期である。多様な動きを自ら進んで繰り返すことで、そのあそびにおもしろさを感じるようになっていくので、運動あそびの習慣化を図っていくことが重要である。

（1）縄あそび

1）環境設定

縄あそびは、室内でも屋外でも行うことが可能である。一人ひとりに縄を渡す場合は、友だちの縄が当たらないようなスペースの確保が必要となる。友だちといっしょに遊ぶ場面では、順番やルールを守れるように、待機場所にフープを置いたり、テープを貼ったりしておくとよいであろう。

縄の種類は、ビニール製で持ち手のあるものや持ち手のない麻縄などがあるが、幼児には持ち手のない麻縄が適している。縄とびを使って遊ぶ時に、持ち手が友だちに当たるといった安全上の問題が生じる可能性もある。また、麻縄は、ある程度の重さと太さがあるので、あそびの遊具として適している。

2）保育者の指導・支援

3歳児には、前とびや後ろとびといった動きの獲得は難しい。縄とびを教えるという意識ではなく、縄を使って遊ぶ、跳ぶことの楽しさを経験させる意識が大切である。例えば、長縄[*1]では、動物（ヘビ）や現象（波）をイメージさせ、あそびに集中させ、それらを跳び越す楽しさを感じさせることである。

また、この時期の幼児に対して、保育者は、肯定的な言葉がけをし、からだを動かすことに対しての意欲づくりをしてほしい。そこでの肯定的な言葉がけは、他者との比較をすることではなく、個人内評価を行うことが重要である。

3）あそびの発展性

運動量を増やす方法として、縄を持たずに行い、持っているイメージで音楽のリズムに合わせて、空想のイメージの縄を跳ばせる。ひっかかることがないので、何回も繰り返し行えるのである。加えて、実際の縄とびでは、難易度が高く、3歳児では難しい片足とびや後ろとび等にもチャレンジできる。長縄でも、回し手の保育者を見ながら、イメージして何回も跳ぶことができる。縄に恐怖心をもっている子も少なからず存在するので、空想のイメージ縄あそびを取り入れるとよいであろう（図

*1 長縄
一般的に大縄と呼ばれている。複数人で跳ぶことができる長さの縄である。

図14-1　寝ているヘビをイメージ

図14-2 動いているヘビをイメージ

図14-3 縄に当たらないように

14-1, 図14-2, 図14-3)。

4) 安全への配慮

4・5歳児と比較して，さらに周辺的視野が狭い3歳児は，友だちがすぐ近くにいても，短縄[*2]を振り回すことがあるので，注意が必要である。また，縄を持って移動するときに，足にからまって転倒することや首に巻きついて大きな事故になる場合がある。縄の持ち方や首に巻きつけないように指導する必要がある。また，長縄では，子どもが縄にひっかかった時，保育者はすばやく持っている縄を手から放すようにする。まだ体重が軽く，踏ん張る力も弱いため，ひっかかったまま引っ張られ，転倒する場合がある。

[*2] **短縄**
一般的に1人用の縄とびのことである。身長によって，適している長さが変化する。

3　4歳児の運動あそび指導の実際

4歳児では，これまでに経験した基本的な運動が定着していき，友だちといっしょに楽しく遊ぶことが可能になる。とくに，操作系の動作がどんどん上手になっていくので，ボールや身近な用具を使ったあそびの中で，投げる・蹴る・打つ・つく・運ぶ・受ける等の動作を取り入れた友だちと関わるあそびに取り組んでいくとよい。

(1) ボールあそび

1) 環境設定

ボールは，できるだけ多くの個数を確保できるようにしたい。可能であれば，全員に1つずつ用意できると，あそびの展開が容易になる。ボールの種類は，様々なものでよいだろう。あそびによって選択することや，子どもたちが自分で選択することが重要である。ボールは丸い形状であるため，転がっていくために，近くに固定遊具や危険物のない場所を選択する。

第14章　3〜5歳児の運動あそび指導のポイント

2）保育者の指導・支援

ボールは，子どもたちが好む用具である。保育者の指導や工夫によって，多様な動きや運動量が確保される。まず，ボールの種類は多様であり，発達過程により，好むボールも違う。4歳児でも，ボールあそびの経験の違いから，様々な種類のボールを用意する必要がある。当たっても痛くないボール，軽量で扱いやすいボールや幼児の手の大きさに合わせた小型のボール等が考えられる。また，新聞紙とビニール袋などでボールを作ってもよいであろう。4歳児には，蹴る・投げる・捕るといった動作を繰り返し取り組む中で，ゲーム性があり，友だちといっしょに参加できるあそびを積極的に取り入れたい。保育者があそびを提案するにあたり，子どもたちがどのようなあそびをしているかを観察することや子どもたちに意見を求めることも有効である。

3）あそびの発展性

最初は，簡単なルールのあそびも徐々にルールを加えていくことが可能である。簡単なあそびから制限をつけていくと，子どもたちの意欲にもつながる。また，4歳児になるとまわりと比較することができるようになってきて，競争を好んで楽しむ。保育者があそびの中に入ることで，競争やルールのあるあそびも活発になり，運動量も高まり，充実したあそびとなる。

他方，使用するボールによって，あそびが変化する場合もある。例えば，ラグビーボールを使うことで，どのように転がるか予測できなくなり，子どもたちのあそび経験の差を埋めることができる。

4）安全への配慮

4歳児は，できる動作も増え，動きも活発になるため，友だち同士での衝突により大きなケガをしてしまう可能性がある。幼児期の特性で注意が固定化してしまい，周囲の認知ができないことが理由としてあげられる。どうしてもボールに集中してしまうと（図14-4），まわりが見えず，友だちや固定遊具に衝突してしまう危険があることを留意しておく。そのために，十分な広さの場所を確保することが求められる。

図14-4　ボールに夢中な様子

4　5歳児の運動あそび指導の実際

5歳児になると，基本的な動きが洗練されていく。無駄な動きが減少し，巧みな動きに変化していくのである。加えて，動きに連続性が出て，複数の動き

を同時に行う協応動作*3が可能になってくる。身体的部分だけなく，社会性も育まれてくる。友だちと集団で遊び，ルールを自分たちで作り，役割分担を行う等の協同あそび*4が活発に行われるようになる。そこで，協同あそびに着目し，5歳児の運動指導の実際として，鬼あそびを取り上げて説明を加える。

(1) 鬼あそび

1) 環境設定

平面上での鬼あそびだけでなく，立体空間を利用した鬼あそびを展開することが重要になってくる。例えば，園庭の広い場所だけに活動範囲を制限するのではなく，固定遊具を使用することも考えられる。また，ルールが複雑になっても理解ができるようになるので，安全地帯や鬼を増やす等のルールを徐々に加えると，動きも「走る」，「止まる」だけでなく，「方向転換」，「タイミングをずらす」等の相手との駆け引き動作も出現してくるであろう。

2) 保育者の指導・支援

子どもたちとともに，ルールづくりをしていくことが求められる。5歳児になると，保育者が提案したルールを守れなかったり，新たなルールが必要になったりする場合がよくある。あそびの中で問題が発生した時に，子どもたちに考えるように促すことが重要である。しかし，すべて子どもたちに任せるのではなく，いっしょに考え，保育者が意図したあそびのねらいに沿うようにしていかねばならない。例えば，ルールを逸脱する子どもや自分勝手な行動をする子どもが出てきた場合でも，「いっしょに遊ばなかったらいい」のではなく，「みんないっしょに楽しく遊ぶためには，どうしたらよいかを考えよう」といった問いかけや言葉がけが必要になるであろう。

3) あそびの発展性

鬼あそびのあそび方は，数え切れないほど存在する。ルールの追加も合わせると，バリエーションは豊かである。例えば，増やし鬼，手つなぎ鬼，氷鬼，色鬼，バナナ鬼，ボール当て鬼など，地域による呼び名の違いも含め，多数ある。どの鬼あそびに取り組んだとしても，それらを発展させる方法は，子どもたちの実態や発達過程に合わせた協力活動のある鬼あそび（例えば，宝取り鬼やケイドロ等）に取り組んでいくことであろう。なぜなら，この時期に社会性を育むためにも，友だちとルールを守り，協力しながら，楽しくからだを動かすあそびを経験しておくことが望まれるからである。

*3 協応動作

からだの2つ以上の部位を統一した1つの動作。例えば，右手と左手，目と手などの2つの部位の動作を同時に使うこと。

*4 協同あそび

複数の子どもがルールや約束を守りながら，協力して遊ぶこと，また目的や目標を達成するために役割を分けて協力して遊ぶこと。

4）安全への配慮

危険な場面が出てきた場合は，一度，あそびを止めて，子どもたちを集めて考えさせる必要があるだろう。基本的な動きが習熟し，できることも増えてきたことにより，危険な場所に登ったり，遊具を本来の使い方で使用しなかったりと危険な行為を行う場合がある。動きが複雑化し，動きの幅も広くなった5歳児の子どもたちには，保育者が安全管理を行うだけでなく，子どもたちへの安全教育をしっかりと行うことが重要になってくるのである。

5 運動あそび指導のポイント

運動あそび指導のポイントをまとめておく。

① 偏った（特定の）運動やスポーツではなく，多様な運動経験をさせる。
② 年齢が同じであっても体力や運動能力に個人差があるため，まわりの子どもと比較し，評価してはいけない。その子の成長や伸びに注目して，ほめる。
③ 「○○をしてはいけません」や「△△できていないね」ではなく，「○○してみよう」や「△△は，こうするとできるようになるよ」といった肯定的な言葉がけをする。
④ 幼児の精神的特性として，注意力散漫で集中力も長続きしない。だからこそ，運動あそびの発展性やゲーム性が重要になる。発展性として，ⓐ前ができたら後ろ，右ができたら左，上ができたら下という前後・左右・上下に挑戦。ⓑ 使用する道具の個数や種類の変更。ⓒ ルールの複雑化などがあげられる。ゲーム性として，個人，グループ，異年齢集団による競争や対決が考えられる。
⑤ 幼児のからだの特徴を把握しておく。例えば，形態的に頭が大きいので，頭や顔から転倒する。肘や手首の関節が不安定なので，脱臼しやすい。持久力が弱く，発汗機能も未発達なので，小まめな休息や水分補給を必要とする。
⑥ 保育者は，運動の得手不得手に関係なく，子どもたちとともに遊び，運動の楽しみ方を体現し，手本となることが大切である。

●演習課題

課題1：3歳児の運動あそび指導の要点を考えよう。
課題2：4歳児の運動あそび指導の要点を考えよう。
課題3：5歳児の運動あそび指導の要点を考えよう。

第15章 安全への配慮

　幼児は，頭部の占める割合が大きく，バランスを失い，転倒しやすい。また，近年，子どもを歩かせるよりも，バギー車に乗せて運ぶことが多くなり，全身の筋力が育っておらず，身を守るためにふんばれない状態になっていることが懸念される。子どもたちの生活環境の中には，① 幼児が予測できない危険（ハザード）と，② 幼児が挑戦することによって起こる危険（リスク）がある。ハザードに関しては，事故を誘発するような遊具の配置や遊具の腐食，ネジの緩み，消失などを改善し，幼児が安心して遊ぶことができるように環境設定が求められる。リスクに対しては，保育者が幼児のあそびを見守りながら，適切な指導や配慮をしていくことで回避される。

1 危険について

　日本の乳幼児の死亡原因の上位は「事故」であり，2016（平成28）年は，年間596人[1]の子ども（19歳以下）が事故で亡くなっている（表15-1）。山中は，事故（accident），とは「予測できない。避けられない事象」を指すが，子どもたちの事故の多くは，予測が可能であり，予防が可能な事象「傷害（injury）」である[2]と述べている。事故は，運が悪いから起こるわけではなく，必ず原因があり，結果に結びついている。事故が起こる前・起こる瞬間・起こった後の3つの状況を事故データとして分析し，検討を行うことで，環境改善と行動変容の2面からの対策法をみつけることができる。また，掛札は，日本の環境には，子どもたちの力では気づくこともできない深刻な危険，気づいたとしても子どもの力では自分の命を守れないような危険がある[3]と述べている。常に新しい事故情報を集め，保育者（幼稚園教諭，保育士，保育教諭をいう）間で共有しておくことが重要である。

1）厚生労働省：平成28年人口動態統計月報年計（概数）の概況（概数）．
http://www.mhlw.go.jp/toukei/saikin/hw/jinkou/geppo/nengai16/index.html

2）山中龍宏：日本小児科学会雑誌「傷害速報」と事故による傷害予防の取り組み，小児看護36，pp.748-754，2013.

3）掛札逸美：乳幼児の事故予防　保育者のためのリスクマネジメント，pp.42-46，ぎょうせい，2012．

表15-1　年齢階級別に見た未成年の死因順位と人数

年　齢	第1位	第2位	第3位	第4位	第5位
0歳	先天奇形等 653人	呼吸障害等 281人	乳幼児突然死症候群 109人	不慮の事故 73人	出血性障害等 68名
1～4歳	先天奇形等 147人	不慮の事故 84人	悪性新生物 59人	心疾患 40名	肺炎 34人
5～9歳	悪性新生物 84人	不慮の事故 68人	先天奇形等 31人	肺炎 19人	その他の新生物・心疾患 16人
10～14歳	悪性新生物 95人	自殺 70人	不慮の事故 66人	先天奇形等 27人	心疾患 19名
15～19歳	自殺 429人	不慮の事故 305人	悪性新生物 120人	心疾患 45名	先天奇形等 26人

出典）厚生労働省：平成28年人口動態統計月報年計（概数）の概況より作表

2　リスクとハザードの実態

　ハザードは，日本語の「危なさ」と同義で，人の命，財産，環境などに悪影響を与える可能性のある「危険」を指す。就学前施設（幼稚園，保育所，認定こども園をいう）の環境で言えば，階段，プール，ある程度の高さのある遊具やぶらんこ等も，転落，溺水，衝突などの可能性があるハザードだと言える。

　リスクは，日常よく使う言葉だが，次のように定義されている。

リスク＝ハザードの深刻さ×そのハザードによって被害が起こる確率

　例えば，深刻なケガであっても，ハザードがうまく管理できており，起こる確率が低ければ，リスクは低くなる。逆に，軽いケガでもハザードに気がついていなかったり，コントロールができておらず，頻繁に起きているようであれば，そのリスクは高いことになる。ハザードを見つけて，対策を取ることが重要だと言える。以下の例から考えていきたい。

（1）睡眠中の窒息

4）寺町東子：保育・学校現場で起きる重大事故，第3回子どもの障害予防リーダー養成講座テキスト，Safe Kids Japan，pp.1-4，2018．

　0歳児，1歳児に多いのが睡眠中の窒息による死亡事例である。うつ伏せ寝によるものや，寝具やタオルケット等が鼻や口をふさいだために起きるもの，他児との折り重なりによる窒息などが報告されている。中でも保育所では，預け始めの時期に，午睡時に泣いてなかなか寝つけないので，うつ伏せ寝にして，寝入ったのでと目を離したすきに窒息死した例[4]）が報告されている。ま

た，1歳を過ぎたら，うつ伏せ寝にしても大丈夫という考えも広まっているが，体位の経験としては，成長度を見きわめてから行う必要がある。うつ伏せ寝の危険性について正しい認識をもつようにしておきたい。

（2）誤飲と誤嚥

　誤飲とは，有害なものや危険なものを誤って飲んでしまうことである。たとえば，食物アレルギーの特定7品目表示義務として，かに，たまご，そば，落花生，牛乳，えび，小麦粉がある。また，「中毒」を引き起こす毒物として，アルコール，鉛，薬物，ニコチン等がある。たばこでは，乳幼児による加熱式たばこの誤飲事故が報告されており，1歳前後の乳児に多い。また，国民生活センターによる加熱式たばこの調査によれば，すべての銘柄は子どもが誤飲しうる形状で，また，12銘柄中9銘柄は，子どもの口腔内（直径30 mm）に容易に収まるサイズであり，注意が必要な状況であった。また，薬の誤飲では，1歳では大人の薬の誤飲が多く，2歳では大人の薬と子どもの薬の誤飲が約半数ずつ，3歳では子どもの薬の誤飲が多くなる傾向にある。最近では，チャイルドレジスタンス容器（子どもが開けにくい工夫がされた容器）の製品も開発されていることを知っておきたい。その他，磁石やボタン型電池は，体内で消化管をふさいだり，化学反応が起きて穿孔の原因になったりするおそれがある。有毒なものの誤飲をした可能性があるときは，専門機関（日本中毒情報センター等）に相談の電話をかけ，正しい対応の参考にすることも検討したい[5]。

　誤嚥とは，食物などが誤って気管（気道）に入ってしまうことである。食物や吐物，唾液が入ることや，誤飲したもの（異物）が気管に入ることもある。むせたり，咳き込んだりすることがサインであり，窒息に直結する。窒息は，紐などでのどが締まる外的なものと，異物でのどに詰まる等の内的なものがあり，息ができなくなった状態を指す。のどに物が詰まった時のサインとして，急に声が出なくなる，ゼーゼー言って苦しそう，顔色が悪い，のどを押さえて苦しむ様子（チョークサイン）がある。子どもの口の大きさは直径約4 cm，のどの大きさは直径1 cm以下[6]と言われており，口に楽に入る大きさが，必ずしものどを通り抜けることはできないことを知っておく。誤嚥しやすいものも，食べさせ方の工夫で危険を回避することができる。例えば，ソーセージは輪切りではなく，縦に裂くように切ったり，ミニトマトやコンニャクゼリーは4分割など小さく切ったりして与えるとよい。豆類は，3歳以下の子どもには食べさせない。また，仰臥位（あお向け）や歩きながらものを食べさせない，小さな食べ物やおもちゃを放り投げて口で受けるような食べ方やあそびをさせない，車や飛行機の中で乾いた豆は食べさせない，食事中に乳幼児がびっくり

5）林 幸子：誤飲・誤嚥，第3回子どもの障害予防リーダー講座テキスト，Safe Kids Japan, pp.1-13, 2018.

6）政府インターネットテレビ：窒息事故から子どもを守る，2017. https://nettv.gov-online.go.jp/prg/prg16245.html

するようなことは避ける等，危険な食べ方を避けることも有効である。対策の例としては，危険なものを子どもの手の届かない場所に置くことがあるが，その際に子どもの体格（身長や腕の長さ等）を考慮するとよい。

（3）溺　れ

溺れ事故は，浴槽，プール，川，湖沼，海などで起きている。乳幼児は，身体の重心位置が高いため，少しでもバランスを崩すと容易に頭から水の中に落ちてしまう。浴槽での溺れ事故の予防は，そばから離れたり，少しでも目を離すと確実に子どもは溺れると考える（数分で死亡や障害を負うリスクが高い）。風呂場の残し湯をしない。風呂で首浮輪を使わない[7]ことである。プールでの溺れ事故の中でも重篤になりやすいのが，排水口での「吸い込まれ事故」である。水が吸い込まれる勢いに体がもっていかれるのがおもしろく，つい遊び半分で近づくと強い力で吸着・吸引され，水中から出られなくなるので非常に危険である。また，川や海などの流れがあったり，状況が急変しやすいところでは，コントロール不可能な強い力で流されるおそれがある。自動車に乗る際のチャイルドシートと同じ理由で，必ずライフジャケットを着用させる。

7）北村光司：溺れ，第3回子どもの障害予防リーダー講座テキスト，Safe Kids Japan, pp.1-8, 2018.

3　子どものケガを未然に防ぐ予測の重要性

幼児は，好奇心旺盛で興味や能力に応じて自ら環境に関わり，体験を通してその対象や教育的価値を学んでいる。その環境の中には危険も潜んでいるが，その危険の中に，リスクとハザードがある。

ハザードとは，重大事故につながる可能性があり，幼児が予測できない危険のことであるが，例えば，事故を誘発するような遊具の配置や遊具の腐食，ネジの緩みや消失など，幼児が安心して遊ぶことができるように，保育者が環境を設定していくことが大切である。つまり，保育者は常に点検を怠らず，事故を未然に防がねばならない。

一方，リスクとは挑戦によって起こる危険性のことを指すが，例えば，探検ごっこで木に登ったり，ゆらゆら揺れるロープを渡って忍者ごっこをしたりと，子どもたちは多少の危険を伴うあそびにおもしろさを感じ，意欲的に取り組もうとする。よって，リスクは，保育者や保護者が幼児のあそびを見守りながら，適切な配慮をしていくことで回避される。幼児は，小さなリスクを何度も体験し，「ヒヤリ・ハット」という事故に至らないでき事から事故を回避する能力を高め，あそびの中にある危険をコントロールしていく。

3 子どものケガを未然に防ぐ予測の重要性

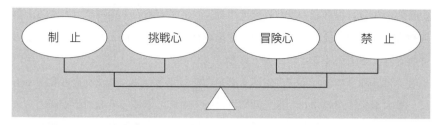

図15-1　幼児の挑戦心・冒険心と保育者の制止・禁止のバランス

　幼児の挑戦心や冒剣心を育んでいくためには，保育者の禁止や制止とのバランスを保っていかねばならない。また，保育者自身が危険を予知する能力，すなわち，リスクセンスを磨くためのトレーニングも必要である。これを，「危険予知トレーニング（K・Y・T）」という。子どもの体調や心情，人間関係などによっても，小さなリスクが大きな事故を引き起こすことにもなりかねない。保育者は，子どもの状態を見極め，子ども自身の判断で回避できるのかを把握していかねばならない。保育者は，幼児期の能力にあったリスクを残し，リスクとハザードのバランスを，いかに保育の中で捉えていくのかが大きな課題になっていく。

（1）交通安全指導

　交通安全指導では，視聴覚教材や模擬体験などを積極的に活用していく。就学前施設において，警察官や安全指導員などから，安全に対するルールやマナーについて学んでいくのも有効である。とくに，近隣への散歩や遠足などの園外保育においては，交通安全を生活と具体的に結びつけていく良い機会になる。横断の仕方，信号の待ち方などをわかりやすく理解できるよう，保育にも工夫が求められる。

　道路交通法に，幼児の歩行は保護者の付き添いが義務づけられているほど，交通安全は保護者の役割が大きい。子どもたちへの指導と合わせて，園だよりで周知したり，交通安全教室などへの参加を募ったりと，日頃から親子で交通ルールを守り，保護者に模範となるように，意識化を図ることも必要である。

（2）避難訓練

　避難訓練では，地震，火災，水害など，地域の実態に合わせた計画が必要になる。子どもの安全な避難指導においては，言語教示だけではなく，ビデオやスライド，絵本や紙芝居などを用いて視覚的にわかりやすく理解させていくことが大切である。訓練の実施にあたって，保育者同士が災害の種別などを共通に理解し，集団を迅速かつ安全に避難させる方法を実地訓練に併せていくこと

が必要になる。保育者の真剣な態度や行動が,子どもたちのモデルとなる。年間指導計画の中に位置づけ,保護者や地域社会,関係機関とも連携して,協力体制を確立していくことが重要である。

とくに,昨今では,不審者対応も必須になってきた。急速な社会変化とともに,重大な犯罪が急増し,緊急時にすばやく対応できるような対策が講じられている。不審者が侵入してきた場合には,近隣の協力を視野に入れた訓練をしておくことも大切である。一人ひとりの大切な命を預かっているという保育者の責務の下,様々な想定をして訓練を積み重ねていくことが求められている。

4 「ケガをしやすい子ども」への注意

安全管理や安全教育は,幼児期の発達特性を理解して進めていくことが必要である。多くの子どもの中には,事故をよく起こす「事故多発児」という子どもがいる。情緒の不安定な子どもや動作の鈍い子ども,発達障がい児などによくみられる。弱視や難聴の子どもも事故を起こしやすく,とくに保護者や保育者がそのことに気づいていない場合に事故が多くなり,子どもの疲れ過ぎや空腹時,家庭の不安定さも,間接的な事故の原因となる幼児期には,次のような発達特性がみられ,幼児の安全能力に関係している。

(1) 身体的な面

身体機能の発達が不十分で,身のこなしや物の操作もおぼつかない面がある。幼児は,頭部の占める割合が大きく,バランスを失い,転倒や転落しやすい。転倒では,手が出なかったり,片足でからだを支持できなかったりする。

(2) 知的な面

安全に対する知識や認識が不十分で,危険を予測する判断力が低い。さらに,自己中心性[*1]がみられ,興味や関心のある特定の部分が強調され,目の前のものも見えないことがある。

(3) 精神的な面

感情的機能が優位になる。大脳の抑制回路の形成が不十分のため,感情のコントロールができず,思いどおりにならないと混乱し,注意力が散漫になる。相手の状況に関係なく,感情をそのままに,からだごと表現してしまう。

*1 自己中心性
子どもは,自分と他人との関係を相対的に捉えて理解するのが難しく,自分の経験を中心として周囲のことを捉えようとする。自分に成立していることは他人にも成立しているという前提に立ち,周囲のものを認識しようとするからである。この性質を自己中心性という。このような自己中心性は,7~8歳にならなければ脱却していかないが,自分と他人,自分と事物,事物と事物の関係を学ぶ機会を多くし,幼児期に豊富な体験をさせることが大切である。

(4) 社会的な面

社会生活のルールや規範の理解や道徳性などが確立されていない。まだ言葉が概念化されておらず，自分の経験からイメージとして理解していくので，あそびの中でもトラブルになりやすい。

以上のように，幼児は夢中になると，動きもダイナミックになる。

頭部の大きな子どもは，着地の際にバランスを崩し，ケガをする可能性も高くなる。また，幼児の自己中心性により，気持ちが先行し，まわりが見えなくなってしまう。高さを低く設定しておく等，動きを制する場の設定や気持ちを落ち着かせる言葉がけ等，保育者の配慮が求められる。

5 ケガへの対応

(1) ケガをしたときの子どもへの対応

幼児は，ケガによる苦痛や処置に対する恐怖心を抱き，精神状態が不安定になりやすい。幼児のケガに遭遇したときは，ケガをした本人とまわりの子どもに対して，あわてないで，落ち着いた態度で対応することが大切である。

子どものそばに行ったら，まず深呼吸して自分を落ち着かせる。あわてずに子どもの様子を観察し，子どもの目線と同じ高さで，わかりやすい言葉で話しかけて安心させる。

処置が終わるまで，信頼できる大人が子どものそばから離れずにいることで，子どもは安心できる。ケガをした子どもの応急手当とともに，まわりの子どもたちへの対応が必要である。応援の人を呼ぶ場合は，まわりの子どもに依頼し，ケガをした子どものそばを離れないようにする。

(2) ケガの手当て

1) 外 傷

出血している場合は，傷口を清潔なガーゼかハンカチで覆い，強く圧迫する。出血部位は，心臓より高い位置にすると止血しやすくなる。傷口は，水道水で洗い流した後に絆創膏（ばんそうこう）を貼る。

消毒薬は，細菌の力を弱めたり，死滅させる作用があり，傷口からの細菌の侵入を防ぎ，感染を起こさない効果がある。一方，消毒薬は私たちの皮膚にも作用するため，健康な皮膚細胞の力を弱めてしまう。傷口は，水道水で洗い，汚れや細菌を洗い流した後に，絆創膏を貼り，傷口からの細菌の侵入を防ぐ。

洗浄した創面を絆創膏で覆うことで，湿潤環境を保ち，細胞修復因子の働きを助ける。創面の乾燥は，傷痕が残る要因になる。

私たちのからだが本来もっている，細胞を修復する力を最大限に生かすために，水道水による洗浄で，傷口の汚れや細菌を除去し，絆創膏を貼ることで，新たに細菌が侵入しないようにして感染を防ぎ，傷口を乾燥させずに細胞修復因子の働きを助けることが大切である[8]。

2）鼻出血

鼻出血時は，子どもを座らせて頸を前屈させ，鼻血が前に落ちるようにする。口で息をするように説明し，鼻翼部の付け根を鼻中隔に向かって強く押さえる。10分くらい押さえると止血する。血液が鼻から喉に流れ込んできたら，飲み込まずに吐き出すようにする。飲み込んだ血液の量が多いと，胃にたまって吐き気を誘発する。また，飲み込んだ血液は胃から腸に進む間に鉄分が酸化され，便の色が黒くなる。

止血後は，しばらく激しい運動を避け，強く鼻をかまない[9]。

3）つき指や捻挫，打撲

つき指や捻挫，打撲などの受傷直後は，RICE（ライス）で処置を行う。

- R（Rest）：安静にする
- I（Ice）：氷や氷嚢で冷やす
- C（Compress）：圧迫固定する
- E（Elevate）：損傷部位を（心臓より）挙上する

つき指は，引っ張ってはいけない。動かさないようにして，流水または氷水で絞ったタオルをあてて，3～4分おきにタオルを絞りなおして指を冷やす。痛みがひいてきて，腫れがひどくならないようなら，指に冷湿布を貼り，隣の指といっしょに包帯で巻いて固定する。指は軽く曲げたままで，指のカーブにそってガーゼやハンカチをたたんだものを当てて固定する。腫れが強くなったり，強い痛みが続くときは，病院を受診する。

足関節の痛みの場合は，座らせて，足先を挙げて，損傷部への血流を減らす。氷水やアイスパックで冷やすことにより，内出血を抑え，腫脹や疼痛（ズキズキした痛み）を軽減させる。心臓より挙上した位置にして安静にして様子をみる。腫れがひどくなる場合や，痛みが強く，持続する場合には骨折の可能性もあるので，整形外科を受診する[10]。

8）夏井 睦著：さらば消毒とガーゼ，春秋社，p.84，2006.

9）山本保博・黒川 顯 監訳：アトラス応急処置マニュアル原書第9版（増補版），南江堂，p.125，2014.

10）前掲書9），pp.140-141，2014.

4）頭部外傷と打撲

　頭皮には，皮膚の表面近くに多くの細い血管があり，小さな傷でも多くの出血がみられる。出血しているときは，清潔なガーゼかハンカチで傷口を覆い，圧迫止血する。止血した後に，濡らしたタオルやガーゼ等で傷口の汚れを除く。頭皮が腫れている場合は，冷たい水で絞ったタオルや氷水をビニールに入れて冷やす。

　頭部打撲後，顔色が悪い，吐き気や嘔吐がある，体動が少なく，ボーッとして名前を呼んでも反応がない，明らかな意識障害やけいれん等の症状は，頭蓋内の血管が切れて，血液が溜まり，脳を圧迫している徴候である（頭蓋内圧亢進症状）。すぐに，医療機関（できたら脳神経外科）を受診する。2～3日は，注意深く観察し，頭痛，吐き気，嘔吐，けいれん等の症状が発現したら，医療機関を受診する。

●演習課題

課題1：幼児はなぜ事故にあいやすいのか，発育・発達上の特徴からまとめてみよう。

課題2：固定遊具を使用したあそびにおいて，「リスク」と「ハザード」を具体的にあげてみよう。

課題3：実際に安全指導における教材をつくって，模擬保育を行ってみよう。

第15章　安全への配慮

コラム　徒歩通園の魅力

幼稚園が実践している保育者引率による集団通園の魅力について，実際に行っている子どもの保護者や保育者の感想も交えて紹介する。

●集団通園とは

保護者の引率による親子通園に対して，集団通園とは，教師の引率により，子どもが集団で通園する形の徒歩通園である。集団通園は，身体的な利点以外にも，先生や友だちといっしょに行動するので，お互いに守らなければならないルールや約束事が生じ，仲間意識や社会性が育まれるという特徴がある。

写真　集団通園風景

●徒歩通園を実践した感想

① 子どもの保護者
・体力もつくし，年上の子は，年下の子の手をつないで道路の端側に位置させ，年下の子を車から守ってあげることを覚えた。
・親といっしょだと甘えてしまい，なかなか歩かない小さな子どもでも，先生や友だちといっしょだと長く歩ける。歩くのが当たり前になってよい。
・毎日，しっかり歩くので，早く寝てくれる。生活リズムも整いやすくなって助かっている。
・親自身も集合場所にてコミュニケーションがとれるため，情報交換の場になっている。
・小学校まで距離があるが，幼稚園時代の徒歩通園のおかげで，重いランドセルを背負っての通学も，元気に行くことができている。

② 保育者
・子どもが，自分の住んでいる地域や交通ルールをよく知ることができる。
・歩くことで，田畑の農作物や動植物，季節や自然の変化を肌で感じることができる。さらに，友だちや先生といっしょに共感することができる。
・雨や風の日など，毎日，がんばって歩くことで，体力向上だけでなく，自信や忍耐力などの精神的な面も養うことができる。
・子どもが何より元気でいられると思う。

第16章 保育者の役割

領域「健康」における内容「進んで戸外で遊ぶこと」について，保育者がもつ重要な役割は，① 戸外でできるあそびの種類や方法の理解，② 発達に合わせた適度な挑戦の設定，③ 賞賛や励ましの言葉を子どもに伝えられること，④ 友だちや保育者などの身近な人の見本や目標にできる人や友だちがいることである。また，子どもの家庭状況の把握や，保護者へのきめ細かい援助とともに，保育者は，子どもにたくさん関わり，スキンシップを多くして，子どもが安定できるように配慮することが求められる。

1 子どもの育ちの理解

　母子間の身体接触が子どもに安定感をもたらすと言われている[1]。子どもは，新生児，乳児の頃から，たくさん抱っこやおんぶをしてもらい，スキンシップをたくさん経験することで，心は安定する。

　乳幼児にとって，心の安定は土台であり，心身の発育・発達になくてはならないものである。乳幼児の頃から情緒が安定している子どもは，いつも朗らかで意欲的であり，また，がまんすることができて，粘り強く何事にも挑戦できる子どもになる。したがって，家庭だけではなくて就学前施設（幼稚園，保育所，認定こども園をいう）でも，保育者（幼稚園教諭，保育士，保育教諭をいう）が子どもの心が安定するように子どもとスキンシップを十分にとって，子どもの気持ちに共感してあげながら，応えてあげることが大切である。また，保育者は，保護者と子どもの関わり方が適切であるか，日々の保護者対応や子どもの様子から確認し，保護者がうまく関われていないときは，保護者の悩みに，十分，耳を傾けたり，具体的に子どもへの関わり方を伝えたりする等，家庭支援に努めなければならない。

　新生児から3歳頃までは，抱き癖を気にせず，たくさん抱っこやおんぶをし

1）根ケ山光一：発達行動学の視座＜個＞の自律発達の人間科学的探究，金子書房，p.47，2009.

てあげながら、たくさん子どもに語りかけることが大切である。例として、新生児から1歳くらいまでの乳児期に、保育者が泣いている子どもに対し、「えんえん泣いちゃうの。泣かなくていいのよ。もう大丈夫。おしっこ出たから泣いているのかな。今おむつを替えてあげるから大丈夫よ。ほら気持ちよいでしょう」「おなかが空いたのね。いっしょにごはんを食べましょう」と、笑顔で抱っこをしてあげて、背中をさすってあげたり、穏やかに語りかけるようにしてあげたりすることが大切である。そうすることで、乳幼児は気持ちが安定するものである。

また、子どもにとって基本的生活習慣やより良い生活リズムの獲得は、心の安定や心身の健康の保持にもつながっていく。したがって、早寝早起きができるように、家庭に働きかけて、就学前施設で運動あそびを取り入れ、身体活動量を多くする等、園生活での工夫が大切である。

2　心の安定

（1）就学前施設での対応

新学期は保護者と離れて新生活になり、進級して環境が変わる等、子どもの情緒が不安定になることが多い。そのような子どもたちが、安心して園生活を送れるように努めなければならない。例をあげると、保護者との離れ際に抱っこをして子どもの気持ちや行動に寄り添うことが大切である。さらには、子どもの好きなあそびや安定するあそびを見つけ、子どもが落ちついて遊べるように環境設営をする。

また、入園当時だけでなく、保護者が忙しくなったときや妊娠したとき、単身赴任などで家庭の状況が変化したときにも、十分な配慮が必要である。常に子ども自身の状態と家庭の状況を把握して、一人ひとりの性格に合わせたきめ細かい配慮が必要である。

（2）愛着障がい児・虐待への対応

最近は、虐待まではいかないが、愛着障害の子どもを就学前施設でみることがしばしばある。子どもの様子の例として、保育者にいつもべったりとくっついてきて甘える、不安定で頻繁に泣く、攻撃的になる、保育者の注意をひくような行動（激しく泣く、なかなか泣き止まない、問題行動を繰り返す）をとることがみられる。このような子どもは、発達障害の症状と似ていて、見分けることが難しい。まず、家庭の状況をよく把握して、保護者と子どもの関わり方が適

切であるかを，よく見きわめる必要がある。保護者との愛着がうまくいっていない子どもを発見したら，保育者と子どもとの1対1の関係を大切にして，スキンシップを十分にとることが重要である。子どもの愛着は，保護者だけでなく，身近な保育者でも愛着関係を結ぶことができる。保育者が愛情をかけてあげていると，行動が落ち着いてきて安定することが多い。保護者にも，子どもの接し方や子どもの気持ちを代弁する等して，適切なアドバイスをしながら，保護者と子どもの良好な関係を保つように働きかけることが大切である。保護者の状態が落ちつくと，子どもの様子も落ち着いていく。

また，最近は，虐待やネグレクトの子も増えている。不適切な養育を受けている子どもが増えていて，虐待の事例・件数の増加が懸念される。子どもの傷や変化にも気をつけて，虐待が疑われるようなあざや気になることがあったら，保育者は子どもが受けている傷やあざを写真に撮り，記録を詳細に残しておくことが大切である。さらには，子ども家庭センターや児童相談所の体制を把握し，臆することなく相談することが必要不可欠である。

（3）保護者・家庭支援

「保護者の安定がなければ，子どもの心も安定しない」と言っても過言ではない。子どもの家庭状況やきょうだいの状況，保護者の就労状況などをよく把握して，保護者へのきめ細かい援助が必要である。親が多忙な時期に，子どもが不安定になることもある。そのことをさりげなく保護者に伝え，保育者が，忙しい保護者の代わりに，子どもとたくさん関わり，スキンシップを多くして，子どもが安定して活動できるように配慮することが必要である。

また，普段から親の悩みを親身に聴いたり，アドバイスをすることも保育者の役割の一つである。職場全体やチームで，保護者支援ができる体制を構築し，専門性にあった保護者支援を実施してもらいたい。例えば，病気のことは看護師が保護者の相談にのることや，行政サービスのことであったら，園長や主任が保護者の相談にのる等，それぞれの職員の職責や適性にあった援助をし合うことが効果的である。

3 子どもが自発的にからだを動かす機会を用意することの必要性

子どもが発育・発達し，自立する上で，大人とのかかわりや子ども同士のあそびの中から得られる「心の感動体験」をもつことを重視していきたいと考える。

第16章　保育者の役割

しかし，少子化，核家族化が進行し，集団の中で培われる社会性の欠如や小さい子どもや体力的に劣っている友だちを助けたりする機会の減少など，あそびから得られる様々な経験の機会が失われてきていることが考えられる。

また，都市化や高度情報化の進展により，子どもの生活の中から，あそび空間，あそび時間，あそび仲間という３つの間（サンマ）が少なくなる一方で，テレビゲームやインターネット等の室内あそびや個のあそびが増え，人と関わる機会や運動量を増やし，体力をつける機会が減っていることが危惧される。

さらに，核家族化の進行や地域とのつながりの希薄化などを背景に，わが子とどのように関わっていけばよいかがわからず，悩み，孤立感を募らせ，情緒が不安定になっている保護者の存在も見逃せない。その上，人間関係の希薄化や公園に不審者がいることを心配するとともに，地域社会の大人が地域の子どもの育ちに関心を払う機会が失われていると言えよう。

「生活習慣とそのリズム」を整えるためには，休養（睡眠）・栄養（食事）・運動（外あそび）の３つの要素[2]が重要である。しかし，就学前施設に通う幼児は帰宅後に外あそび時間を確保することは難しいため，就学前施設内の生活時間内に外あそびの充実を図り，夜には心地よく，自然に疲れて就寝時刻を早め，十分な睡眠時間を確保し，翌朝から元気に活動できる環境づくりの重要性を，社会全体で考えていく必要があるのではないだろうか。

前橋[3]によると，かつては，就学前施設や学校で教えなくても，地域のガキ大将があそびを子どもたちに自然に教え，見せて学習させていた。今は，異年齢での活動も少なくなり，ガキ大将や年長児不在のあそびが多いという。つまり，あそびの継承がなされていないのである。また，室内あそびや携帯ゲームの普及により，静的なあそびも多くなってきている。今一度，就学前施設でのあそびを見直し，外でからだを動かして遊ぶことの重要性や必要性を確認するとともに，昔から行っている外でできる伝承あそびや運動あそびの良さを見直し，幼児が自発的にからだを動かす機会を作っていきたいものである。

さらに，子どもたちに運動あそびの楽しさを教えることができる保育者の存在自体が，社会から求められているのではないだろうか。

4　保護者と子どもへの靴指導

保護者の育児知識の基盤は家庭科教育である。衣食住や保育については義務教育で学ぶが，靴は家庭科でも体育でも教育されないため知識がない。そのため，靴はデザインやイメージを優先して選ばれる。これからの保育者は，本書の靴教育の項〔第３章７（p.48），第10章７（p.110），第12章７（p.133）〕をもとに

2）佐野祥平・松尾瑞穂・前橋明：幼稚園幼児の生活要因相互の関連性とその課題-2010年の幼稚園児を対象としての分析-，運動・健康教育研究20（１），pp.19-23，2012．

3）日本幼児体育学会編：幼児体育　専門，大学教育出版，pp.3-4，2009．

基礎知識（靴の特性と使い方，教え方）を習得して，積極的に保護者啓発をしてほしい。

　靴に関する保護者の質問は，0歳児が最も多く[4]「いつから靴を履かせればよいですか？」，「どんな靴を選んだらよいですか？」，「何センチの靴を買えばよいですか？」等，多くの保護者は靴選びの知識がなく悩んでいる。成長のスタート時期から，就学前施設でも子どもの成長のために必要不可欠な靴の基礎情報を，保護者に向けてどんどん伝える必要がある。ブランド名に頼らず，靴の機能性を見きわめられる基礎知識を保護者に伝え，保育者との共通理解を得ておくことが肝要である。

4）吉村眞由美：行政機関が子育て支援活動の一環として行う靴教育-0.1.2歳保護者向け教育の必要性と意義-，靴の医学31（1），p.85，2017．

（1）足を測ることで子どもの足を守る

　靴のサイズ選びは大人もよくわからない事項の筆頭であり，子どもの靴のサイズになれば，なおさら適当に行ってしまいがちだが，それではいけない。図16-1は，公立保育所看護師が作成し，保護者に渡している「足カルテ」の例[5]である。看護師の報告では，保健だよりに靴選びやサイズ選びについて書いて配布しても，学習会を開いて話を聞かせても，今一つ自分のこととして捉えられない保護者の姿があったそうだ。そこで，足型測定器で在園児一人ひとりの足を測定し，上履きと外履きのサイズを調べ，子ども本人に靴の着用感を聞きとり，看護師からの一言アドバイスを添えて，各家庭に渡したところ，保護者は驚き，なかでも靴の交換を勧めたすべての家庭で，一両日中に靴を買い替えたそうである。足の測定は靴選びの基本なので，園に簡易足型測定器（写真16-1）を備えて，身体測定のついでに足の成長を記録すれば，今の靴がまだ大丈夫かという確認に使うこともできるし，保護者の足サイズの測定にも活用できる。

5）朝日新聞：子どもの靴，足に合ってる？2017年6月22日朝刊生活暮らし欄，朝日新聞，2017．

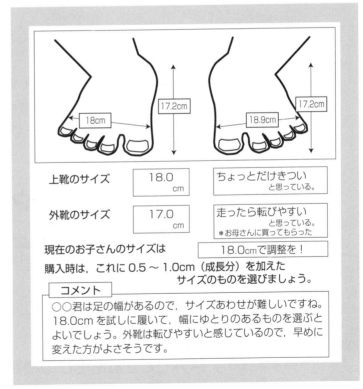

図16-1　保育所看護師作成の足カルテ

第16章　保育者の役割

写真16-1　簡易足型測定器

（2）子どもへの指導は足感覚の刷り込みを重視

　靴は正しい手順で履かなければ，靴の機能性は生かされず，足の前ずれが原因の筋緊張が起きる。不快感を伴う疲労を生んだり，靴がぐらついて転倒やねんざの原因となったり，足指や爪が靴先に押し込められて指先のトラブルを生む等，リスクとなりかねない。また，正しい履き方（p.50，第3章7（3）参照）を習慣化することで，上記のリスクが軽減でき，図16-2のような効果が期待できる。正しい履き方で得られる快適な足感覚は，運動する心地良さにつながるものであり，簡単な手順ですぐに実感できる技術なので，まだ自分で靴が履けない1歳児期から，自分で靴を履こうとする2歳，不完全ながら一連の履き方を習得する3歳，徐々に技術が向上する4歳，正確な動作が手早く

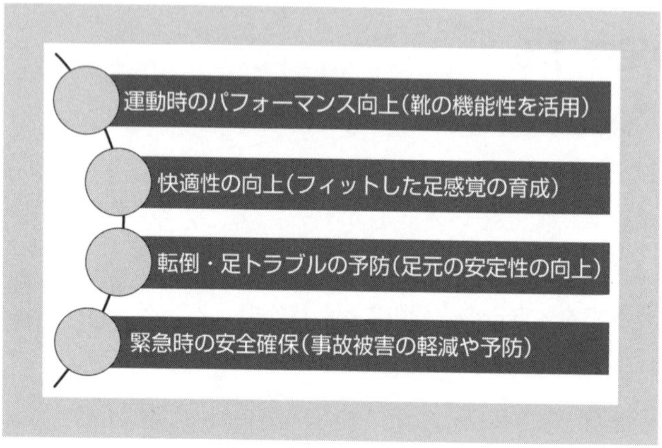

図16-2　履き方教育で得られる効果

- 運動時のパフォーマンス向上（靴の機能性を活用）
- 快適性の向上（フィットした足感覚の育成）
- 転倒・足トラブルの予防（足元の安定性の向上）
- 緊急時の安全確保（事故被害の軽減や予防）

行えるようになる5歳と，段階を踏んで指導をする。靴の履き方教育は即効性のある健康教育であり，安全教育でもあるので，とくに長時間・長距離の活動の前には，正しい履き方と脱ぎ方の技術指導を行いたい。この技術は小学校以降の生活で大いに役立つ。

5　戸外に興味や関心が向くような環境構成

　園庭や公園などの戸外環境で楽しく遊ぶ活動は，室内と違って開放感があり，自然に触れ，季節や気象現象を感じ，運動的なあそびが展開されやすい。そこで，領域「健康」における内容「進んで戸外で遊ぶ」ことについて，保育者がもつ重要な役割を4つあげる。

（1）戸外でできるあそびの種類や方法を理解する

　領域「健康」の保育内容には，「いろいろな遊びの中で十分に体を動かす」[6]

6）厚生労働省：保育所保育指針，〔第2章3（2）ア（イ）②〕，2017.
　文部科学省：幼稚園教育要領，〔第2章2（2）〕，2017.

5 戸外に興味や関心が向くような環境構成

とある。いろいろなあそびの中でも，戸外あそびは動きが多様で身体活動量が増加し，思考力，集中力などの発達が期待できる。保育者は，身近な園庭から近くの公園などの戸外で展開される"いろいろなあそびを意図的に働きかける"ことが求められる。表16-1に，戸外あそびの種類について示した。これらの遊具や自然を利用してあそびが単調にならないように組み合わせて，からだを動かす楽しさにつながるように積極的に働きかけることが重要である。

表16-1　戸外あそびの種類

戸外あそび	具体的なあそび
遊具を使用しないあそび	鬼ごっこ，かけっこ，散歩など
固定遊具あそび	総合遊具，ジャングルジム，ぶらんこ，うんてい，すべり台，鉄棒など
簡単な遊具を使ったあそび	ボール，フープ，なわとび，三輪車，ぽっくり等
自然を利用したあそび	草花あそび，生き物採取，雪あそび，沢あそび等

（2）発達に合わせた適度な挑戦を設定する

子どもが戸外あそびに夢中になるには，挑戦してみたいと思うワクワク，ドキドキするような活動であることや，子どもの発達に合わせた課題を設定していくことが重要である。

人が夢中になる心の状態を「フロー」と呼んでいる。

図16-3は，フロー状態が課題レベルと能力レベルのバランスであることを示している。子どもにとって挑戦する課題よりも能力が低いと，難しすぎて心配，不安な状態になり，挑戦する課題よりも能力が高いと，簡単すぎて退屈な状態になる。したがって，保育者は子どもが達成できそうな課題を提示しながら，継続的な挑戦を課していく援助の工夫が必要である。

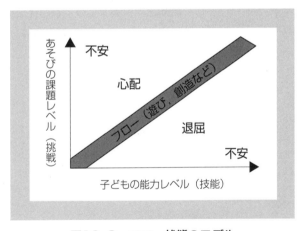

図16-3　フロー状態のモデル
出典）チクセント ミハイ著，今村浩明訳：楽しみの社会学，思索社，2003の第1図（p.86）を参考に著者が作成．

（3）賞賛や励ましの言葉を子どもに伝える

子どもの挑戦には，成功や失敗はつきものである。保育者は子どもが目標に向けて挑戦したり，努力をしたり，上手にできたことには「がんばってるね」，

できなかったことには「次はこうするといいよ」,「もう一度してみよう」と,アドバイスや励ましの言葉をかけ,できるだけ「どこが」,「なにが」よいのかを具体的にほめることが意欲を引き出すきっかけとなる。さらに,子どもたちの目の前で起こったでき事を他の子どもたちや保育者に共有されるように働きかけ,努力や頑張りを保育者がしっかり見ているという安心感の中で「応援」し,「評価」されている実感を得られるようしていくことが大切である。

（4）友だちや保育者などの見本や目標にできる人がいる

子どもの模倣あそびは1歳半頃からみられ,保護者の動作やしぐさを真似ることから他者の気持ちや心の状態を感じとって模倣することまでできるようになる。戸外で楽しそうに遊んでいる人を見ると,心とからだに伝播して同じようにしてみたくなるのである。

つまり,身近な人がきっかけとなり,戸外環境へ主体的に取り組む姿勢が育まれる。そこでも,保育者は子どもと戸外環境をつなげるかけはしとなって言葉をかけ,率先して戸外へでて遊ぶモデルとなる意識をもつことが重要である。

●演習課題

課題1：子どもの心の安定にとって,大切なことは何か。
課題2：保護者との信頼関係を築くことで,大切なことは何か。
課題3：不適切な養育が疑われたら,どのような対応をしたらよいか。

第17章 食育

　授乳期・離乳期には、「安心と安らぎの中で食べる意欲の基礎づくり」を目指したい。また、幼児期には、「食べる意欲を大切に、食の体験を広げること」を目指し、① おなかがすくリズムがもてる、② 食べたいもの、好きなものが増える、③ 家族や仲間といっしょに食べる楽しさを味わう、④ 栽培、収穫、調理を通して、食べ物にふれる、⑤ 食べ物やからだのことを話題にする、という機会をつくり、食べる力を育んでいきたい。

1　食育の背景

　食べることは、生きていくために欠かせない。そして、人間は、空腹を満たすだけでなく、毎日の食事で健康なからだを作るとともに、心も豊かに生きているのである。しかしながら、いつ、どこで、誰と、何を、どのように食べるのかは、各個人にゆだねられており、食生活の変化に伴い、食をめぐる様々な問題が明らかとなってきた。例えば、肥満や不健康なやせ、朝食の欠食や生活の夜型化、栄養の偏りによる生活習慣病の増加などである。また、食の外部化や簡便化が進み、手軽に食べ物が手に入る一方で、食材の旬や料理、食文化への意識も低下している。そして、コ食[*1]の問題も浮上し、本来、心の栄養にもなるべき食事が心身の健康にネガティブな影響を及ぼしているのである。わが国の食料自給率は4割程度と低く、輸入に頼る一方で、食材の廃棄（食品ロス）が多く、貧困格差も問題となっている[1]。食べることは生きる基本であり、食べることの本質を、社会全体で見直さなければいけない時代である。

　このような背景を踏まえ、国民の健全な食生活に関する取り組みを総合的かつ計画的に実践するために、食育基本法[*2]が制定された。法律の中で、「食育は生きる上での基本であって、教育の三本柱である知育、徳育および体育の基礎となるべきもの」と位置づけるとともに、様々な経験を通して、「食」に関

*1　**様々なコ食**
　孤食：1人で食事をすること。
　個食：個々が好きなものを食べること。
　子食：子どもだけで食べること。
　固食：同じものばかり食べること。
　粉食：パンや麺などの粉から作られた物ばかり食べること。
　小食：食事の量が少ないこと。

1）農林水産省：我が国の食生活の現状と食育の推進について, 2016.

*2　**食育基本法**
　2005（平成17）年7月施行。

第17章 食育

する知識と「食」を選択する力を習得し，健全な食生活を実践することができる人間を育てるように示されている。そして，国や地方自治体のもと，家庭，園，学校，地域が一丸となって，食育を進めるため，2016～2020年は第3次食育推進基本計画*3に基づき取り組みが行われている。

食育とは，単に食べる場だけでなく，図17-1に示すように，「生産から食卓まで（食べ物の循環）」，子どもから高齢者といった「生涯にわたる食の営み」「地域とのつながり」，「豊かな自然や文化などの環境」，といった環の中で総合的に行われるものであり，この中で一人ひとりが生涯にわたって大切な心とからだを育むとともに，これらを次の世代につなげていくことが大切である。

乳幼児期は一生の土台を培う時期であり，幼稚園教育要領（以下，教育要領）[2]や保育所保育指針（以下，保育指針）[3]，幼保連携型認定こども園教育・保育要領（以下，教育・保育要領）[4]において，2008（平成20）年から食育の視点が盛り込まれた。2017（平成29）年告示の各要領・指針においても食育の充実が示されている。

食育とは，養護の側面にも教育の側面にもすべて関連する事柄であり，子どもの育ちを食の視点からも捉え，各施設の全体計画に基づいて食育計画を作成し，その評価改善に努めることが求められている。また，地域の関係者や保護者と連携しながら食育の発信拠点として各施設が果たす役割も大きい。

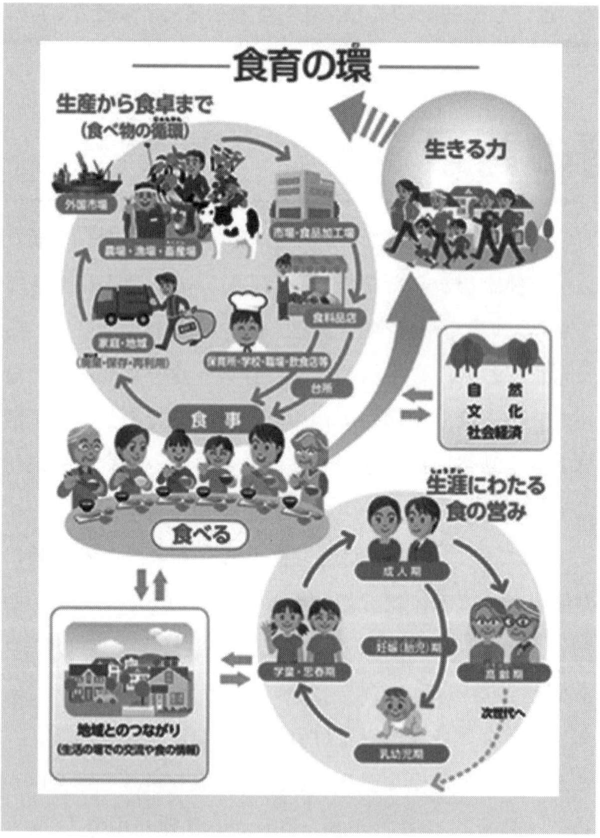

*3 **食育推進基本計画**
第3次計画の重点項目
①若い世代を中心とした食育の推進
②多様な暮らしに対応した食育の推進
③健康寿命の延伸につながる食育の推進
④食の循環や環境を意識した食育の推進
⑤食文化の伝承に向けた食育の推進

2）文部科学省：幼稚園教育要領，〔第2章 健康〕，2017.

3）厚生労働省：保育所保育指針（以下，保育指針）：〔第2章 健康，第3章 2〕，2017.

4）内閣府，文部科学省，厚生労働省：幼保連携型認定こども園教育・保育要領（以下，教育・保育要領）：〔第2章 健康，第3章 第2〕，2017.

図17-1 食育の環
出典）政府広報オンライン
http://www.gov-online.go.jp/useful/article/201605/3.html.

2 食を営む力の育成に向けて

食育を進めていくにあたり，具体的に何をしていけばよいのであろうか。

食の営みは，生涯にわたって続くものであり，幼少時から，様々な食べる力が相互に関連しながら積み上げられていくものである。そのため，発育・発達過程に応じて育てたい食べる力（表17-1）という形で各時期に身につけたい目標が示されている[5]。食事を楽しいと思っている子どもは，心身の健康状態が良いことを踏まえ[6]，最終的に"楽しく食べる子ども"になることを目指しているのである。

乳幼児期は，食を営む力の基礎づくりの時期であり，保育指針[7]には，健康な生活の基本としての「食を営む力」の育成にむけ，その基礎を培うことが食育の目標と示されている。そして，子どもが生活とあそびの中で，意欲をもって食に関わる体験を積み重ね，食べることを楽しみ，食事を楽しみ合う子どもに成長していくことが示されている。

表17-1　発育・発達過程に応じて育てたい"食べる力"

授乳期・離乳期　～安心と安らぎの中で食べる意欲の基礎づくり～
1. 安心と安らぎの中で，母乳（ミルク）を飲む心地よさを味わう 2. いろいろな食べ物を見て，触って，味わって，自分で進んで食べようとする
幼児期　～食べる意欲を大切に，食の体験を広げよう～
1. おなかがすくリズムがもてる 2. 食べたいもの，好きなものが増える 3. 家族や仲間といっしょに食べる楽しさを味わう 4. 栽培，収穫，調理を通して，食べ物にふれはじめる 5. 食べ物やからだのことを話題にする
学童期　～食の体験を深め，食の世界を広げよう～
1. 1日3回の食事や間食のリズムがもてる 2. 食事のバランスや適量がわかる 3. 家族や仲間といっしょに食事づくりや準備を楽しむ 4. 自然と食べ物との関わり，地域と食べ物との関わりに関心をもつ 5. 自分の食生活を振り返り，評価し，改善できる
思春期　～自分らしい食生活を実現し，健やかな食文化の担い手になろう～
1. 食べたい食事のイメージを描き，それを実現できる 2. いっしょに食べる人を気遣い，楽しく食べることができる 3. 食料の生産・流通から食卓までのプロセスがわかる 4. 自分のからだの成長や体調の変化を知り，自分のからだを大切にできる 5. 食に関わる活動を計画したり，積極的に参加したりすることができる

出典）厚生労働省：楽しく食べる子どもに-食からはじまる健やかガイド，2004.

---

5) 厚生労働省：楽しく食べる子どもに-食からはじまる健やかガイド，2004.

6) 足立己幸：平成14年度児童環境づくり等総合研究事業報告書「地域で支える児童参加型食育プログラムに関する報告書」，p.7-17, 2003.

7) 保育指針，〔第3章 2（1）ア〕，2017.
　教育・保育要領，〔第3章 第2 1〕，2017.

（1）食を営む力の基礎とは

保育所における食育に関する指針[8]に，図17-2に示す「5つの子ども像」が，日々の生活の中でみられることが，食を育む力の基礎として示されている。そして，期待する子ども像の実現に向けて，5領域と関連づけできるように食育5項目[*4]が設けられ，食育のねらいと内容が示されている[9]。これらを参考にしながら，目の前の子どもが今どの状況なのかを観察・把握し，保育者（幼稚園教諭，保育士，保育教諭をいう）・教育者として何をすべきか，育てたい力を整理し，食育を進めることが大切である。

8）厚生労働省：楽しく食べる子どもに〜保育所における食育に関する指針，2004.

*4 食育5項目
子どもの食を営む力の基礎を培うために必要な経験の内容を，以下5つの観点から考える。
①食と健康（食を通して，健康な心とからだを育て，自ら健康で安全な生活を作り出す力を養う）。
②食と人間関係（食を通して，他の人々と親しみ支え合うために，自立心を育て，人と関わる力を養う）。
③食と文化（食を通して，人々が築き継承してきた様々な文化を理解し作り出す力を養う）。
④いのちの育ちと食（食を通して，自らも含めたすべてのいのちを大切にする心を養う）。
⑤料理と食（食を通して素材に目をむけ，素材に関わり，素材を調理することに関心をもつ力を養う）。

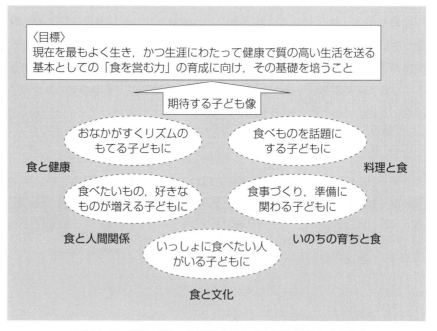

図17-2 「保育所における食育に関する指針」の目標
出典）内閣府：2008年度食育白書，2008.

（2）5つの子ども像とは

1）おなかがすくリズムのもてる子

空腹とは，体内のグルコース濃度が低下した状態であり，脳にその情報が伝わるとおなかがすいたと感じ，食事によりグルコースが供給されると満腹感を感じる。食事時間に体内のグルコースが十分低下していなければ，空腹感を感じにくいものである。食事時間におなかがすいている状態を作るには，毎日の食事時間に規則性をもたせ，からだを動かして，たくさん遊んでおなかをすかせるというメリハリが大切である。生活リズムが形成されていく乳幼児期に，

9）厚生労働省：楽しく食べる子どもに〜保育所における食育に関する指針〜（概要），2004.
http://www.mhlw.go.jp/shingi/2007/06/dl/s0604-2k.pdf

空腹を感じて心地よく満たされることを繰り返すことで，心もからだも安定し，見通しをもちながら他の活動に集中して取り組むことにつながる。空腹感を感じて食べる食事は，おいしい食事につながる。おなかをすかせて朝食を摂取し，1日をスタートするというリズムを習慣化したい。

2）食べたいもの，好きなものが増える子ども

食べるか否かを決めるのは最終的には本人の意思である。食べたいという気持ちは，空腹感だけでなく，五感からの情報やその場の雰囲気など，多くの事柄に影響される（図17-3）。大人は，健康によい，高級などの情報に左右される部分も多いが，子どもは五感や自分が調理した，栽培した等，感覚的な部分が大きく影響する。食の経験を広げる乳幼児期は，はじめて口にする食べ物に対して恐怖心を抱く一方で好奇心ももっている[*5, 10)]。そして，食べた結果が心地よいと，また食べたいと思うのである。食べ物を好きになるには，経験が必要であり，嫌いなものをなくすのではなく，好きなものを増やしていける環境が大切である。子どもの食行動の特性[*6, 11)]を知りながら，好奇心の多い，子どもの時期に，安心感を土台に食に対するプラスイメージを積み重ねることが大切である。

*5
①食物新奇性恐怖：食べたことのない食物の摂取を躊躇し摂取回避する行動傾向。
②食物新奇性志向：食べたことのない食物を積極的に食べようとする行動傾向。

10）今田純雄編集：食べることの心理学，有斐閣，p.68，2005．

*6 食行動の特性
①本能的に，苦味や酸味は嫌う傾向がある。
②観察や模倣により経験を広げていく。
③良い印象から悪印象への推移は素早く起こるがその逆は時間がかかる。
④食べ物を見ているだけでは嗜好は上がらず口にすることが大切である。
⑤食物を好きになるためには自発的に食べるという経験回数が重要である。

11）前掲書10），pp.64-91，pp.112-128，2005．

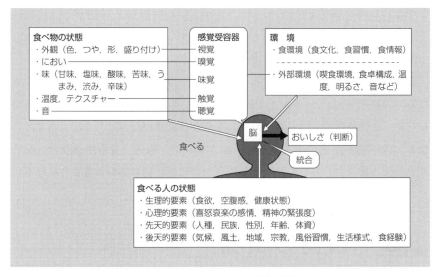

図17-3　おいしさに影響する要因
出典）池本真二・稲山貴代編：食事と健康の科学-食べること〈食育〉を考える，建帛社，p.104，2006．

3）いっしょに食べたい人がいる子ども

人は，誰かといっしょに食事をすることでおいしさを共有したり，心を和ませたりするものである。現在は，コ食（p.171）が問題となっているが，このよ

うな食事が当たり前になると，栄養の偏りや欠食の問題だけでなく，精神的な不安定やコミュニケーション能力の低下など，深刻な問題をもたらすことになる。共食はその場に集う人たちの情報交換や相談の場，相手の気持ちを理解する場としても機能し，これが日常的に行われることは人間にとって精神的な安心感に加え，生活意欲や食事の質の向上をもたらすこととなる。思春期になり，心の葛藤が食の場面に出るときもあり，幼少期から食を通して心の交流を図り，自分の居場所を感じることも大切である。いっしょに食べると楽しいという経験をしている子どもは，また誰かといっしょに食べたいと思うものである。

4）食事づくり，準備に関わる子ども

私たちが口にする食べ物は，一体，誰が作ってくれるものであろうか。子どもは，1人で食事のすべてを整えることはできないが，成長とともに，自分で食べ物を選択し，食事を作る立場になっていく。幼児期から，食事づくりや準備が身近で当たり前になっていると，将来も自主的に食を営めるようになるとともに，食の大切さに気づけるのである。そして，食事づくりに関わることで，五感からたくさんの情報が入るとともに，下準備や配膳を通して「ありがとう，助かった」と言われることは，自分の役割や存在を確認することにもつながる。

5）食べものを話題にする子ども

食べることは，誰にも共通することであり，コミュニケーションの媒体にもなる。「おいしいね」，「トマトが赤く色づいてきたよ」，「今日のごはんは何かな」等，生活の中で食の話題が身近になると，食事が待ち遠しく思えるようになる。食べ物が話題になる場面は，絵本や栽培，収穫，食事準備など，幅広く，季節の移り変わりを感じながら毎日の食に積極的に関われるようになるのである。

3　食育の環境[12]

12）保育指針，〔第3章 2（2）〕，2017.
教育・保育要領，〔第3章 第2 4～6〕，2017.

食育の環境とは，食事の時間だけではなく，人・物・場（自然や社会の現象・出来事）が相互に関連し合って作られる保育環境そのものでもある。就学前施設（保育所，幼稚園，認定こども園をいう）によって昼食形態や生活に違いはあるが，その就学前施設の状況に応じて，全体計画に基づき食育を進めていく必要がある。そして，物的環境がいくら恵まれていたとしても，その場を構成する職員が共通認識をもたなければ，環境としてうまく機能しない。職員間でコ

ミュニケーションを図りながら，それぞれの立場で何ができるのかを整理するとともに，子どもの育ちや周囲のかかわりを評価しながら修正（調整）していくことも大切である。環境構成の際に大切にしたい事柄を，以下に示す。

（1）命を大切にする気持ちや感謝の気持ちを育む環境づくり

　私たちのからだは，食べ物でできており，毎日，多くの動植物などの命をからだにとり入れることで生きていける。そして，これらの食べ物は，栽培，調理，加工といった多くの人の手が加わることで成り立っているものである。保育指針には，自然の恵みとしての食材や食の循環・環境への意識，調理する人への感謝の気持ちが育つようにと明記されている[13]が，目の前の料理を食べるだけでは，食材の命を想像することも，感謝の気持ち[*7]も，食べ物を大切にする心も生じにくい。

　幼児期において，自然のもつ意味は大きく，その美しさ，不思議さ，恵み等に直接ふれる体験を通して，いのちの大切さに気づく[14]。栽培や収穫を通して，食べ物が太陽の光や土や雨といった自然の力で育つ恵み（＝命）であると気づき，それを食べることで自分の命までつながっていると感じとれるのである。そして，作る場を目にしたり，共有することで，目の前の料理から，その前の食材の姿，調理する人，産地の人などを感じるようになる。

　そして，子どもにとって，自分のからだは，大きくなったり，うんちが出るなど身近な存在である。身体測定の後や，大きくなりたい，早く走りたい等の気持ちを抱いているときに，タイミングよく，食べ物とからだとのつながりや生活とのつながりを感じとれると，自分のからだに目を向けやすいのである。子どもたちの興味に沿う形で，絵本[15]やエプロンシアター等，見てイメージできる教材を活用するのも一つである[*8]。また，畑で虫を見つけた際に，他の生き物も同じように食べて生きているのだと感じること[*9]は，自分や他者，すべての物を大切にする気持ちにつながる。給食の食材を3色[*10]に分けて，栄養バランスを理解するのも一つの方法ではあるが，分類できることが目標ではなく，いろいろな食べ物から元気をもらっているのだと感じとれる環境が，幼少期には大切である。

（2）人と関わる力が育まれる環境

　乳幼児期は安心を土台に安定した人との関わりに広がりをみせていく時期であり，誰かと食事をしたり，調理をしたり，行事や地域の食文化にふれる中で，自分の気持ちを表現したり，人の想いを感じたり，ともに食べる喜びや誰

13）保育指針，〔第3章　2（2）ア〕，2017.
　教育・保育要領，〔第3章　第2　4〕，2017.

*7 「いただきます・ごちそうさま」の意味
　一つは食材の命をいただくことに対する感謝，もう一つは食事を整えてくれた人たちへの感謝である。

14）保育指針，〔第2章　ウ　（ウ）②，③〕，2017.

15）田中一雄監修：ほねはどうしてかたいの，金の星社，1994.

*8 カタツムリは，食べた物によってうんちの色が変わる。このような事象からも自分のからだと関連づけることもできる。

*9 カマキリとバッタを同じ空間で飼育すると，バッタは草を食べるが，カマキリはバッタを食べる。

*10　3色の食材
赤：体を作る食べ物
黄：力になる食べ物
緑：調子を整える食べ物

第17章 食 育

かのために役立つ喜びを感じるものである。調理体験は，ただ単に自分でできたという感覚だけでなく，みんなで協力してできたという喜びや，誰かのために作る喜びを感じることでもある[*11]。そして，保護者や地域の関係者と協力することで新たな関わりも育まれ，豊かな食育につながる[16]。食を通して日常的な連帯ができるような環境づくりも，その地域で育つ子どもを見守る上で大切である。

（3）楽しい食事を意識しながら，一人ひとりの子どもの育ちを促す環境

食べることを楽しみ，食事を楽しみ合う子どもを目指す[17]ことが保育指針に掲げられているが，表面的な楽しさだけでなく，一人ひとりの内面の育ちにも目を向けながら，主体的に食に関わっていけるような環境作りも大切である。

まず，食事時間を待ち遠しく思うには，食事の時間に空腹を感じていることが大切である。そのため，午前の活動や，家庭の生活リズムを見直すことも大切である。そして，調理風景が見えたり，においを感じたり，献立がわかることで，食事への期待も膨らむのである。また，食事の際に，テーブルや椅子，食具が個人に適し，時間にゆとりをもたせて食事をさせることも大切である。食事の所要時間や食事量には個人差もあるため，食べられる量を伝えたり，調整したりしながら，食べきれたという経験を積み重ねることは，楽しい食事につながる。

そして，子どもたちが，今，話題としていることを周囲が把握しながら，行事食の話をしたり，食べ物の絵本を読んだりすることで，ワクワクした気持ちで食に向かえるのである。食物アレルギーのある子は，他の子と異なるものを食べたり，少し離れて食事をすることもある。その際は，安全を確保しつつも，子どもの気持ちに寄り添いながら，安心して，楽しい食事をとれるように専門家と協力しながら環境を整えていくことも大切[18],[*12]である[*13]。

4 子育て支援

食の基本は家庭であり，就学前施設の食育が家庭と切り離されたり，就学前施設で行っているからと家庭の意識や関心が希薄になるようでは，効果的な取り組みとは言えない。そのため，保護者の想いには耳を傾けながら，将来をみすえつつ今を，支援していくことが大切である。また，地域の子育て施設として各専門家の果たす役割も大きい。同じ月齢の子と食事をする場を設ける等，悩みを気軽に相談できる場をつくることで，その地域で安心して子育てできる

[*11] 年齢によって満足感や達成感も異なるため，扱う食材や体験内容をうまく設定する。食材を扱う際には安全面や衛生面に十分注意する。

16) 保育指針，〔第3章 2（2）イ〕，2017．
教育・保育要領，〔第3章 第2 5〕，2017．

17) 保育指針，〔第3章 2（1）イ〕，2017．
教育・保育要領，〔第3章 第2 2〕，2017．

18) 保育指針，〔第3章 2（2）ウ〕，2017．

[*12] 担任不在時や行事，土曜保育，おかわり時などに事故は起こりやすい。情報は全職員で共有し，献立チェックは複数で行う。わかりやすい献立名や食器にする等の工夫も必要である。誤食が起こったとき，どのように対応するかを普段から全体で確認しておくことが大切である。

[*13] 研修に積極的に参加し，最新の治療法や考え方を知っておくことも大切である。

（1）食に関する相談や援助

　好き嫌いや落ち着いて食べない等，食に関する事柄が子育ての悩みになっていることも多い[*14]。そのため，保護者が保育者に気軽に相談しやすい雰囲気づくり[*15]をしながら，悩みを共有するとともに，子どもの就学前施設での様子や変化をていねいに伝え，小さな成長をともに喜び，子育てへの自信や意欲につなげることが大切である[*16]。相談内容によっては，専門家につなげたり，フードバンク等，地域の資源を紹介したりして，生活を整えることも大切である。保護者の都合が優先されているような場合は，責める形ではなく，保護者の抱えている問題に共感しつつ，子どもの食への配慮を求めるというような関わりが求められる。

（2）行事の機会を生かした支援

　参観日や懇談会・行事などの機会を利用して，就学前施設の食育に対する想いを伝えたり，保護者同士で素直に話せる雰囲気づくりをすることも大切である。交流する中で困っていることに共感したり，成功例を聞いてヒントを得る等，自分の子育てを見直すきっかけにもなる。また，給食試食会や親子クッキングは，食事量や味つけを体験したり，子どもといっしょに作ったり食べたりする楽しさを感じる機会となる。

　なお，日々の保育の中で子どもが体験したことは，なるべくその日に保護者に伝えることも重要である。写真や展示など，子どもも目につきやすい所に掲示することで，保護者と食の会話も弾み，家庭での食育に発展していくことにもなる。子どもの生の声が，保護者には一番響くものである。

（3）心のこもった食事を親子で味わうことの意味

　残さず食べたり，マナーを守ったりすることに保護者の意識は向きがちであるが，心のこもった食べ物を食べることが心の栄養になるという，食の原点を感じとれる支援も必要である。食育というよりは，将来の親子関係にも左右しかねない子育て支援そのものである。弁当づくりの機会を設けることも，その一例である。弁当は，作ってくれた人との関係を感じることができるものでもあり，行事や園外保育など，いつもと違う弁当の日をあえて設けることで，食事を見直すきっかけにもなる。大変だと思われる弁当づくりではあるが，喜んでくれたという経験は，作る楽しさを確認する場にもなる。毎日はできなくても，食事というものが子どもの心に届くものなのだと感じることは，その後の

[*14] 離乳食について困ったこと（0～2歳）：作るのが負担，モグモグカミカミが少ない，食べる量が少ない，食べ物の種類が偏っている等。
　子どもの食事で困っていること（2～6歳）：食べるのに時間がかかる，偏食する，むら食い，遊び食べをする等。
厚生労働省：平成27年度乳幼児栄養調査，2016．より

[*15] 送迎時やお便り，連絡帳，懇談会などを利用するとよい。

[*16] 保育者が具体的な援助方法を示す中で，家でもこれならできそうと思えるものを保護者が感じとれることも大切である。

第17章 食育

食生活においても重要である。からだは満たされても，心が空腹という状態をつくってはならない。

●演習課題

課題1：昨日，自分が食べた物は，誰がつくり，その食材はどこからきたのか，食の循環や環境について考えてみよう（図17-1）。そして，いただきます・ごちそうさまの意味を子どもたちにどのように伝えたらよいか考えてみよう。

課題2：1年を通して様々な行事や旬の食材がある。これらを利用して子どものどのような育ちを育むことができるのか，まとめてみよう。

課題3：就学前施設で野菜を育てることにどのような意味があるのか考えてみよう。

コラム　食べることを喜ぶ子ども

食に興味をもって，自分から食べることに喜びを感じる子どもにするためには，メニューのバリエーションはもちろん，家族の団らんも必要である。すぐに全部はじめることは難しいかもしれないが，下記を参考に，まずはできることからはじめてみよう。

●切り方や盛り方を工夫する

最近では，キャラ弁（キャラクター弁当）が流行っているが，そこまでしなくても，いつもの野菜の切り方や盛り付けを変えるだけでも，子どもの興味を引くことができる。例えば，ゆで卵をギザギザに真ん中で切って，花型にしたり，大根やにんじんをクッキー型にしたりすると，子どもたちは，苦手な野菜でも興味をもって食べてくれる。また，子どもといっしょになって，クッキー型で野菜をくり抜いて，「○○ちゃん（くん）がお手伝いしてくれたお野菜おいしいね」と，食事の際に話をしながら食べるのもよい。

●場所を変えて食事をする

例えば，晴れた日は庭や公園で食事をするだけでも，いつもと気分が変わり，楽しく食べることができる。いつも同じテーブルで食べるのではなく，雰囲気を変えて食事をすることも効果的である。

●色彩豊かな彩りを意識する

料理は，見た目も大事である。食材の色を生かして，食事の献立を作成すると，自然と食事のバランスが整う。

・赤色：トマト，すいか，にんじん，魚，肉など
・緑色：ほうれん草，インゲン，野菜類
・黄色：たまご，とうもろこし，かぼちゃ等
・黒色：わかめ，ひじき等

第18章 就学前施設における運動体験的行事

就学前施設（幼稚園，保育所，認定こども園）において，運動体験がしっかりもてる行事には，季節感のある運動あそびとして，夏の水あそびやプールあそび，春の小運動会や秋の大運動会，冬の雪あそび等がある。また，自然環境を利用した園外保育としての散歩は，四季の移り変わりそのものが，学習教材になるだけでなく，外気温度の差に対する抵抗力をつけ，適応力，ひいてはからだのもつ自律神経機能を活性化させる利点がある。

1 季節感のある運動あそび
―水あそび・プールあそび―

(1) 最初は誰でも「かなづち」さん

　夏の暑い日の「水」の感触は，本当に気持ちのよいものである。「水」の中では，「陸」の上とは，まったく違う動きをすることができる。しかし，「水」の中には「陸」の上にない大きな制約がある。それは，「呼吸」ができないことである。

　水を怖がらず，プールあそびを楽しくするには，「息ができる」という「呼吸の保障」をすることが大切である。それには，シャワーかけや集団あそびを通して「呼吸が楽に十分できる」という経験が必要であると考える。呼吸の仕方がわかり，安心して水慣れができるようになったら，次は，水の中ではからだが浮くといったような「水を感じる」経験をすることが大切である。

　プールあそびでは，自由に遊ぶ時間はもちろん，保育者（幼稚園教諭，保育士，保育教諭をいう）が意図的に「泳ぎに向けて」の水慣れあそび，人間関係をつくっていく「仲間づくりゲーム」の活動を取り入れるとよい。

（2）「水のかけ合い」には，必ずルールを

プールに入ると決まって，「水のかけ合い」が始まる。水が好きな子どもには，本当に楽しいことではあるが，怖がっている子どもは，からだも心もますます硬直してしまう。そこで，最初のルールは「水かけ」禁止。水のかけ合いは，大人の指示のもと，まずは，大人が標的になり，決して「かけ合い」ではなく「かける」だけの活動から始めるとよい。次は，かけられても平気な子どもを募り「水かけ」を行い，段階に応じて進めることが大切である。

このような「水かけあそび」を行うことで，水がかかっても呼吸ができるということを怖がっている子どもに見せて安心感をもたせ，次に，怖がっている子どもを保育者が援助しながら，徐々に「水のかけ合いあそび」に参加できるように導くことが大切である。

水慣れができ，「水」に対して楽しい経験をもっている子どももいれば，「水」という未知の世界へ恐怖心におびえている子どもたちもいる。保育者は，歓声をあげて喜んでいる子どもにどうしても目を向けやすくなるが，不安と恐怖をもった子どもたちにこそ，目を向けなければならない。

（3）プールあそび

1）フラッグコーン水入れ大会

「水のかけ合い」ができるようになったら，今度は「水入れ大会」。保育者がフラッグコーンを逆さに持ち，子どもが手で水をすくい上げ，「玉入れ」の要領で水を入れていく。2チーム対抗で行ってもおもしろい。

写真18-1　ストップゲームで洗濯機

2）ストップゲームで洗濯機

一定方向に全員で走る。全員で走ることで，水流ができる。ストップの合図で立ち止まるか，反対方向を向くと，水の抵抗を感じることができる。ストップポーズは「お山座り」や「ワニさん（腕支持伏し浮き：腕立て姿勢になりお尻を浮かす）」をすると，より水の抵抗をからだ全体で感じることができる。走っているときの転倒や，わざと早くストップポーズをとりたがる子があらわれるが，水流は全員の力が必要ということと，一つ間違えると大きな事故につながるという認識をもたせる言葉がけや指導が必要である。

写真18-2　模倣ゲーム

3）模倣ゲーム

保育者とのやりとりで行う，動物模倣あそび。「立つ」，「しゃがむ」，「はう」と姿勢を変化させることで，より水に親しみやすくする。「立つ」はウサギ（両足跳び），キリン（背伸び），馬（ギャロップまたはスキップ），ぞう（ゆっくり鼻で水しぶき），「しゃがむ」はカエル（ジャンプ），ペンギン（膝歩き），「はう」でワニ（伏し浮き歩き～伏し浮き顔つけ）等の動きを行うと，自然と泳ぎに向けた準備ができる。

2 自然環境を通した体験あそび
―園外保育―

　幼児期における自然体験活動の機会を提供することは，現代社会に求められている重要な教育課題の一つである。ただ体験するのではなく，「やってみたい」といった思いをもって，子ども自身の意思で行いたいことを選んで，体験することが大切である。

（1）五感を使った感動体験

　例えば，樹木の伐採プログラム。ただ伐るだけではなく，「木を伐る意味」を子どもにわかりやすく伝えることが大切である。樹木が育つためには，樹木の間隔が大切であることを理解するために「押しくらまんじゅう」を行ってみる。からだがふれ合い，楽しいあそびではあるが，真ん中の子どもたちは息苦しくなることを子どもたちは知っている。実は，樹木も同じで，間隔が狭く生えている木々は，枝や葉っぱが重なり合い，日の光も遮られ，育ちにくくなっていること，また，木は自分で動くことができないので，伐採することで他の木が育つということを伝える。

写真18-3　木を伐る体験

　伐りたての木は，切り口の匂いをかぐと，木のいい匂いがする。木皮も手で簡単にめくることができ，みずみずしい表面をさわると「つるつる」した感触を楽しむことができる。

1）いのちをいただく

　食事の前に「いただきます」というのは，大切な「いのち」を「いただきます」との意味である。木も生きているので，伐るということは「いのち」を

「いただきます」という意味である。伐採することで，いのちの大切さを感じることができる。

2）役立ててほしいとの想い

伐った木をただ燃やして終りではなく，例えば「椅子」や「机」などにすることで，身近に役立つものにすることも大切である。

3）「してみたい」，「なぜなんだろう」を育てる

目，耳，鼻，手，足など，全身を使って自然と対話し，自らの感性を研ぎ澄ませながら，目の前のでき事と向き合い，想像力を働かせて遊ぶことができる自然あそびは，子どもの好奇心や探求心を育み，「やってみたい」，「どうしてなんだろう？」，「あっ，そうかぁ！」といった豊かな心情を育むことができる。

（2）自然の中で生活することで，知恵や創造性を養う

包丁や火を使えるのは，人間だけである。包丁や火は，一つ間違えた使い方をすると人の命を奪うことにつながる。事故が起こると，あそびがもっている冒険や挑戦といった，あそびの価値がなくなってしまう。危険を知り，予測ができ，しっかりと判断ができる子どもを育てることが，大人の役割であるということを認識する必要がある。

子どもは，小さなリスクへの対応を学ぶことで，経験的に危険を予測し，事故を回避できるようになる。リスクに対して子どもが危険とわかっていて行うことは，リスクへの挑戦といえ，あそびの価値として尊重されるべきものであるのではないだろうか。子ども自ら危険を予測し，危険を回避して安全な生活を送ることができる力（安全能力）を育てることが大切である。

3 保育の一環としての園行事
―運動会―

運動会に参加するすべての人は，「楽しい１日であってほしい」と願っている。その願いを具現するために，保育者は，あの手この手でいろいろな「アイデア」を出し合い，運動会を企画する。そして，日々の保育の中で，子どもと向き合い保育をすすめている。運動会は，日頃の保育の積み重ねとして捉えられなければならない。すなわち，保育の一環として行われるものである。

運動会の練習となると，子どもたちにかける言葉は「がんばれ，がんばれ」「ちゃんと応援して」等の励ましや，行動を急がせたり，奮起させるような関

わりになってしまう。保育者の思いが先走り，子どもの心を置き去りにし，子ども主体の取り組みがなされていないことがよくある。運動会当日の「競技」「演技」のでき栄えを優先するのではなく，子どもが主体的に取り組む過程（プロセス）を大切にした「保育」を行ってほしいものである。

（1）本番までの取り組み

運動会の競技・演技が決まったからといって，そのままの内容を子どもが行うわけではない。子どもの発育・発達に過程があるように，競技・演技の習得にも過程がある。その過程では，あそびを通した「力発揮」，「力合わせ」，「勝ち負けあそび」，「仲間での達成感の共有」といった経験が大切である。

1）子どもの意欲につながるエンドレスリレーあそび（少人数・エンドレス）

リレーで，よく見かけるのは，クラスを2チーム（約15名）に分け，目標物を目指して行き，それを回って帰ってくる旋回式のリレーである。子どもは，15回に1回の割合でしか，走る機会が回ってこないので，当然，力発揮の経験は少なく，リレーあそびで必要なルール理解や「バトンでのつながり感・一体感」を実感することは難しい。力発揮の経験をするには，まずは少人数（4～5名）で，エンドレス形式でリレーあそびを行う。少人数で行うと，「自分の番」「次が自分の番」と役割がすぐに変わり，活動に集中する。何も言わなくても，自分のチームのメンバーを意識し，「速く，速く」や「がんばれ！」と応援する姿がみられるようになる。折り返しには，コーン倒しやタンバリンたたきといった，子どもが興味をもつ工夫が大切である。

2）エンドレスリレー勝ち負けあそび

エンドレスリレーあそびの次は，少人数の「エンドレスリレー勝ち負けあそび」を楽しむ。最初から「速い・遅い」を競う勝ち負けあそびを行うのではなく，玉入れのように繰り返すことでコツをつかんでいくような内容にすると，足が遅いから負けたといったコンプレックスをもたなくても勝ち負けあそびが楽しめるであろう。

例1　エンドレス玉入れリレー（図18-1）

① グループでキャッチャーの順番を決める。必ず1人1回は，経験できるようにすることが大切である。
② 入っても入らなくても，1回につき1投で戻り，次の走者と交代する。
③ 適当な時間で終了し，次のキャッチャーと交代する。その際に，グループ

第18章　就学前施設における運動体験的行事

図18-1　エンドレス玉入れリレー

図18-2　エンドレスジャンケン宝とりリレー

図18-3　ボールを数える子どもたち

ごとで，入ったボールを数える。自分たちのボールの数を数えることができ，また他のチームと比べるようになってきたときは，全体で数を言い合い，勝ち負けあそびに展開するとよい。

例2　エンドレスジャンケン宝とりリレー

① グループでジャンケンマンの順番を決める。必ず1人1回は，経験できるようにすることが大切である。

② ジャンケンマンと勝負がつくまでジャンケンをし，勝ったら，ボールを1個もらい，負けたらもらわずに戻り，次の走者と交代する（図18-2）。

③ 適当な時間で終了し，次のジャンケンマンと交代する。その際にグループごとで入ったボールを数える（図18-3）。自分たちのボールを数えることができ，また，他のチームと比べるようになってきたときは，全体で数を言い合い，勝ち負けあそびに展開するとよい。

3）1人での達成感からみんなでの達成感へ（仲間づくり）

例えば，「組み立て体操」（図18-4）。1人でからだを支え，バランスをとることができれば，今度は，2人組で挑戦する。成功すれば，達成感を共有することができる。また，ペアを替えて展開することで，いろいろな仲間と達成感を感じることができる。

さらに，人数を増やすことで，グループでの一体感を感じたり，また，自己主張から，仲間同士でトラブルが起こったり，言い合ったりすることがある。けんかやトラブルは，起こってほしくないと思いがちではあるが，実は，このトラブルが子どもの成長には不可欠である。保育者の関わり方には，十分な配慮が必要であるが，「自分たちで問題を立て直そうとしている姿」をみると，保

育者としての喜びを感じる。その展開の仕方（指導）に,「保育の専門性」が求められると考える。

また, ケガが起こらないように, 正しい動きを身につけることが大切である。乗ったり, 支えたり, これらの動きは一つ間違えると大きなケガにつながる。このことを子どもにしっかり話し,「ルールを守ること」で「喜びや楽しさ」を感じることを, 子どもが十分に理解することも大切なことである。

図18-4　組み立て体操

あそびを通して, 子どもたちはいろいろな形ができるようになってくると, 自分たちができたことを, たくさんの人に見てもらいたいという気持ちが育ってくる。演技として発表するのなら, 保育者は子どもと向き合い,「あそび」と「おけいこ」の気持ちの転換期を経験することも, 大切なことである。

(2) 本番での競技のアイデア

1) 2歳児のポイント

「力いっぱいからだを動かして走る姿」になることが大切である。自分が走る番がわかるように, 待機場所とスタートの位置を少し離すとよい。スタート地点では, 椅子やフープを置くと, 次は自分が走る番, と心の準備もできる。名前を呼んで返事をしてスタート位置に移動する（スタート位置で名前を呼び返事をするのでもよい）ことも, 2歳児らしさがでるだろう。ゴールでは, 保護者に待機してもらい, そのままの流れで親子リズム体操につなげると, プログラムがスムーズになる。動きは, からだの大きな筋肉を使う動き（くぐる, 登る等）がよい。

2) 3歳児のポイント

年齢的にも,「力いっぱい走っている姿」が, 一番映えるときである。スタート時のかまえ（表現）は, 3歳児らしさを出すことができる。また, スタートの合図と同時に, 走ることができる工夫が大切である。スタートに低い巧技台を使い, 飛び降りて走るといった工夫も大切である。フープやタイヤはよくつまずくので, ていねいに設定することが求められる。ゴールでは, タンバリンたたきや段ボール倒し等を行うと, スピード感が出るとともに, 子どもたちが興味をもち, 意欲的に取り組むことができる。また, ゴールでは, 担任が待って, ハグやハイタッチをして受け止めるのもよいであろう。

3) 4歳児のポイント

1人で行うかけっこや障害物競走を行うなら,「競走」なのか「技の披露」なのか, ねらいをもつことが大切である。それ以外の競技種目は, 保育の観点

から「協同性，協調性の体験」といった，2人以上の組にして，2人が力を合わせて協力している様子がわかるようなものがよい。また，リレー競技の場合は，子どもの競争意識が少しずつ育ってくる時期なので，日常の保育から保育者が「勝ち負けあそび」をいっしょに楽しみながら進めていくとよい。

4）5歳児のポイント

2人組以上の競技には，年長児らしく「状況に応じて，自分で判断し，行動する」ことができるものをねらいにするとよい。また，前転からダッシュといった，「からだのキレ」や「力あわせ」がみられ，スピード感のあるものを競技に取り入れるとよい。リレー競技では，「私たち（僕たち）のチーム」といったチーム意識を育てるように，チームの中での自分の役割を担う経験や勝負の結果だけに捉われることなく，子どもたち同士で知恵を出し合える機会をつくることが大切である。

5）親子競技種目のポイント

親子2組（4人）以上が，1グループになるような種目がおすすめである。また，抱っこやおんぶといったスキンシップを，自分の保護者以外の人にしてもらう経験ができるのは，保育現場ならではのものである。大人の力はもちろん，子どもも年齢に応じて十分に力発揮ができることが，ポイントである。ただし，子どもの動きが勝敗の要因にならないような配慮が必要である。

6）保護者競技種目のポイント

勝敗も大切であるが，競技を通して親睦を深めてもらうことが大きなねらいである。そのためには，1回で終わるより，何度も参加ができる種目がおすすめ。エンドレス形式（制限時間内に何回できたか）なら，動く機会も増え，繰り返すほどに腕前が上がり，チーム内で達成感を感じることができる。また，エンドレス形式では，人数の若干の違いがあっても問題はない。人数調整で時間をとられることはなくなる。

●演習課題

課題1：プールあそびの安全指導について調べてみよう。
課題2：幼児が楽しめるネイチャーゲームを考えてみよう。
課題3：年齢別の運動会種目を考えてみよう。

第19章 保育の計画と指導案

　指導案には，2つの機能がある。1つは，保育者が保育を進めていく場合の計画であり，指導のめやすとなるものである。また，1つは，保育場面への参加者や共同研究者らに見てもらうという機能である。したがって，指導案は，保育者自身が保育（指導）を展開していくための具体的な計画であり，めやすとなるものであってほしい。また，保育や指導場面を観察し，事後に共同研究を行う場合，観察者にとっても，具体的で見やすく，わかりやすいものであってほしい。

1　幼稚園教育要領，保育所保育指針，幼保連携型認定こども園教育・保育要領の改訂(定)のポイントと解説

　昨今の社会情勢の変化に伴い，わが国の保育現場においては，幼稚園と保育所の枠組みを超えた柔軟な対応が必要となった。そこで，両方の役割を果たすことのできる施設として，2006（平成18）年に，「就学前の子どもに関する教育，保育等の総合的な提供の推進に関する法律」が制定され，認定こども園制度が始まった。その後，2012（平成24）年に，同法の一部改正が行われ，2015（平成27）年4月から，子ども・子育て支援新制度が施行された。

　それぞれの保育現場の保育の計画は，国が示す幼稚園教育要領（以下，教育要領），保育所保育指針（以下，保育指針），幼保連携型認定こども園教育・保育要領（以下，教育・保育要領）に基づき作成され，保育の実践がなされているが，改訂（定）の方向性を見据えながら，2017（平成29）年3月に同時告示され，2018（平成30）年度から施行されている。

（1）教育要領の改訂のポイント

　教育要領では，幼児教育において，育みたい資質・能力を「知識・技能の基

礎」,「思考力・判断力・表現力等の基礎」,「学びに向かう力・人間性等」の3つに整理し,あそびを通しての総合的な指導を行う中で一体的に育み,これらの資質と能力の育成に向けた教育内容の改善と充実に向けた内容の見直しが図られている。

また,これらの育まれた育ちの評価のあり方については,「幼児期の終わりまでに育ってほしい姿」を明確にし,その方向性を踏まえて保育内容の改善が図られる。

（2）保育指針の改定のポイント

保育指針では,幼児教育の積極的な位置づけがなされようとしている。保育所保育においても,卒園時までに育ってほしい姿を明確にし,その姿を意識した保育内容の計画・評価のあり方などについて,記載内容を充実させる方向である。また,主体的なあそびを中心とした教育内容については,幼稚園,認定こども園との整合性の確保に努めている。

（3）教育・保育要領の改訂のポイント

教育・保育要領では,異なる背景をもつ子ども同士が共に生活する中で,自己を発揮しながら互いに刺激し合い,育ち合っていく環境にあることを踏まえ,一人ひとりの乳児期からの発達の連続性と,それに応じた学びの連続性を押さえながら,子ども一人ひとりの育ちを確保していくことが記載されている。

（4）保育内容「健康」の領域に関すること

近年の子どもの育ちをめぐる環境の変化に伴い,子どもが健康な心とからだを育むための機会が減少していることが課題としてあげられており,今回の改訂（定）では,1歳以上3歳未満児の保育内容が5領域によって示され,3歳以上の保育内容との接続が意識されている。

幼児教育では,幼児期にふさわしい生活を通して,幼児が様々な経験をし,それを積み重ねていくことが求められている。以下に,具体的な教育内容の主なものをあげ,解説することとする。

1）からだを動かす気持ちよさを体験し,自らからだを動かそうとする意欲が育つ

乳幼児期は,からだの諸器官が未発達の段階にあるが,脳の発達を含め,神経機能の発達は,幼児期ですでに大人に近い形で発達する。そのために,運動は,神経系を中心としたバランスやタイミングをとる動き,すばしっこさや巧

みさを出せる動きといった全身調整力の要素が多く含まれる運動あそびを行い，いろいろな動作を獲得することが大切である。保育者（幼稚園教諭，保育士，保育教諭をいう）は，子どもがいろいろな動作を獲得していく場面をきちんと見守り，ほめたり励ましたりする関わりが大切である。

また，乳幼児は興味をもったことに熱心に取り組み，自分が納得するまで行う傾向が強いものである。そのために，乳幼児が興味をもてるよう，あそびの場（環境）を工夫し，構成し，主体的に遊ぶことができるようにすることが必要である。

2）健康・安全な生活に必要な基本的な生活習慣を身につける

基本的な生活習慣を身につけるにあたり，家庭での生活経験をよく把握し，その実態に応じた対応が求められている。就学前施設（幼稚園，保育所，認定こども園をいう）では，それぞれの家庭で身につけた生活習慣をもとに，集団生活に必要な生活習慣を身につけていく。身につけるためには，やりなさいと強制するのではなく，子ども自らがやりたいという気持ちを育むことが大切である[1]。「やりたい」，「できるようになりたい」という子どもの背伸びの気持ちに，「できるかな」という周囲の投げかけが重なることで，できることへの誇りと喜びを実感する。これらが，結果として，次の行動への意欲につながるのである。

1）無藤 隆：幼稚園教育要領まるわかりガイド，チャイルド社，p.46，2017．

2 指導計画
―保育課程・長期的指導計画・短期的指導計画―

指導計画を作成するにあたり，留意すべき点は，子どもの発達の過程に即した計画づくりをすることである。実態を把握し，ねらいや内容を具体化するには，幼児の発達，人間関係，興味，関心，意欲をしっかり理解し，今，子どもにとって，何が必要かをきちんと考える必要がある。ただし，実際の保育では，一人ひとりの状況をていねいにみて，個々に応じた関わりをすることが重要である。

(1) 保育（教育）課程とは

保育課程[*1]や教育課程は，何よりも，子どもの最善の利益を保障し，各就学前施設の保育の方針や目標に基づき，子どもの発達過程を踏まえ，保育の内容に示されたねらいや内容が，園生活の全体を通して総合的に展開されるよう，編成されねばならない。

＊1　保育指針では「保育課程」という用語は，教育要領，教育・保育要領との整合性をとるため，「全体的な計画の作成」と記されている。

また，教育課程や保育課程の編成は，乳幼児期の発達の特性や連続性を踏まえて，教育課程や保育課程を編成するとともに，一人ひとりの子どもの発達過程として理解し，人間形成の最も基盤となる時期であることを十分に認識して，編成することが必要である。

（2）長期的指導計画

長期的指導計画は，それぞれの就学前施設の教育課程や保育課程に沿って，乳幼児の生活全体を長期的に見通した，年・学期・月などの指導計画である。これまでの実践の反省や評価，累積された記録などを生かして，各園における乳幼児の発達過程を見極め，長期的なねらいや内容，および，環境を構成する際の視点や，指導上の留意点などを明らかにしたものである。

1）年間指導計画

年間指導計画は，就学前施設の保育目標をもとに，教育課程や保育課程に沿った，1年間を見通した計画である。具体的な指導の内容や方法を大筋で捉えたもので，子どもの心とからだの育ちの目安である。「健康」の領域だけで考えるのではなく，他の領域との関連，関係性に配慮しながら，総合的に捉えて作成することが求められる。

2）月間指導計画

月間指導計画は，年間指導計画を月ごとに具体化した計画のことである。より具体化することで，子どもの生活や経験の継続性・連続性を明確にすることができ，より具体的な保育活動を行うことができる。

（3）短期的指導計画

短期的指導計画は，長期の指導計画によって見通しをもちながら，より具体的な乳幼児の生活に即して作成する，週や日などの指導計画である。乳幼児の生活する姿から一人ひとりの乳幼児の興味や関心，発達過程などをとらえ，ねらいや内容，環境の構成，保育者の援助などについて，具体的に立案するものである。なお，指導計画の最小単位は，1日の指導計画（日案）である。

1）週案・日案

週案は，月間指導計画の中の1週間の保育を具体的に定めたものであり，その1週間の保育における1日の保育を具体的に定めたものを日案という。どちらの計画を立てるときも，保育活動における流れに必要な活動内容，指導内容

については，子どもの発育・発達，年間行事や季節など，園環境の実態に応じたものでなくてはならない。日案については，長期計画や週案に関連しながら，その日のねらいや内容，環境構成や一人ひとりの実態を見据えた上で計画されなければならない。

（4）指導計画の「考え方」と「立て方」の基本

1）活動提案型の指導計画案

計画案の基本は，就学前施設の保育計画に沿った内容のものである。また，具体的な内容は，子どもの興味や関心に基づく活動を提案していくものであって，指導者の意図通りに子どもを動かしていけばよいというものではない。

2）あそびの延長・発展型の指導計画案

日常の子どものあそびに指導者が援助し，関わっていき，そのあそびが様々に展開・発展する中で，ねらいを達成していこうというものである。子どもの実態から保育を展開するものであり，難しい場合が多いが，「保育の基本」として捉えておく必要がある。

3 保育の評価・改善

（1）評価・改善のための振り返り

指導計画を作成するにあたり大切なことは，長期計画であっても，短期計画であっても，どちらもやりっぱなしで終わるのではなく，時期を定め，評価・反省，改善に向けた取り組みをする必要がある。

例えば，日案，長期的な見通しをもった計画に関連しながら，子どもの実態に即したねらいや内容，環境構成を考えて立案する（Plan）。そして，実際の保育を展開する（Do）。その後，ねらいに対して実態に即していたのか，この保育活動がどのような成果があり，課題があったのか評価をする（Check）。そして，改善の方向を検討し，次の日案を作成する（Action）といった，PDCAサイクルに基づいて，就学前施設の保育内容の充実に向けた取り組みを行うことが大切である。

（2）保育の評価

指導案は，保育を進めるための計画であり，誰が読んでも，どのような意図で保育を展開しようとしているのかがイメージできるものでなくてはならな

い。そのために，とりわけ教育課程や保育課程の記述では，具体的な活動場面に即した表現を使う必要がある。予想される子どもの姿が，ある程度，見えていなければ書くことは難しいが，逆にそれを書くことで，よりよく子どもが見えてくる。ところが，なるべく具体的に，指導の要点とそれに応答した子どもの学びのポイントを想定してつくられた指導案は，その通りに授業が展開することを予想するものではあるが，現実にそうなるか，あるいは保育評価として指導案通りに展開した保育が良い保育かどうかは，① 指導案通りに保育が展開するのは，指導案が優れているからである。② どんなに優れた指導案であっても，保育は，保育者と子どもの生きた対応であるから，その通りに展開するはずがない。このいずれもが否定できない重みをもっているところに保育の難しさがある。

　すなわち，指導計画どおりに進むことは良いも悪いもいえることはできないのである。ただし，立案するにあたり，予想される子どもの姿をきちんとみること，具体的に指導の要点と学びのポイントをきちんとみることができているかは大切なことである。

●演習課題

課題1：運動あそびの指導案を立案してみよう。
課題2：立案したら，模擬保育を行い，省察を行ってみよう。
課題3：いろいろな指導計画について調べてみよう。

コラム　現場の保育者が実習生に期待すること

　実習がより良いものになるために，実習期間中，学生に期待することについて，実際に保育の現場で働く保育者の意見をまとめたものを，いくつか紹介する。実習時の参考にしていただければ幸いである。

●挨拶をしっかりする
　言葉遣いはもちろん，表情や声のトーンも気遣い，明るく元気のよい挨拶を心がけること。
●体調をしっかり管理し，心身ともに健全に実習を過ごすこと
　実習期間中は，普段より早く起床したり，書き物で十分に睡眠が確保できなかったりすることもある。体調管理は，自分の責任のもとに行い，期間中を元気に過ごせるようにすること。そのためにも，日頃から正しい生活習慣を身につけ，体力を高めておくこと。
●服装は，安全で動きやすく，清潔感のあるもの，気候に適したものを着用すること
　服装は，自分自身は良いと思っていても，実習先の先生や保護者の感覚と違っていることはよくある。指導を受ける就学前施設の方針もあるので，指導を受ける先生に確認するとよい。
●話を聞く態度を身につける
　「ぼくは」，「わたしは」と自分の話や気持ちを話す前に，まずは，指導を受ける先生から，より多くのアドバイスが引き出せるようにすることが大事である。少しでもたくさん教えてもらえた方が，自分にとって得であることを知ってほしい。
●好奇心旺盛で，何事にも前向きに取り組む
　保育者は，実習生にわからないことや不安があることは当然わかっている。失敗を恐れず，謙虚に，積極的に，実習に取り組んでほしい。

　今回は，一部の意見を掲載したが，全体として，精神的な部分や実習時に前向きな態度を望む声が多く聞かれる。
　一見，単純なようであるが，いざ実習という実践の場に立った時，保育についての技術や知識がなければ，前向きに実習期間を過ごすことはできない。日頃から，保育についての技術や知識をたくさん蓄えることで，積極的に実習期間を過ごし，より良い自分の経験としてもらいたい。

第19章　保育の計画と指導案

> **コラム**　　保育者を目指す学生の心の健康
>
> 　保育者を目指す学生は，どのような思いで学んでいるのであろうか。
> 　これまで保育者養成校に通う学生に対し，就学前施設で行う実習に対してどのような不安があり，その不安をどのように解消してきたのかについて調査を行ってきた。結果として，不安に感じている事項は，「子どもとの関係」，「保育者との関係」，「保育能力」といったコミュニケーションや自分の保育能力に関することを不安に感じていた。その不安を解消するために，「保育者に相談する」，「学校の先生に相談する」，「友人に相談する」といった，人と関わる方法で不安を解消しようとする姿はみられるが，半数の学生は「自分で解決策を考える」，「自分に言い聞かせる」といった自分自身で解決しようとする結果であった。
> 　これらの調査結果から，保育者を目指す心構えとして，保育実践における人間関係の大切さや，周囲とのコミュニケーションの大切さを再認識させられるとともに，同じ保育者を目指す者同士で密にコミュニケーションを取り合い，悩みを共有したり，その解決について懸命に考えたりする機会を豊富に経験することが大切になるであろう。そのために，保育者養成校側は，様々な実践経験を積める場を提供するとともに，彼らだけでは解決できない事項などに対してフォローを行っていくことが大切である。
> 　これらの結果については，保育者を目指す若者たちに対してだけでなく，これから社会に旅立とうとする若者に対しても，同じことが言えるのではないかと考える。心の健康を育むためには，様々な経験を子ども時代に経験し，その経験に対して大人がフォローを行う。そして，そのフォローを受けた子どもが大人に成長したとき，次の世代の子どもたちに対しても同じように様々な経験をしていき，またフォローアップをしていくといった子どもの成長に対して，大人がフォローしていくサイクルが心の健康を育むことにつながるのではないであろうか。

資料 幼稚園教育要領，保育所保育指針，幼保連携型認定こども園教育・保育要領「健康」の部分の抜粋

幼稚園教育要領（平成29年告示）

健　康〔健康な心と体を育て，自ら健康で安全な生活をつくり出す力を養う。〕

1　ねらい
(1)　明るく伸び伸びと行動し，充実感を味わう。
(2)　自分の体を十分に動かし，進んで運動しようとする。
(3)　健康，安全な生活に必要な習慣や態度を身に付け，見通しをもって行動する。

2　内　容
(1)　先生や友達と触れ合い，安定感をもって行動する。
(2)　いろいろな遊びの中で十分に体を動かす。
(3)　進んで戸外で遊ぶ。
(4)　様々な活動に親しみ，楽しんで取り組む。
(5)　先生や友達と食べることを楽しみ，食べ物への興味や関心をもつ。
(6)　健康な生活のリズムを身に付ける。
(7)　身の回りを清潔にし，衣服の着脱，食事，排泄などの生活に必要な活動を自分でする。
(8)　幼稚園における生活の仕方を知り，自分たちで生活の場を整えながら見通しをもって行動する。
(9)　自分の健康に関心をもち，病気の予防などに必要な活動を進んで行う。
(10)　危険な場所，危険な遊び方，災害時などの行動の仕方が分かり，安全に気を付けて行動する。

3　内容の取扱い
上記の取扱いに当たっては，次の事項に留意する必要がある。
(1)　心と体の健康は，相互に密接な関連があるものであることを踏まえ，幼児が教師や他の幼児との温かい触れ合いの中で自己の存在感や充実感を味わうことなどを基盤として，しなやかな心と体の発達を促すこと。特に，十分に体を動かす気持ちよさを体験し，自ら体を動かそうとする意欲が育つようにすること。
(2)　様々な遊びの中で，幼児が興味や関心，能力に応じて全身を使って活動することにより，体を動かす楽しさを味わい，自分の体を大切にしようとする気持ちが育つようにすること。その際，多様な動きを経験する中で，体の動きを調整するようにすること。
(3)　自然の中で伸び伸びと体を動かして遊ぶことにより，体の諸機能の発達が促されることに留意し，幼児の興味や関心が戸外にも向くようにすること。その際，幼児の動線に配慮した園庭や遊具の配置などを工夫すること。
(4)　健康な心と体を育てるためには食育を通じた望ましい食習慣の形成が大切であることを踏まえ，幼児の食生活の実情に配慮し，和やかな雰囲気の中で教師や他の幼児と食べる喜びや楽しさを味わったり，様々な食べ物への興味や関心をもったりするなどし，食の大切さに気付き，進んで食べようとする気持ちが育つようにすること。
(5)　基本的な生活習慣の形成に当たっては，家庭での生活経験に配慮し，幼児の自立心を育て，幼児が他の幼児と関わりながら主体的な活動を展開する中で，生活に必要な習慣を身に付け，次第に見通しをもって行動できるようにすること。
(6)　安全に関する指導に当たっては，情緒の安定を図り，遊びを通して安全についての構えを身に付け，危険な場所や事物などが分かり，安全についての理解を深めるようにすること。また，交通安全の習慣を身に付けるようにするとともに，避難訓練などを通して，災害などの緊急時に適切な行動がとれるようにすること。

保育所保育指針（平成29年告示）

1　乳児保育に関わるねらい及び内容
　ア　健やかに伸び伸びと育つ
　健康な心と体を育て，自ら健康で安全な生活をつくり出す力の基盤を培う。
　(ア)　ねらい
　①　身体感覚が育ち，快適な環境に心地よさを感じ

資　料

る。
②　伸び伸びと体を動かし，はう，歩くなどの運動をしようとする。
③　食事，睡眠等の生活のリズムの感覚が芽生える。
（イ）内　容
①　保育士等の愛情豊かな受容の下で，生理的・心理的欲求を満たし，心地よく生活をする。
②　一人一人の発育に応じて，はう，立つ，歩くなど，十分に体を動かす。
③　個人差に応じて授乳を行い，離乳を進めていく中で，様々な食品に少しずつ慣れ，食べることを楽しむ。
④　一人一人の生活のリズムに応じて，安全な環境の下で十分に午睡をする。
⑤　おむつ交換や衣服の着脱などを通じて，清潔になることの心地よさを感じる。
（ウ）内容の取扱い
上記の取扱いに当たっては，次の事項に留意する必要がある。
①　心と体の健康は，相互に密接な関連があるものであることを踏まえ，温かい触れ合いの中で，心と体の発達を促すこと。特に，寝返り，お座り，はいはい，つかまり立ち，伝い歩きなど，発育に応じて，遊びの中で体を動かす機会を十分に確保し，自ら体を動かそうとする意欲が育つようにすること。
②　健康な心と体を育てるためには望ましい食習慣の形成が重要であることを踏まえ，離乳食が完了期へと徐々に移行する中で，様々な食品に慣れるようにするとともに，和やかな雰囲気の中で食べる喜びや楽しさを味わい，進んで食べようとする気持ちが育つようにすること。なお，食物アレルギーのある子どもへの対応については，嘱託医等の指示や協力の下に適切に対応すること。

2　1歳以上3歳未満児の保育に関わるねらい及び内容
ア　健康
健康な心と体を育て，自ら健康で安全な生活をつくり出す力を養う。
（ア）ねらい
①　明るく伸び伸びと生活し，自分から体を動かすことを楽しむ。
②　自分の体を十分に動かし，様々な動きをしようとする。
③　健康，安全な生活に必要な習慣に気付き，自分でしてみようとする気持ちが育つ。
（イ）内　容
①　保育士等の愛情豊かな受容の下で，安定感をもって生活をする。
②　食事や午睡，遊びと休息など，保育所における生活のリズムが形成される。
③　走る，跳ぶ，登る，押す，引っ張るなど全身を使う遊びを楽しむ。
④　様々な食品や調理形態に慣れ，ゆったりとした雰囲気の中で食事や間食を楽しむ。
⑤　身の回りを清潔に保つ心地よさを感じ，その習慣が少しずつ身に付く。
⑥　保育士等の助けを借りながら，衣類の着脱を自分でしようとする。
⑦　便器での排泄に慣れ，自分で排泄ができるようになる。
（ウ）内容の取扱い
上記の取扱いに当たっては，次の事項に留意する必要がある。
①　心と体の健康は，相互に密接な関連があるものであることを踏まえ，子どもの気持ちに配慮した温かい触れ合いの中で，心と体の発達を促すこと。特に，一人一人の発育に応じて，体を動かす機会を十分に確保し，自ら体を動かそうとする意欲が育つようにすること。
②　健康な心と体を育てるためには望ましい食習慣の形成が重要であることを踏まえ，ゆったりとした雰囲気の中で食べる喜びや楽しさを味わい，進んで食べようとする気持ちが育つようにすること。なお，食物アレルギーのある子どもへの対応については，嘱託医等の指示や協力の下に適切に対応すること。
③　排泄の習慣については，一人一人の排尿間隔等を踏まえ，おむつが汚れていないときに便器に座らせるなどにより，少しずつ慣れさせるようにすること。
④　食事，排泄，睡眠，衣類の着脱，身の回りを清潔にすることなど，生活に必要な基本的な習慣については，一人一人の状態に応じ，落ち着いた雰囲気の中で行うようにし，子どもが自分でしようとする気持ちを尊重すること。また，基本的な生活習慣の形成に当たっては，家庭での生活経験に

配慮し，家庭との適切な連携の下で行うようにすること。

3　3歳以上児の保育に関するねらい及び内容

ア　健康

健康な心と体を育て，自ら健康で安全な生活をつくり出す力を養う。

（ア）ねらい

① 明るく伸び伸びと行動し，充実感を味わう。
② 自分の体を十分に動かし，進んで運動しようとする。
③ 健康，安全な生活に必要な習慣や態度を身に付け，見通しをもって行動する。

（イ）内容

① 保育士等や友達と触れ合い，安定感をもって行動する。
② いろいろな遊びの中で十分に体を動かす。
③ 進んで戸外で遊ぶ。
④ 様々な活動に親しみ，楽しんで取り組む。
⑤ 保育士等や友達と食べることを楽しみ，食べ物への興味や関心をもつ。
⑥ 健康な生活のリズムを身に付ける。
⑦ 身の回りを清潔にし，衣服の着脱，食事，排泄などの生活に必要な活動を自分でする。
⑧ 保育所における生活の仕方を知り，自分たちで生活の場を整えながら見通しをもって行動する。
⑨ 自分の健康に関心をもち，病気の予防などに必要な活動を進んで行う。
⑩ 危険な場所，危険な遊び方，災害時などの行動の仕方が分かり，安全に気を付けて行動する。

（ウ）内容の取扱い

上記の取扱いに当たっては，次の事項に留意する必要がある。

① 心と体の健康は，相互に密接な関連があるものであることを踏まえ，子どもが保育士等や他の子どもとの温かい触れ合いの中で自己の存在感や充実感を味わうことなどを基盤として，しなやかな心と体の発達を促すこと。特に，十分に体を動かす気持ちよさを体験し，自ら体を動かそうとする意欲が育つようにすること。
② 様々な遊びの中で，子どもが興味や関心，能力に応じて全身を使って活動することにより，体を動かす楽しさを味わい，自分の体を大切にしようとする気持ちが育つようにすること。その際，多様な動きを経験する中で，体の動きを調整するようにすること。
③ 自然の中で伸び伸びと体を動かして遊ぶことにより，体の諸機能の発達が促されることに留意し，子どもの興味や関心が戸外にも向くようにすること。その際，子どもの動線に配慮した園庭や遊具の配置などを工夫すること。
④ 健康な心と体を育てるためには食育を通じた望ましい食習慣の形成が大切であることを踏まえ，子どもの食生活の実情に配慮し，和やかな雰囲気の中で保育士等や他の子どもと食べる喜びや楽しさを味わったり，様々な食べ物への興味や関心をもったりするなどし，食の大切さに気付き，進んで食べようとする気持ちが育つようにすること。
⑤ 基本的な生活習慣の形成に当たっては，家庭での生活経験に配慮し，子どもの自立心を育て，子どもが他の子どもと関わりながら主体的な活動を展開する中で，生活に必要な習慣を身に付け，次第に見通しをもって行動できるようにすること。
⑥ 安全に関する指導に当たっては，情緒の安定を図り，遊びを通して安全についての構えを身に付け，危険な場所や事物などが分かり，安全についての理解を深めるようにすること。また，交通安全の習慣を身に付けるようにするとともに，避難訓練などを通して，災害などの緊急時に適切な行動がとれるようにすること。

幼保連携型認定こども園教育・保育要領
（平成29年告示）

第1　乳児期の園児の保育に関するねらい及び内容

健やかに伸び伸びと育つ

〔健康な心と体を育て，自ら健康で安全な生活をつくり出す力の基盤を培う。〕

1　ねらい

(1) 身体感覚が育ち，快適な環境に心地よさを感じる。
(2) 伸び伸びと体を動かし，はう，歩くなどの運動をしようとする。
(3) 食事，睡眠等の生活のリズムの感覚が芽生える。

2　内容

(1) 保育教諭等の愛情豊かな受容の下で，生理的・心理的欲求を満たし，心地よく生活をする。
(2) 一人一人の発育に応じて，はう，立つ，歩くなど，十分に体を動かす。

資　料

　(3)　個人差に応じて授乳を行い，離乳を進めていく中で，様々な食品に少しずつ慣れ，食べることを楽しむ。
　(4)　一人一人の生活のリズムに応じて，安全な環境の下で十分に午睡をする。
　(5)　おむつ交換や衣服の着脱などを通じて，清潔になることの心地よさを感じる。

3　内容の取扱い
　上記の取扱いに当たっては，次の事項に留意する必要がある。
　(1)　心と体の健康は，相互に密接な関連があるものであることを踏まえ，温かい触れ合いの中で，心と体の発達を促すこと。特に，寝返り，お座り，はいはい，つかまり立ち，伝い歩きなど，発育に応じて，遊びの中で体を動かす機会を十分に確保し，自ら体を動かそうとする意欲が育つようにすること。
　(2)　健康な心と体を育てるためには望ましい食習慣の形成が重要であることを踏まえ，離乳食が完了期へと徐々に移行する中で，様々な食品に慣れるようにするとともに，和やかな雰囲気の中で食べる喜びや楽しさを味わい，進んで食べようとする気持ちが育つようにすること。なお，食物アレルギーのある園児への対応については，学校医等の指示や協力の下に適切に対応すること。

第2　満1歳以上満3歳未満の園児の保育に関するねらい及び内容

健　康
〔健康な心と体を育て，自ら健康で安全な生活をつくり出す力を養う。〕

1　ねらい
　(1)　明るく伸び伸びと生活し，自分から体を動かすことを楽しむ。
　(2)　自分の体を十分に動かし，様々な動きをしようとする。
　(3)　健康，安全な生活に必要な習慣に気付き，自分でしてみようとする気持ちが育つ。

2　内　容
　(1)　保育教諭等の愛情豊かな受容の下で，安定感をもって生活をする。
　(2)　食事や午睡，遊びと休息など，幼保連携型認定こども園における生活のリズムが形成される。
　(3)　走る，跳ぶ，登る，押す，引っ張るなど全身を使う遊びを楽しむ。

　(4)　様々な食品や調理形態に慣れ，ゆったりとした雰囲気の中で食事や間食を楽しむ。
　(5)　身の回りを清潔に保つ心地よさを感じ，その習慣が少しずつ身に付く。
　(6)　保育教諭等の助けを借りながら，衣類の着脱を自分でしようとする。
　(7)　便器での排泄に慣れ，自分で排泄ができるようになる。

3　内容の取扱い
　上記の取扱いに当たっては，次の事項に留意する必要がある。
　(1)　心と体の健康は，相互に密接な関連があるものであることを踏まえ，園児の気持ちに配慮した温かい触れ合いの中で，心と体の発達を促すこと。特に，一人一人の発育に応じて，体を動かす機会を十分に確保し，自ら体を動かそうとする意欲が育つようにすること。
　(2)　健康な心と体を育てるためには望ましい食習慣の形成が重要であることを踏まえ，ゆったりとした雰囲気の中で食べる喜びや楽しさを味わい，進んで食べようとする気持ちが育つようにすること。なお，食物アレルギーのある園児への対応については，学校医等の指示や協力の下に適切に対応すること。
　(3)　排泄の習慣については，一人一人の排尿間隔等を踏まえ，おむつが汚れていないときに便器に座らせるなどにより，少しずつ慣れさせるようにすること。
　(4)　食事，排泄，睡眠，衣類の着脱，身の回りを清潔にすることなど，生活に必要な基本的な習慣については，一人一人の状態に応じ，落ち着いた雰囲気の中で行うようにし，園児が自分でしようとする気持ちを尊重すること。また，基本的な生活習慣の形成に当たっては，家庭での生活経験に配慮し，家庭との適切な連携の下で行うようにすること。

第3　満3歳以上の園児の教育及び保育に関するねらい及び内容

健　康
〔健康な心と体を育て，自ら健康で安全な生活をつくり出す力を養う。〕

1　ねらい
　(1)　明るく伸び伸びと行動し，充実感を味わう。
　(2)　自分の体を十分に動かし，進んで運動しようと

する。
(3) 健康, 安全な生活に必要な習慣や態度を身に付け, 見通しをもって行動する。

2 内 容

(1) 保育教諭等や友達と触れ合い, 安定感をもって行動する。
(2) いろいろな遊びの中で十分に体を動かす。
(3) 進んで戸外で遊ぶ。
(4) 様々な活動に親しみ, 楽しんで取り組む。
(5) 保育教諭等や友達と食べることを楽しみ, 食べ物への興味や関心をもつ。
(6) 健康な生活のリズムを身に付ける。
(7) 身の回りを清潔にし, 衣服の着脱, 食事, 排泄（せつ）などの生活に必要な活動を自分でする。
(8) 幼保連携型認定こども園における生活の仕方を知り, 自分たちで生活の場を整えながら見通しをもって行動する。
(9) 自分の健康に関心をもち, 病気の予防などに必要な活動を進んで行う。
(10) 危険な場所, 危険な遊び方, 災害時などの行動の仕方が分かり, 安全に気を付けて行動する。

3 内容の取扱い

上記の取扱いに当たっては, 次の事項に留意する必要がある。

(1) 心と体の健康は, 相互に密接な関連があるものであることを踏まえ, 園児が保育教諭等や他の園児との温かい触れ合いの中で自己の存在感や充実感を味わうことなどを基盤として, しなやかな心と体の発達を促すこと。特に, 十分に体を動かす気持ちよさを体験し, 自ら体を動かそうとする意欲が育つようにすること。

(2) 様々な遊びの中で, 園児が興味や関心, 能力に応じて全身を使って活動することにより, 体を動かす楽しさを味わい, 自分の体を大切にしようとする気持ちが育つようにすること。その際, 多様な動きを経験する中で, 体の動きを調整するようにすること。

(3) 自然の中で伸び伸びと体を動かして遊ぶことにより, 体の諸機能の発達が促されることに留意し, 園児の興味や関心が戸外にも向くようにすること。その際, 園児の動線に配慮した園庭や遊具の配置などを工夫すること。

(4) 健康な心と体を育てるためには食育を通じた望ましい食習慣の形成が大切であることを踏まえ, 園児の食生活の実情に配慮し, 和やかな雰囲気の中で保育教諭等や他の園児と食べる喜びや楽しさを味わったり, 様々な食べ物への興味や関心をもったりするなどし, 食の大切さに気付き, 進んで食べようとする気持ちが育つようにすること。

(5) 基本的な生活習慣の形成に当たっては, 家庭での生活経験に配慮し, 園児の自立心を育て, 園児が他の園児と関わりながら主体的な活動を展開する中で, 生活に必要な習慣を身に付け, 次第に見通しをもって行動できるようにすること。

(6) 安全に関する指導に当たっては, 情緒の安定を図り, 遊びを通して安全についての構えを身に付け, 危険な場所や事物などが分かり, 安全についての理解を深めるようにすること。また, 交通安全の習慣を身に付けるようにするとともに, 避難訓練などを通して, 災害などの緊急時に適切な行動がとれるようにすること。

索 引

欧文

K・Y・T ……………………………… 157
PDCAサイクル ……………………… 193
β-エンドルフィン ……………… 16, 128

あ 行

アーチ ………………………………… 45
挨 拶 …………………… 104, 127, 195
愛着障がい児 ………………………… 164
アクティブ・ラーニング …………… 70
足の発達 ……………………………… 48
足首持って大きなパー ……………… 136
あそび ………………………………… 113
歩く（歩行） ………………………… 95
安全教育 ………………………… 63, 67
安全指導 ………………………… 61, 66
安全能力 ……………………………… 64
生きる力 ………………………… 70, 76
5つの子ども像 ……………………… 174
移動系運動スキル ………… 54, 135, 146
移動遊具 ………………………… 118, 140
衣服着脱 …………… 73, 103, 109, 126, 132
うがい ……………………………… 108, 131
うつ伏せ ………………………… 39, 93
うんてい ……………………………… 123
運 動 ………………… 4, 29, 51, 88, 166
運動あそび ………………… 135, 145, 181
運動あそび指導 ……………………… 147
運動会 ………………………………… 184
運動機能 ……………………………… 47
運動スキル ………………… 54, 135, 146
運動能力 ……………………………… 53
運動不足 ……………………………… 13
栄 養 ……………………………… 27, 166
エリクソン …………………………… 45
園外保育 ……………………………… 183
園行事 ………………………………… 184
園 庭 ………………………… 65, 81, 121
園庭遊具 ……………………………… 65
エンドレスリレー …………………… 185
大型遊具 ………………………… 118, 140
オキシトシン ………………………… 115
お尻でクルリン ……………………… 136
お手玉あそび ………………………… 119
鬼あそび ……………………………… 151
おへそでクルリン …………………… 136
溺 れ ………………………………… 156
親子体操 ……………………………… 124
おやつ …………………………… 28, 35

か 行

カイヨワ ……………………………… 79
カウプ指数 …………………………… 41
ガキ大将 ……………………… 2, 32, 166
片づけ ………………………………… 126
家庭支援 ……………………………… 165
危 険 ………………………………… 153
危険予知トレーニング ……………… 157
虐 待 ………………………………… 164
休 養 ……………………………… 25, 166
教育課程 ……………………………… 191
靴 …………………… 44, 48, 82, 110, 133, 166
クマさん歩き ………………………… 137
組み立て体操 ………………………… 186
ケ ガ …………………………… 59, 159

索　引

欠　食 …………………………………83
健康教育 ………………………………31
原始反射 ………………………………51
誤　飲 ………………………………155
巧技台 ………………………………118
交通安全指導 ………………………157
誤　嚥 ………………………………155
戸外あそび …………………………121, 169
小型遊具 ……………………………117, 138
孤　食 ………………………………28, 72
コ　食 ………………………………84, 171
午　睡 ………………………………16, 102
ごっこあそび …………………………30
固定遊具 ……………………………118, 122, 142
言葉の獲得 ……………………………97
個別知 …………………………………76
こまあそび …………………………119
5領域 …………………………………69, 76, 190
コルチゾール ………………………16, 128

さ 行

散　歩 …………………………………97
サンマ …………………………3, 32, 35, 37, 53, 166
視覚の発達 …………………………100
事　故 …………………………………59
事故多発児 …………………………158
自己中心性 …………………………158
自然あそび …………………………112, 121
自然体験 ………………………………97
自然体験活動 ………………………112, 183
実践知 …………………………………76
指導計画 ……………………………191
シャワー ……………………………108, 131
ジャングルジム ……………………118, 123, 142, 146
週　案 ………………………………192
集団通園 ……………………………162
食　育 ………………………………171
食育基本法 …………………………171
食　具 ………………………………106
食　事 …………………………72, 83, 102, 105, 126, 129, 166
食生活 ………………………………27, 35

食を営む力 …………………………129, 173
人格知 …………………………………76
人体比率 ………………………………42
身辺自立 ……………………………101, 103, 125
睡　眠 …………………………25, 72, 102, 105, 126, 128, 166
睡眠リズム …………………………10
スカイツリー ………………………137
スキャモン ……………………………45
砂遊び ………………………………121
スプーン ……………………………48, 102, 107, 130
すべり台 ……………………………118, 122
座　る …………………………………94
生活習慣 ……………………………101, 125
生活リズム …………………………6, 24, 55, 71, 83
清　潔 …………………………73, 103, 107, 126, 131
成長ホルモン …………………………56
整理・整頓 …………………………110, 133
生理的機能 ……………………………46
セカンドシューズ …………………111
脊柱側弯症 ……………………………43
摂食リズム ……………………………12
操作系運動スキル …………………54, 135, 146
測　定 …………………………………57
粗大運動 ………………………………47
外あそび ……………………………34, 166

た 行

第3次食育推進基本計画 ………172
体温リズム …………………………6, 14, 55
太鼓橋 ………………………………118, 123
体　力 …………………………………53
立　つ …………………………………94
タッチケア …………………………115
窒　息 ………………………………154
積み木あそび ………………………48, 120
ツルさんカメさん …………………135
手洗い ………………………………108, 131
デ　シ …………………………………90
手づくり遊具 ………………………117
鉄　棒 ………………………………118, 123, 143
伝承あそび …………………………119

204

動機づけ……………………………………90
ドッジボール……………………………139
跳び箱…………………………………118, 141
跳　ぶ………………………………………98
徒歩通園…………………………………38, 162
トランポリン……………………………118

な行

内容（健康）………………………………71
投げる………………………………………99
縄あそび………………………………138, 148
日　案……………………………………192
ネグレクト………………………………165
ねらい（健康）……………………………70, 87
のぼり棒…………………………………118
登　る………………………………………47

は行

歯の発育……………………………………46
排　泄……………………………72, 101, 104, 125, 127
背倒立……………………………………137
排　尿……………………………………46, 104, 127
はいはい……………………………39, 44, 51, 94
排　便……………………………………104, 128
は　う………………………………………93
ハザード…………………………………154, 156
箸…………………………………………130
走　る………………………………………98
発育曲線……………………………………45
発　達………………………………………52
パブロフ……………………………………79, 95
歯磨き指導………………………………108, 132
反　射………………………………………51
非移動系運動スキル……………………54, 135, 146
微細運動……………………………………48
1人あそび…………………………………115
避難訓練…………………………………157
ヒヤリ・ハット…………………………156
評価・改善………………………………193
表現あそび………………………………119
ファーストシューズ……………………110

フープあそび……………………………138
プールあそび……………………………131, 181
フォーク…………………………………102, 130
ぶらんこ…………………………………118, 122
ふれあいあそび…………………………115
平均台……………………………………118
平衡系運動スキル………………………54, 135, 146
ベビーマッサージ………………………115
偏　食………………………………………84
弁　当……………………………………86, 179, 180
保育課程…………………………………191
保育者の役割……………………………163
保育所保育指針…………………69, 75, 87, 172, 189
防災訓練……………………………………64
ボールあそび……………………………138, 149
ボール投げ………………………………47, 51, 99
歩行（歩く）………………………………47, 95
保護者支援………………………………165
骨……………………………………………43

ま行

マイネル……………………………………95
マジックベルト…………………………49, 133
マット……………………………………118, 141
水あそび…………………………………122, 181
メラトニン……………………16, 24, 26, 56, 128

や行

「遊具安全利用表示」シール・サイン……66
用　具……………………………………117, 138
幼稚園教育要領…………………69, 75, 87, 172, 189
幼保連携型認定こども園教育・保育要領
　　　　　　　　　　　　69, 75, 87, 172, 189

ら行

リスク……………………………………154, 156
離乳食……………………………………106
領域「健康」………………………………70, 76, 190
リレー……………………………………185
ローレル指数………………………………42

●編著者

		〔執筆分担〕
前橋　明 （まえはし　あきら）	早稲田大学人間科学学術院　教授　博士（医学）	概論，コラム（p.24）， 各章のサマリー

●編集協力・著者

泉　秀生 （いずみ　しゅう）	東京都市大学人間科学部　准教授　博士（人間科学）	第1章

●著者（五十音順）

浅川和美 （あさかわかずみ）	山梨大学大学院総合研究部　教授　博士（医科学）	第15章5
岡　みゆき （おか　みゆき）	大阪大谷大学教育学部　准教授	第4章1〜6，第6章
金　賢植 （きむ　けんしょく）	仙台大学体育学部　准教授　博士（スポーツ科学）	コラム（p.124）
小石浩一 （こいしこういち）	早稲田大学人間科学部　教育コーチ	第4章7・8，第16章3
佐野裕子 （さのひろこ）	仙台白百合女子大学人間学部　特任教授　博士（児童学）	第2章1，第10章2・6， 第12章2・6，コラム（p.68）
須田あゆみ （すだ　あゆみ）	京都西山短期大学保育幼児教育コース　非常勤講師	第10章4，第12章4，第17章
住本　純 （すみもと　あつし）	神戸女子大学文学部　講師	第8章，第13章2〜4， 第14章，コラム（p.145）
髙橋功祐 （たかはしこうすけ）	石巻専修大学　助教	第4章9
照屋真紀 （てるや　まき）	早稲田大学大学院前橋研究室	第11章3
戸川　俊 （とがわ　さとし）	元高田短期大学子ども学科　助教	コラム（p.196）
永井伸人 （ながい　のぶひと）	東京未来大学こども心理学部　准教授	第13章1
原田健次 （はらだ　けんじ）	仙台大学体育学部　教授	第18章，第19章
廣中栄雄 （ひろなか　えいゆう）	曽野幼稚園　教諭	第2章2・3，コラム（p.32, 86, 162, 195）
松坂仁美 （まつさか　ひとみ）	美作大学短期大学部　名誉教授	第7章1〜3，第9章1〜3・5 〜8
松原敬子 （まつばら　けいこ）	植草学園短期大学こども未来学科　教授	第15章3・4
丸山絢華 （まるやま　あやか）	一般社団法人 Bambini Association　代表理事	コラム（p.67, 180）
宮本雄司 （みやもと　ゆうじ）	東洋大学ライフデザイン学部　助教	コラム（p.146）
森田清美 （もりた　きよみ）	東北文化学園大学医療福祉学部　准教授	第16章5，コラム（p.112）
森田陽子 （もりた　ようこ）	日本女子体育大学体育学部　教授	第5章2，第7章4・6・7， 第11章1・2・4・5
矢野　正 （やの　ただし）	奈良学園大学人間教育学部　教授　博士（教育学）	第3章1〜6
山梨みほ （やまなし　みほ）	浦和大学こども学部　准教授	第2章4，第9章4，第10章1・ 3・5，第12章1・3・5，第16 章1・2，コラム（p.31）
吉村眞由美 （よしむら　まゆみ）	早稲田大学人間科学学術院　招聘研究員　博士（学術）	第3章7，第5章1・3・4，第 7章5，第10章7，第12章7， 第15章1・2，第16章4

行天B∨T達也（ぎょうてん　たつや）（イラスト作成）

コンパス　保育内容　健康

2018年（平成30年）4月20日　初版発行
2021年（令和3年）11月10日　第4刷発行

編著者　前　橋　　　明
発行者　筑　紫　和　男
発行所　株式会社 建 帛 社
　　　　　　　　KENPAKUSHA

〒112-0011　東京都文京区千石4丁目2番15号
　　　　　　TEL (03)3944－2611
　　　　　　FAX (03)3946－4377
　　　　　　https://www.kenpakusha.co.jp/

ISBN 978-4-7679-5060-0　C3037　　　　　中和印刷／田部井手帳
Ⓒ前橋明ほか，2018.　　　　　　　　　　　Printed in Japan
（定価はカバーに表示してあります）

本書の複製権・翻訳権・上映権・公衆送信権等は株式会社建帛社が保有します。
JCOPY〈出版者著作権管理機構　委託出版物〉
本書の無断複製は著作権法上での例外を除き禁じられています。複製される場合は，そのつど事前に，出版者著作権管理機構（TEL 03-5244-5088，FAX 03-5244-5089，e-mail：info@jcopy.or.jp）の許諾を得て下さい。